MW00564347

¡EXPLOREMOS! 3

MARY ANN BLITT
College of Charleston

MARGARITA CASAS
Linn-Benton Community College

MARY T. COPPLE
Kansas State University—Manhattan

LORENA RICHINS LAYSER
Contributor

Australia • Brazil • Mexico • Singapore • United Kingdom • United States

¡EXPLOREMOS! Nivel 3
Mary Ann Blitt | Margarita Casas
Mary T. Copple

Senior Product Director: Monica Eckman

Senior Product Team Manager:
 Heather Bradley Cole

Senior Product Manager: Martine Edwards

Senior Content Development Manager:
 Katie Wade

Content Development Manager:
 Kevin A. O'Brien

Associate Content Developer: Katie Noftz

Associate Content Developer: Kayla Warter

Media Producer: Elyssa Healy

Product Assistant: Angie P. Rubino

Senior Product Marketing Manager:
 Andrea Kingman

Director Product Marketing: Ellen S. Lees

Senior Content Project Manager:
 Esther Marshall

Art Director: Brenda Carmichael

Manufacturing Planner: Betsy Donaghey

IP Analyst: Christina A. Ciaramella

IP Project Manager: Betsy Hathaway

Production Service: Lumina Datamatics, Inc.

Compositor: Lumina Datamatics, Inc.

Cover and Text Designer: Brenda Carmichael

Cover Image: Alena Stalmashonak/Shutterstock

© 2018 National Geographic Learning, a part of Cengage Learning

ALL RIGHTS RESERVED. No part of this work covered by the copyright herein may be reproduced or distributed in any form or by any means, except as permitted by U.S. copyright law, without the prior written permission of the copyright owner.

"National Geographic", "National Geographic Society" and the Yellow Border Design are registered trademarks of the National Geographic Society ® Marcas Registradas

For product information and technology assistance, contact us at
Customer & Sales Support, 888-915-3276

For permission to use material from this text or product,
submit all requests online at **www.cengage.com/permissions.**
Further permissions questions can be emailed to
permissionrequest@cengage.com.

Library of Congress Control Number: 2016952196

Student Edition:
ISBN: 978-1-305-96944-5

National Geographic Learning | Cengage Learning
20 Channel Center Street
Boston, MA 02210
USA

Cengage Learning is a leading provider of customized learning solutions with office locations around the globe, including Singapore, the United Kingdom, Australia, Mexico, Brazil and Japan. Locate your local office at **www.cengage.com/global.**

Visit National Georgraphic Learning online at **NGL.Cengage.com**
Visit our corporate website at **www.cengage.com**

Printed in the United States of America
Print Number: 02   Print Year: 2017

DEDICATORIA

To my parents and closest friends, I am forever grateful for your unconditional love and support

Para los estudiantes de español, que aprendan a apreciar el idioma y sus culturas
(Mary Ann)

A mi queridísima familia: A Gordon, a mis padres, a mis hermanos Luis, Alfonso y Fer, a Paty y a mis sobrinos. Gracias por su apoyo y cariño incondicional.

To all our Spanish students!
(Margarita)

Scope and Sequence

Scope and Sequence

Chapter	Objectives	Vocabulary
CAPÍTULO 4 Héroes y villanos 	At the end of the chapter, you will be able to: ■ Discuss and analyze the role of historical figures from different perspectives ■ Narrate and describe past events with more accuracy	**Exploraciones léxicas** Social changes 102 Politics and national identity 102
CAPÍTULO 5 Sociedades en transición 	At the end of the chapter, you will be able to: ■ Discuss contemporary issues ■ Talk about what you have done ■ Discuss opinions and emotional reactions to current and prior events	**Exploraciones léxicas** Contemporary society 134 Civil rights and actions 134 Technology 134

¡Exploremos! is a Spanish word meaning **Let's explore!** We hope that studying Spanish will take you on a lifelong adventure.

Learning Spanish prepares you to communicate with millions of people—about 450 million people speak Spanish as their first language. It also allows you to appreciate new music, movies, food, and literature. In addition, learning another language opens your mind and makes you think about your first language and culture from a new perspective. In our modern, globalized world, speaking Spanish gives you an advantage throughout your education and in your future profession.

¡Exploremos! welcomes you to the vast Spanish-speaking world. We hope that you will enjoy the trip and that it opens many doors for you within your own community and in the world beyond.

Mary Ann Blitt
Margarita Casas

Acknowledgments

We would like to express our most sincere gratitude and appreciation to everybody who has supported us on this first edition of *¡Exploremos!* and played a role in the creation of this series. We are so grateful to all who contributed in order to improve it.

We wish to thank everybody who has worked so hard at Cengage to make this project a success. In particular we would like to give a big thank you to our content development team: Martine Edwards, Katie Wade, Katie Noftz, and Kayla Warter. It was a pleasure to work with you all. We also want to thank Beth Kramer. A huge thank you goes to Esther Marshall—we do not know how the project would have been completed without her. Our thanks also go to Mayanne Wright and Andrew Tabor for all their input; to Andrea Kingman, Brenda Carmichael, Christina Ciaramella and the text/image permissions team including Venkat Narayanan from Lumina Datamatics, Aravinda Kulasekar Doss and the production team from Lumina Datamatics for their dedicated work and professional contribution, media producers Carolyn Nichols and Nick Garza, Karin Fajardo, Lupe Ortiz and Margaret Hines, the proofreaders.

Reviewers List

The following teachers have participated in one or several reviews, attended focus groups, have participated in research activities, or belong to the advisory board for *¡Exploremos!*

Mary Ilu Altman Corgan *Central Catholic High School*
Victor Arcenio *Youngstown East High School*
Tim Armstrong *Pomona High School*
Luz Ayre *Frassati Catholic High School*
Josefa Baez *Forest Ridge School of the Sacred Heart*
Samantha Becker *Indian Trail and Bradford High Schools*
Daniel J. Bee *Archbishop Hoban High School*
Bonnie Block *CATS Academy*
Caryn Charles *Hawthorne High School*
Ruvisela Combs *Fairview High School*
Amy Cote *Chandler School*
Nicole Cuello La O *De La Salle Collegiate High School*
Pat Dailey *Malden High School*
Joseph D'Annibale *Avenues: The World School*
Fatima De Granda-Lyle *Classical High School*
Samantha Dodson *Morris School District*
Kelsie Dominguez *Knightdale High School of Collaborative Design*
Paul Dowling *South High School*
Emily Edwards *Corinth Holders High School*
Rachel Fallon *Plymouth North High School*
Gerardo Flores *Cherokee Trail High School*
Rene Frazee *George Washington High School*
Dana Furbush *Tenny Grammar School*
Bridget Galindo *Rangeview High School*
Michael Garcia *Azle High School*
Anne Gaspers *Thornton High School*
Stacy Gery *Manitou Springs High School*
Denise Gleason *Bosque School*
Mirna Goldberger *Brimmer and May School*
Marianne Green *Durham Academy*
Rachel Hazen *Alden High School*
Karen Heist *Woodside High School*
Heidi Hewitt *Montachusett Regional Vocational Technical School*
Christopher Holownia *The Rivers School*
Sheila Jafarzadeh *Quincy High School*

LaMont Johnson   *Maryvale High School*
Michelle Jolley   *Hanford High School*
Michelle Josey   *Crystal River High School*
Kathy Keffeler   *Douglas High School*
Amy Krausz   *Lyons Township High School*
Cynthia Lamas-Oldenburg   *Truman High School*
Evelyn A Ledezma   *Bethlehem Central High School*
Joshua LeGreve   *Green Lake School District*
Tracey Lonn   *Englewood High School*
Rashaun J. Martin   *Haverhill High School*
Toni McRoberts   *Cibola High School*
Laura Méndez Barletta   *Stanford Online High School*
Nancy Mirra   *Masconomet Regional High School*
Margaret Motz   *Rock Canyon High School*
Saybel Núñez   *Avenues: The World School*
Alba Ortiz   *Cottonwood Classical Preparatory School*
Alba Ortiz   *V. Sue Cleveland High School*
Marcelino Palacios   *Channelview High School*
Marne Patana   *Middle Creek High School*
Michelle Perez   *Lebanon High School*
Amelia Perry   *McGill-Toolen Catholic High School*
Kristin Pritchard   *Grand View High School*
Karry Putzy   *Solon High School*
Jocelyn Raught   *Cactus Shadows High School*
Sally Rae Riner   *Green Bay West High School*
Erin Robbins   *Hollis Brookline High School*
José Rodrigo   *West Windsor-Plainsboro High School*
Lisandra Rojas   *Las Vegas Academy of Arts*
Gregory M. Rusk   *V. Sue Cleveland High School*
Leroy Salazar   *Heritage High School*
Kathleen Santiago   *Alden High School and Middle School*
Kelleen Santoianni   *McHenry East High School*
Claudia Seabold Marchbanks   *Crystal River High School*
Rachel Seay   *Corinth Holders High School*
Ann Shanda   *Bucyrus Secondary School*
Ellen Shrager   *Abington Junior High School*
Ryan Smith   *Washoe County School District*
Krista Steiner   *Clinton Middle School*
Adrienne Stewart   *Robbinsville High School*
Andrew Thomas   *Wyoming East High School*
Robert Topor   *Downers Grove South High School*
Anthony Troche   *Las Vegas Academy of Arts*
Karen Trower   *Romeoville High School*
Zora Turnbull Lynch   *Tabor Academy*
Laura VanKammen   *Kenosha eSchool*
Michael Anthony Verderaime   *Doherty High School in Colorado Springs, CO*
Jessica Verrault   *West Windsor-Plainsboro High School North*
Patricia Villegas   *Aurora Central High School*
Ashley Warren   *West Windsor-Plainsboro High School North*
Nicole Weaver   *Denver South High School*
Jonathan Weir   *North Andover High School*
Michael Whitworth   *Watson Chapel High School*
Nancy Wysard   *Mid-Pacific Institute*

Advisory Board Members

Sue Adames *Chaparral High School*
Santiago Azpúrua-Borrás *Hammond School*
Laura Blancq *Mid-Pacific Institute*
Anne Chalupka *Revere High School*
Diana Cruz *Excel Academy Charter School*
Melissa Duplechin *Monarch High School*
Linda Egnatz *Lincoln-Way High School*
JoEllen Gregie *Lyons Township High School*
Lorena Richins Layser *Weber School District*
Dana Webber *State College Area High School*
Tracy Zarodnansky *West Windsor-Plainsboro High School North*
Jenna Ziegler *Alden High School and Middle School*

Learning Strategy

Estrategia para avanzar

Welcome back! As you get ready to begin the next part of your journey to learn Spanish, it is important to go back and review the concepts you learned in your previous class. Taking a look at your notes and looking over the **Vocabulario esencial** at the end of this chapter before beginning will help you jog your memory and prepare you for what's ahead!

Aprender idiomas puede ser divertido.

Gramática

The present tense

1. To form the present tense of regular verbs, the **-ar/-er/-ir** is dropped from the infinitive and the following endings are added:

	nadar	comer	vivir
yo	nad**o**	com**o**	viv**o**
tú	nad**as**	com**es**	viv**es**
él / ella / usted	nad**a**	com**e**	viv**e**
nosotros(as)	nad**amos**	com**emos**	viv**imos**
vosotros(as)	nad**áis**	com**éis**	viv**ís**
ellos / ellas / ustedes	nad**an**	com**en**	viv**en**

2. Stem-changing verbs have the same endings as regular verbs, but they have a change in the stem or root of the verb in all forms except **nosotros** and **vosotros**.

o → ue

p**ue**do	p**o**demos
p**ue**des	p**o**déis
p**ue**de	p**ue**den

u → ue

j**ue**go	j**u**gamos
j**ue**gas	j**u**gáis
j**ue**ga	j**ue**gan

e → ie

qu**ie**ro	qu**e**remos
qu**ie**res	qu**e**réis
qu**ie**re	qu**ie**ren

e → i

p**i**do	p**e**dimos
p**i**des	p**e**dís
p**i**de	p**i**den

3. The following verbs have irregular first person (**yo**) forms:

hacer → hago	**conocer→ conozco**
poner → pongo	**dar → doy**
salir → salgo	**saber → sé**
traer → traigo	**ver → veo**
conducir → conduzco	

4. The following verbs are not only irregular in the first person (**yo**) form, but are also stem-changing verbs:

decir → digo, dices, dice, decimos, decís, **dicen**

tener → tengo, tienes, tiene, tenemos, tenéis, **tienen**

venir → vengo, vienes, viene, venimos, venís, **vienen**

5. **Ser, estar,** and **ir** are irregular:

soy	somos	estoy	estamos	voy	vamos
eres	sois	estás	estáis	vas	vais
es	son	está	están	va	van

A practicar

R1.1 Frutas y verduras En parejas túrnense para describir una de las frutas, verduras u otros alimentos de la lista, sin decir cuál es. El otro estudiante debe escuchar y decidir qué palabra es.

> **Modelo** Estudiante 1: *Las usamos para cocinar. Son blancas, moradas o amarillas.*
> Estudiante 2: *Las cebollas.*

el huevo	el tomate	la mantequilla	la piña
el jamón	la fresa	la manzana	la sandía
el pepino	la leche	la naranja	la zanahoria
el plátano	la lechuga	la papa	las uvas

R1.2 Entrevista Usa las siguientes preguntas para entrevistar a un compañero. ¡OJO! Recuerda que estos verbos son irregulares en el presente.

1. ¿A qué hora tienes que levantarte durante la semana?
2. ¿A qué restaurante van tú y tu familia para cenar?
3. ¿Qué sabes cocinar?
4. ¿Con quién sales al cine?
5. ¿Haces la tarea en la biblioteca o en casa?
6. ¿Eres alérgico a alguna comida? ¿A cuál?

R1.3 En busca de... Busca a un compañero que haga una de estas actividades. Después usa la palabra o frase entre paréntesis para hacerle una pregunta sobre la actividad. ¡OJO! Recuerda que estos verbos cambian de raíz *(stem change)* en el presente.

> **Modelo** dormir suficiente (¿Cuántas horas?)
> Estudiante 1: *¿Duermes suficiente?*
> Estudiante 2: *Sí.*
> Estudiante 1: *¿Cuántas horas duermes?*
> Estudiante 2: *Generalmente duermo ocho horas.*

1. divertirse durante el fin de semana (¿Dónde?)
2. vestirse elegantemente para ir a fiestas (¿Por qué?)
3. pedir ayuda de alguien para hacer la tarea (¿De quién?)
4. acostarse tarde (¿A qué hora?)
5. competir en un deporte (¿Qué deporte?)

R1.4 Historias Vas a trabajar con un compañero para inventar una historia sobre las dos personas en la ilustración. Usen su imaginación y muchos verbos en el presente, incluyendo los de la lista.

cocinar	comer	llevar	hacer	poner	servir

Gramática
Direct object pronouns

1. Direct object pronouns are used to replace the direct object (the noun that receives the action of the verb). Here are the direct object pronouns:

	singular	plural
first person	**me** *me*	**nos** *us*
second person	**te** *you*	**os** *you (plural)*
third person	**lo / la** *it, him, her, you*	**los / las** *them, you (plural)*

2. In Spanish, the direct object pronoun must agree in gender and number with the noun that it replaces.

> Esteban dejó **la propina.**
> *Esteban left the tip. (Tip is the direct object.)*

> Esteban **la** dejó.
> *Esteban left it. (**La**, to reflect the feminine gender of **la propina**.)*

3. Note that the direct object pronoun is placed before the conjugated verb.

> ¿Comiste el pescado?
> *Did you eat the fish?*

> Sí, **lo** comí.
> *Yes, I ate it.*

> ¿Hiciste la tarea?
> *Did you do the homework?*

> **La** estoy haciendo ahora.
> *I am doing it now.*

4. The direct object pronoun can also be attached to the infinitive or the present participle. An accent is necessary when adding the pronoun to the end of the present participle.

> ¿Quieres ver**los** mañana?
> *Do you want to see them tomorrow?*

> Está prepar**á**ndo**lo.**
> *She is preparing it.*

5. The following verbs are frequently used with direct object pronouns:

ayudar	escuchar	querer
buscar	felicitar	saludar
conocer	invitar	ver
creer	llamar	visitar
encontrar	llevar	

A practicar

R1.5 **A la mesa** Relaciona las descripciones de la primera columna con la palabra de la segunda columna.

1. Es un postre.
2. Los comemos con salsa en el restaurante.
3. La uso para beber mi té.
4. La usamos para limpiarnos la cara.
5. Es la primera comida del día.
6. Es un animal pequeño que viene del mar.
7. Lo usamos para cortar la carne.
8. La pagamos después de comer en el restaurante.

a. el desayuno
b. la servilleta
c. la cuenta
d. el camarón
e. el cuchillo
f. los totopos
g. la taza
h. el helado

R1.6 **Sondeo** En grupos de tres o cuatro usen las siguientes preguntas para saber quién en el grupo hace las actividades. Cuando respondan deben usar los pronombres del objeto directo indicado.

Modelo ¿Quién trae el almuerzo a la escuela?
Estudiante 1: *¿Quién trae el almuerzo a la escuela?*
Estudiante 2: *Yo lo traigo.*

1. ¿Quién compra su comida en la cafetería?
2. ¿Quién toma refrescos todos los días?
3. ¿Quién pone la mesa en casa?
4. ¿Quién cena verduras por lo general?
5. ¿Quién lava los platos en casa?
6. ¿Quién bebe leche todas las mañanas?
7. ¿Quién desayuna cereal todas las mañanas?

R1.7 **Preguntas personales** Contesta las siguientes preguntas usando los pronombres de objeto directo (**me, lo, la, nos, los**).

Modelo a. ¿Tu hermana te invita a salir con sus amigos? *No, no me invita.*
b. ¿Invitas a tu hermana a salir con tus amigos? *Sí, la invito a salir con mis amigos.*

1. **a.** ¿Tus padres te ayudan con la tarea?
   b. ¿Tú ayudas a tus padres en casa?
2. **a.** ¿Tus amigos te escuchan cuando tienes problemas?
   b. ¿Tú escuchas a tus amigos cuando tienen problemas?
3. **a.** ¿Ustedes saludan al maestro de español en los pasillos *(hallways)*?
   b. ¿El maestro de español los saluda en los pasillos?
4. **a.** ¿Ustedes llaman al director de la escuela?
   b. ¿El director de la escuela los llama?

R1.8 **En el restaurante** En parejas decidan cuál es el diálogo de las ilustraciones. Después actúen su diálogo para la clase.

Gramática

The preterite

1. The preterite is used to express actions completed in the past. To form the preterite of regular verbs, add these endings to the stem of the verb.

	bailar	beber	vivir
yo	bailé	bebí	viví
tú	bailaste	bebiste	viviste
él / ella / usted	bailó	bebió	vivió
nosotros(as)	bailamos	bebimos	vivimos
vosotros(as)	bailasteis	bebisteis	vivisteis
ellos / ellas / ustedes	bailaron	bebieron	vivieron

2. **-Ir** verbs that have stem changes in the present tense also have stem changes in the preterite. The third person singular and plural forms change **e → i** and **o → u**.

pedir

pedí	pedimos
pediste	pedisteis
pidió	pidieron

dormir

dormí	dormimos
dormiste	dormisteis
durmió	durmieron

3. Verbs ending in **-car, -gar,** and **-zar** have spelling changes in the first person (**yo**) form in the preterite.
   car → qué   **Busqué** el libro.
   gar → gué   **Llegué** tarde a la fiesta.
   zar → cé   **Empecé** a estudiar español el año pasado.

4. The third person singular and plural forms of **oír** and **leer** also have spelling changes.
   oír → **oyó, oyeron**   leer → **leyó, leyeron**

5. There are a number of verbs that are irregular in the preterite.

ser/ir

fui	fuimos
fuiste	fuisteis
fue	fueron

dar

di	dimos
diste	disteis
dio	dieron

ver

vi	vimos
viste	visteis
vio	vieron

Verbs with *u* in the stem: tener

tuve	tuvimos
tuviste	tuvisteis
tuvo	tuvieron

Other verbs with **u** in the stem: **andar (anduv-), estar (estuv-), poder (pud-), poner (pus-),** and **saber (sup-)**

Verbs with *i* in the stem: venir

vine	vinimos
viniste	vinisteis
vino	vinieron

Verbs with *j* in the stem: traer

traje	trajimos
trajiste	trajisteis
trajo	trajeron

Other verbs with **i** in the stem: **hacer (hic-)** and **querer (quis-)**

Other verbs with **j** in the stem: **conducir (conduj-), decir (dij-), producir (produj-)** and **traducir (traduj-)**

6. The preterite tense of **hay** is **hubo**.
   Hubo mucha información para estudiar.

A practicar

R2.1 **Los quehaceres** Las siguientes oraciones no son lógicas. Identifica la palabra equivocada y corrígela con la palabra apropiada de la lista para hacer una oración lógica. ¡OJO! Vas a tener que conjugar los verbos en el pretérito.

colgar   el cortacésped   la escoba   hacer   poner   regar

Modelo Lavamos los platos con un sacudidor.
        *Lavamos los platos con **jabón para platos**.*

1. Barrí el piso con una plancha.
2. Sacudimos las plantas con una manguera.
3. Cortamos el césped con una aspiradora.
4. Esta mañana ordené mi cama.
5. Antes de comer recogí la mesa.
6. Después de lavar la ropa, la trapeé en el jardín.

R2.2 **¿Cuándo...?** Con un compañero túrnense para preguntar cuándo fue la última *(last)* vez que hicieron estas actividades. Usen el pretérito.

Modelo lavar los platos
        Estudiante 1: *¿Cuándo lavaste los platos?*
        Estudiante 2: *Lavé los platos anoche.*

1. ordenar el dormitorio
2. dormir en casa de un amigo
3. ver una película
4. asistir a una clase de baile
5. sacar la basura
6. poner la mesa
7. ir a la playa
8. hacer la cama

R2.3 **¿Quién lo hizo?** Lee las oraciones y di a quién se refiere. Después escribe dos oraciones adicionales sobre la imagen. Debes usar el pretérito en las oraciones y no incluir el nombre de la persona. Después compártelas con la clase y tus compañeros tienen que decir quién es el sujeto de cada oración.

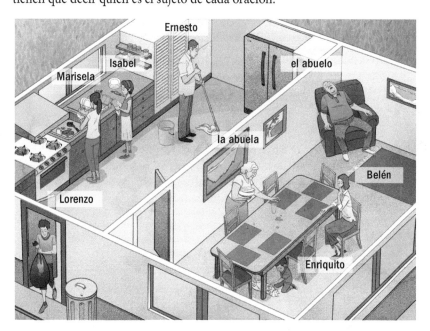

1. Sacó la basura.
2. Tomó una siesta.
3. Trapeó el piso.
4. Habló por teléfono.

Gramática

Indirect object pronouns

1. An indirect object pronoun indicates *to whom* or *for whom* an action takes place.

> Marcos siempre **les** dice la verdad a sus padres.
> *Marcos always tells the truth **to his parents.***

2. In Spanish, the indirect object pronoun must always be used even if the indirect object is mentioned and it seems redundant. This is true even if you clarify or emphasize the indirect object pronoun using the preposition **a.**

> Lola **le** sirvió la cena **a su familia.**
> *Lola served dinner **to her family.***

> Mis amigos **me** dieron el dinero **a mí.**
> *My friends gave the money **to me.***

3. The indirect object pronouns are:

me	nos
te	os
le	les

4. An indirect object pronoun can be placed before a conjugated verb or attached to the end of an infinitive or present participle. An accent is necessary if it is attached to a present participle.

> **Te** voy a comprar una muñeca.
> *I'm going to buy **you** a doll.*

> Mi hermana está contándo**les** un cuento
> *My sister is telling **them** a story.*

5. The following verbs are frequently used with indirect object pronouns:

contar (ue)	mandar	prestar
dar	mostrar (ue)	servir (i)
decir	pedir (i)	
devolver (ue)	preguntar	

6. Remember that the verb **gustar** requires an indirect object pronoun.

> No **les** gusta limpiar.
> *They don't like to clean. (Cleaning is not pleasing **to them.**)*

> A Julián **le** gusta mucho hacer jardinería.
> *Julián really likes gardening (Gardening is pleasing **to Julián.**)*

Double object pronouns

1. When using both indirect and direct object pronouns with the same verb, the indirect object pronoun comes before the direct object pronoun.

> —Me gusta tu suéter.
> *I like your sweater.*

> —Gracias. Mi abuela **me lo** tejió.
> *Thanks. My grandmother knitted it for me.*

2. When using double object pronouns, the pronouns must always be placed together. Pronouns may be placed before a conjugated verb or attached to the end of a present participle or infinitive. When adding the two pronouns to a present participle or infinitive, an accent must also be added.

> ¿Te gusta este osito? **Te lo** voy a regalar para tu cumpleaños.
> *Do you like this teddy bear? I am going to give **it to you** for your birthday.*

> ¿La lección? No la oí. El profesor ya **estaba dándosela** a la clase cuando yo entré.
> *The lesson? I didn't hear it. The teacher was already **teaching it to the class** when I entered.*

3. When using a double object pronoun, the third person indirect object pronouns (**le, les**) change to **se** before the third person direct object pronouns.

> Laura no tiene dinero. **Se lo** prestó a su amigo.
> *Laura doesn't have any money. She lent it to her friend.*

A practicar

R2.4 **Los juegos y los juguetes** Escribe la palabra que describe las actividades o los juegos.

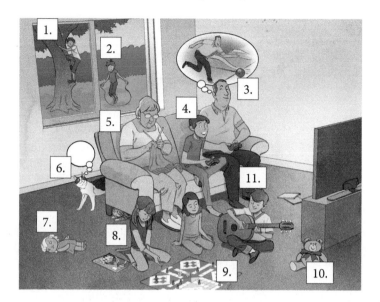

la historieta	los juegos de mesa	jugar a las escondidas	jugar a los bolos
jugar videojuegos	la muñeca	el osito	saltar la cuerda
tejer	tocar la guitarra	trepar árboles	

1. _____   4. _____   7. _____   10. _____

2. _____   5. _____   8. _____   11. _____

3. _____   6. _____   9. _____

R2.5 **En busca de...** Busca a un compañero que responda positivamente a una de estas
preguntas. **¡OJO!** Necesitas usar el pronombre apropiado (**me, te,** etc.).

Modelo   contar tus problemas a tu familia
        Estudiante 1: *¿Le cuentas tus problemas a tu familia?*
        Estudiante 2: *Sí, le cuento mis problemas a mi familia.*

1. gustar jugar a las cartas
2. contar chistes tontos a los amigos
3. prestar cosas a tus amigos
4. hablar por teléfono a tus abuelos
5. dar regalos a tu mejor amigo
6. mandar mensajes de texto a tus amigos

R2.6 **¿Puedes confirmar?** Una mamá está preparando la fiesta de cumpleaños de su
hijo Dani. Está confirmando con su esposo que todo esté listo para la fiesta. Contesta
sus preguntas usando los dos pronombres (objetos directo e indirecto).

Modelo   Le pediste la cámara a tu hermano, ¿verdad?
        Sí, se la pedí.

1. Liliana nos prestó los juegos de mesa, ¿verdad?
2. Le mandaste una invitación a mi hermano, ¿correcto?
3. Me compraste las servilletas, ¿no?
4. Tu madre te dio el mantel, ¿verdad?
5. Le compraste un regalo a Dani, ¿no?
6. Tus padres le mandaron una tarjeta a Dani, ¿verdad?
7. Me vas a traer los refrescos ahora, ¿verdad?
8. Les vamos a servir pastel a todos, ¿verdad?

Repaso 3

Gramática

The imperfect

1. To conjugate regular verbs in the imperfect, add the following endings to the stem:

-ar verbs *trabajar*	-er/-ir verbs *vivir*
trabaj**aba**	viv**ía**
trabaj**abas**	viv**ías**
trabaj**aba**	viv**ía**
trabaj**ábamos**	viv**íamos**
trabaj**abais**	viv**íais**
trabaj**aban**	viv**ían**

2. Only three verbs have irregular imperfect forms:

ser	**ir**	**ver**
era	iba	veía
eras	ibas	veías
era	iba	veía
éramos	íbamos	veíamos
erais	ibais	veíais
eran	iban	veían

3. There are no stem-changing verbs in the imperfect. Except for the three verbs above, all conjugations are regular.

4. The imperfect of the verb **haber (hay)** is **había**.

5. The imperfect is used to tell what one used to do in the past. Phrases such as **siempre, todos los días, todos los años, con frecuencia, a menudo, normalmente, generalmente, a veces,** etc. may elicit the use of the imperfect.

> Cuando era niña, limpiaba mi habitación **todos los sábados.**
> *When I was a child, I cleaned (used to clean) my room **every Saturday.***

> Mi hermana **siempre hacía** su cama.
> *My sister **always made (used to make)** her bed.*

6. The imperfect is also used to describe an action in progress with no emphasis on when it began or ended.

> ¿Qué **hacías** a las siete?
> *What **were you doing** at seven o´clock.*

Indefinite and negative words

1. These are the indefinite and negative words.

algo	nada
alguien	nadie
algún (alguna)	ningún (ninguna)
o... o...	ni... ni...
siempre	nunca, jamás
también	tampoco

2. In Spanish, it is correct to use a double negative. When using a negative expression after a verb, be sure to put **no** before the verb.

> Jaime **no** estudia **nunca**.
> **No** tengo **ninguna** camisa limpia.

3. **Nadie, jamás, nunca,** and **tampoco** can all be placed before the verb. **Nada** can go before the verb only if it is used as the subject.

> Andrés no quiere ir, y yo **tampoco** quiero ir.
> *Andrés doesn't want to go, and I don't want to go **either**.*

> **Nada** es mejor que la familia.
> ***Nothing** is better than family.*

4. The words **ningún** and **algún** are used before singular masculine nouns. The words **ninguno** and **alguno** must agree in gender and number with the nouns that they modify.

> ¿Tienes **algunos amigos** que puedan venir con nosotros?
> No tengo **ninguna** clase de historia este año.

While it is correct to use **algunos(as)** in front of a noun, it is much more common to use **unos(as)** or to omit the article. **Algunos(as)** tends to be used more frequently as a pronoun: Necesito (unas) plantas para el jardín. ¿Tiene alguna?

A practicar

R3.1 **¿Qué es?** Relaciona la definición con la palabra que se explica.

1. Son decoraciones.
2. Necesito una para entrar a la fiesta.
3. Todos tenemos uno cada año.
4. Es algo que le damos a una persona.
5. Es cuando dos personas se casan.
6. Las ponemos en el pastel.

a. el regalo
b. las velas
c. la invitación
d. la boda
e. los banderines
f. el cumpleaños

R3.2 **Tu cumpleaños** Habla con un compañero sobre cómo celebraba su cumpleaños de niño.

1. ¿Cómo celebrabas tu cumpleaños cuando eras niño(a)?
2. ¿Cómo te sentías al despertarte *(when you wake up)*?
3. ¿Dónde lo celebrabas?
4. ¿Quiénes estaban contigo en la celebración?
5. ¿Comías pastel? ¿Qué tipo de pastel era?
6. ¿Qué regalos te daba tu familia generalmente?

R3.3 **Conversación** En parejas entrevístense acerca de su vida cuando tenían 10 años. Usen los verbos indicados.

Modelo acostarse

Estudiante 1: *¿A qué hora te acostabas cuando tenías 10 años?*
Estudiante 2: *Me acostaba a las ocho de la noche.*

1. comer
2. ver programas de tv
3. leer
4. salir
5. dormir
6. jugar
7. estudiar
8. ir

R3.4 **¿Cierto o falso?** Lee las oraciones y decide si son ciertas o falsas. Después escribe dos oraciones sobre la imagen. Usa una expresión indefinida o negativa en las oraciones. Después compártelas con la clase y tus compañeros tienen que decidir si son ciertas o falsas.

1. No había nada en la mesa.
2. Nadie bailaba.
3. No había ningún pastel.
4. Alguien rompía la piñata.

Gramática

Por and para and prepositional pronouns

1. **Por** and **para** can both be translated as *for* in English, but they have different uses in Spanish. **Por** is used to indicate:

   a. cause, reason, or motive *(because of, on behalf of)*
   Nos tuvimos que poner los abrigos **por** el frío.
   *We had to put our coats on **because of** the cold.*

   b. duration, period of time *(during, for)*
   El presidente habló **por** una hora y media.
   *The president spoke **for** an hour and a half.*

   c. exchange *(for)*
   Mi padre pagó diez mil dólares **por** el coche.
   *My father paid ten thousand dollars **for** the car.*

   d. general movement through space *(through, around, along, by)*
   Pasamos **por** el parque porque es más bonito.
   *We crossed **through** the park because it is prettier.*

2. **Para** is used to indicate:

   a. goal or purpose *(in order to, used for)*
   Fueron al cine **para** ver una película.
   *They went to the movie theater **to** see a film.*

   b. recipient *(for)*
   La abuela preparó la comida **para** sus nietos.
   *The grandmother prepared the food **for** her grandchildren.*

   c. destination *(to)*
   Vamos **para** la playa este verano.
   *We're going **to** the beach this summer.*

   d. deadline *(for, due)*
   Tenemos que leer el texto **para** el lunes.
   *We have to read the text **for** Monday.*

   e. contrast to what is expected *(for)*
   Para estar a dieta, come mucho.
   ***For** being on a diet, he eats a lot.*

3. The following are expressions with **por** and **para**:

por ejemplo	*for example*
por eso	*that's why*
por favor	*please*
por fin	*finally*
por supuesto	*of course*

para colmo	*to top it all off*
para nada	*not at all*
para siempre	*forever*
para variar	*for a change*

4. After a preposition, use the same pronoun that you use as a subject pronoun, except for **yo** and **tú**.
   Yo becomes **mí** after a preposition, and **tú** becomes **ti**.
   La habitación grande es **para ti**.
   *The large room is **for you**.*

5. Instead of **mí** or **ti** with **con**, **conmigo** and **contigo** are used.

¿Puedo ir **contigo**?	*Can I go with you?*
¡Claro que sí! Puedes venir **conmigo**.	*Of course! You can come with me.*

A practicar

R3.5 El tráfico y los accidentes Relaciona la definición con la palabra de la segunda columna.

1. Es lo opuesto a prestar atención.
2. Se usa para subir una persona a una ambulancia.
3. Son las personas que vieron el accidente.
4. Es la parte de la calle por donde caminamos.
5. Ponemos dinero aquí para poder estacionarnos.
6. Es una intersección de dos calles.
7. Es la acción de ir de un lado al otro de una calle.
8. Es un camino elevado.

a. la acera
b. cruzar
c. el parquímetro
d. el cruce
e. el puente
f. distraerse
g. los testigos
h. la camilla

R3.6 Un día de esquiar Completa el párrafo con **por** o **para**, según el contexto.

El invierno pasado Rogelio fue a Bariloche (1) _____ esquiar con sus amigos. El primer día subió la montaña temprano (2) _____ la mañana. (3) _____ ser un novato *(novice)*, Rogelio esquiaba muy bien. Le gustaba mucho bajar la pista *(slope)* y (4) _____ supuesto, lo hacía bastante rápido. (5) _____ ir demasiado rápido, Rogelio se cayó y tuvo dificultades (6) _____ levantarse. Cuando (7) _____ fin pudo ponerse de pie, Rogelio no estaba contento (8) _____ nada. (9) _____ eso decidió volver (10) _____ el hotel y tomar un chocolate caliente.

R3.7 En busca de... Decide qué palabra completa la pregunta. Después busca a un compañero que responda positivamente y hazle la segunda pregunta. **¡OJO!** Necesitas conjugar el verbo en el pretérito.

1. Recibir un regalo de tu mejor amigo (por/para) tu cumpleaños (¿Qué fue?)
2. Ir al gimnasio (por/para) hacer ejercicios recientemente (¿Cuándo?)
3. Poder terminar toda la tarea (por/para) la clase de español antes de venir a clase (¿A qué hora la terminaste?)
4. Pagar (por/para) la comida de alguien recientemente (¿Para quién?)
5. Desayunar algo (por/para) la mañana (¿Qué?)
6. Tener que escribir un ensayo (por/para) una clase (¿Qué clase?)

R3.8 Detectives Trabaja con un compañero para inventar la historia de un accidente. Den detalles de lo que ocurrió, dónde, cómo y por qué. Después compartan la historia del accidente con la clase. ¡Sean creativos! **¡OJO!** Presten atención al uso de **por** y **para**.

Dmitry Kalinovsky/Shutterstock.com

Repaso 4

Gramática
Relative pronouns and adverbs

1. The relative pronouns **que** and **quien** are used to combine two sentences with a common noun or pronoun into one sentence. When used as relative pronouns, **que** and **quien** do not require accents.

   El vuelo estaba retrasado. El vuelo despegó a las nueve, no a las ocho.
   El vuelo **que** estaba retrasado despegó a las nueve, no a las ocho.

2. **Que** is the most commonly used relative pronoun. It can be used to refer to people or things.

   El revisor es la persona **que** quiere ver los boletos de los pasajeros.
   *The controller is the person **who** wants to see the passengers' tickets.*

   El tren tiene un coche cama **que** es muy pequeño.
   *The train has a sleeping car **that** is very small.*

3. In English, the relative pronoun can sometimes be omitted; in Spanish, however, it must be used.

   Los boletos **que** compraste son para primera clase.
   *The tickets **(that)** you bought are for first class.*

4. **Quien(es)** refers only to people and is used after a preposition (**a, con, de, para, por, en**).

   El agente de seguridad es la persona **con quien** debes hablar.
   *The security agent is the person **with whom** you should speak.*

5. **Quien(es)** may replace **que** when the dependent clause is set off by commas.

   Andrés y Julián, **quienes** viajaron en primera clase, no se sentaron con nosotros.
   *Andrés and Julián, **who** traveled in first class, did not sit with us.*

6. When referring to places, you will need to use the relative adverb **donde**, without an accent.

   La parada **donde** debes esperar está al otro lado de la calle.
   *The stop **where** you should wait is on the other side of the street.*

A practicar

R4.1 **Viajando en tren y en avión** Decide qué palabra completa la idea lógicamente.

1. Para recibir mi _____ debo ir al mostrador de la aerolínea.
   a. visa   **b.** pasaporte   **c.** pase de abordar

2. Es más cómodo viajar en _____ porque los asientos son más amplios y el servicio es mejor.
   a. primera clase   **b.** el vagón   **c.** el andén

3. El vuelo 732 estaba anunciado para llegar a Panamá a las 11:00 pero ya son las 12:30. El vuelo está _____.
   a. a tiempo   **b.** la sala de espera   **c.** retrasado

4. Las maletas que podemos llevar en el vuelo y que no tenemos que facturar son _____.
   a. la escala   **b.** el equipaje de mano   **c.** el pasillo

R4.2 **Preferencias** Decide qué pronombre o adverbio necesitas para completar la expresión. Después habla con un compañero sobre tus preferencias.

donde   que   quien   quienes

> Modelo   la ciudad _____ quieres conocer
> *La ciudad que quiero conocer es Asunción.*

1. la persona con _____ te gusta viajar
2. el lugar a _____ quieres viajar
3. la forma de transporte _____ prefieres para viajar
4. las personas a _____ te gusta visitar
5. la persona _____ te visita a veces
6. el hotel _____ quieres pasar la noche

R4.3 **¿Puedes identificarlo?** Con un compañero túrnense para dar una descripción de una cosa, persona o lugar de la lista, sin decir qué es. Usen **que, quien(es),** o **donde** en la descripción.

> Modelo   Estudiante 1: *Es la persona a quien le muestras tu billete de tren.*
> Estudiante 2: *Es el revisor.*

aduana	piloto
andén	revisor
hotel	taquilla
pasajero	turista
pasaporte	

R4.4 **Diálogos** En parejas imagínense que están viajando por tren o por avión por primera vez. Uno de ustedes es el pasajero, y el otro es el asistente de vuelo o revisor. Inventen un diálogo en el que el pasajero tiene muchas dudas. Pueden preguntar sobre la duración del viaje, los baños, la comida, el entretenimiento a bordo, el Internet, la posibilidad de cambiar asientos y dónde conseguir aspirinas para un dolor de cabeza *(headache)*. Escriban su diálogo para luego actuarlo.

Gramática

Gustar and similar verbs

1. The verb **gustar** is used to ask about or indicate what people like.

me gusta(n)	*I like*	**nos gusta(n)**	*we like*
te gusta(n)	*you like*	**os gusta(n)**	*you like (plural, Spain)*
le gusta(n)	*he/she likes*	**les gusta(n)**	*they, you (plural) like*

2. The form **gusta** is followed by singular nouns or by a verb or a series of verbs.

   Me gusta el servicio de habitación.
   I like room service.

   No les gusta alojarse en hoteles de lujo.
   They don't like to stay in luxury hotels.

3. The form **gustan** is followed by plural nouns.

   Nos gustan la comida y el servicio del restaurante.
   We like the food and service of the restaurant.

4. To clarify who likes something, use the phrase **a** + name of person/personal pronoun.

   A Mauricio le gustan los cruceros.
   Mauricio likes cruise ships.

5. The following verbs work just like **gustar**.

   aburrir *to bore*
   caer (bien/mal) *to like/dislike a person*
   encantar *to really like, to enjoy immensely*
   fascinar *to fascinate*
   importar *to be important*
   interesar *to interest*
   molestar *to bother*

   A Enrique **le encanta** ir de vacaciones.
   Enrique loves to go on vacation.

   A los huéspedes **les molesta** el ruido de la calle.
   The guests are bothered by the street noise.

A practicar

R4.5 **De vacaciones en el hotel** Decide de qué servicio están hablando los huéspedes del hotel.

1. Tengo hambre pero no quiero bajar al restaurante.
2. Necesito imprimir *(print)* mi pase de abordar.
3. No voy a usar las escaleras porque mi equipaje pesa *(weighs)* mucho.
4. Vamos a pagar la cuenta y marcharnos.
5. Quiero relajarme esta noche.
6. Hay servicio gratuito en las áreas públicas del hotel.

a. la recepción
b. el ascensor
c. el sauna
d. el servicio a la habitación
e. el wifi
f. el centro de negocios

R4.6 Gustos y disgustos Forma preguntas para entrevistar a un compañero sobre sus gustos.

Modelo gustar los moteles
           Estudiante 1: *¿Te gustan los moteles?*
           Estudiante 2: *No, no me gustan los moteles pero a mis padres les gustan.*

1. interesar trabajar como botones
2. aburrir los viajes en coche
3. gustar el sauna
4. importar compartir una habitación de hotel
5. fascinar los hoteles de lujo
6. molestar usar las escaleras
7. encantar ser huésped en un hotel
8. caer bien los niños pequeños

R4.7 En común Escoge cuatro pasatiempos o personas que te interesan. Después circula por la clase y pregúntales a tus compañeros si les interesan también. Usen una variedad de los siguientes verbos: **gustar, encantar, interesar, fascinar, caer bien.** Para cada uno debes encontrar a una persona que comparta *(shares)* tu opinión.

1. los juegos de mesa
2. viajar en avión
3. la música rock
4. los programas cómicos
5. comer en restaurantes
6. el alpinismo
7. las personas extrovertidas
8. el fútbol y el béisbol
9. hacer ejercicios
10. ¿?

R4.8 Dramatización Con un compañero hagan un diálogo entre las dos personas en la foto. Incluyan por lo menos tres verbos de la lista. ¡Estén listos para actuar el diálogo frente a la clase!

aburrir   encantar   fascinar   gustar   importar   molestar

Kumar Sriskandan/Alamy Stock Photo

Gramática

Constructions with se

1. The pronoun **se** is used when the subject is not known or not relevant. When **se** is used, the verb is conjugated in the third person form, either singular or plural, depending on the noun.

Se habla español en la clase.	*Spanish **is spoken** in class.*
En esta tienda solo **se venden** zapatos de marca.	*In this store, only name brand shoes **are sold.***

2. When the verb is not used with a noun, it is conjugated in the third person singular form. The pronoun **se** translates to *one, you,* or *they* in English.

Se dice que es mejor no usar una tarjeta de crédito.	***They say** it is better not to use a credit card.*
Se paga en la caja.	***One pays** at the cash register.*

Comparisons

1. Comparisons of equality:
   a. to compare equal qualities use **tan** + adjective/adverb + **como**

La camisa es **tan barata como** la falda.	*The shirt is **as cheap as** the skirt.*

   b. to compare equal quantities, use **tanto(s) / tanta(s)** + noun + **como**

Katia tiene **tanta ropa como** su hermana.	*Katia has **as many clothes as** her sister.*

   c. to compare equality in actions, use verb + **tanto como**

Sabrina va de compras **tanto como** Vanesa.	*Sabrina goes shopping **as much as** Vanessa does.*

2. Comparisons of inequality:
   a. to express that one thing is greater than another, use **más** + adjective/adverb/noun + **que**

   Los pantalones negros me quedan **más apretados que** los azules.
   *The black pants are **tighter** on me **than** the blue ones.*

   b. to express that one thing is less than another, use **menos** + adjective/adverb/noun + **que**

   Este suéter de lana es **menos cómodo que** el suéter de algodón.
   *This wool sweater is **less comfortable than** the cotton sweater.*

   c. to compare unequal actions, use verb + **más que / menos que**

Pilar gasta **más que** su hermana.	*Pilar spends **more than** her sister.*

3. The following adjectives and adverbs are irregular and do not use **más** or **menos**:

bueno/bien → mejor *better*	**malo/mal → peor** *worse*
joven → menor *younger*	**viejo** (age of a person) **→ mayor** *older*

4. Superlatives are used when someone or something is referred to as the most, the least, the best, etc. This is expressed through the following construction:

   article (**el, la, los, las**) + noun (optional) + **más / menos** + adjective

   La prenda que tienes es **la menos cara** de la tienda.
   *The garment that you have is **the least expensive** of the store.*

   As with the other comparisons, when using **bueno/bien, malo/mal, joven,** and **viejo** (age), you must use the irregular constructions **mejor, peor, menor,** and **mayor**.

Esta tienda tiene **las mejores** rebajas.	*This store has **the best** sales.*

5. The preposition **de** is used with superlatives to express *in* or *of*.

Soy el menor **de** mi familia.	*I am the youngest **in** my family.*

A practicar

R5.1 Definiciones Relaciona la definición con la palabra en la segunda columna.

1. Es una talla.
2. Es una tela.
3. Es un diseño en una prenda.
4. Es lo contrario de caro.
5. Es la acción de combinar dos prendas.

a. barato
b. hacer juego
c. mediana
d. la seda
e. probarse
f. lunares

R5.2 ¿Qué se hace? Usa una construcción de **se** para describir lo que se hace en los siguientes lugares. Escribe por lo menos tres oraciones para cada lugar.

Modelo en la escuela
Se aprende. Se escucha al maestro. Se toman clases. Se come en la cafetería.

1. en una tienda de ropa
2. en una boda
3. en una fiesta
4. en un parque
5. en un restaurante
6. en un viaje

R5.3 ¿Cómo se comparan? Con un compañero comparen los dos objetos o personas.

Modelo la ropa de marca / la ropa sin marca
Estudiante 1: *La ropa de marca es más cara que la ropa sin marca.*
Estudiante 2: *La ropa sin marca es tan bonita como la ropa de marca y cuesta menos.*

1. el precio de la ropa / la calidad de la ropa
2. ver películas por Internet / ir al cine
3. comprar en Internet / comprar en una tienda
4. el rock / el hip hop
5. la clase de español / la clase de inglés
6. Selena Gómez / Ariana Grande

R5.4 La ropa Observa la ilustración e identifica siete prendas de ropa. Después haz siete comparaciones.

Modelo un pantalón
El pantalón morado es más bonito que el pantalón azul.

Gramática

Estar with the past participle

1. The past participle is formed by changing the verb as follows:

-ar verb → add -ado	diseñado, apagado
-er / -ir verb → add –ido	vendido, esculpido

The following verbs are the irregular past participles:

abrir	**abierto**	hacer	**hecho**
cubrir	**cubierto**	morir	**muerto**
decir	**dicho**	romper	**roto**
despertar	**despierto**	poner	**puesto**
devolver	**devuelto**	ver	**visto**
escribir	**escrito**	volver	**vuelto**

2. The past participle can be used as an adjective to show condition. You have already learned some of them, such as **aburrido, cansado,** and **muerto.** Like other adjectives, they must agree in gender and number with the nouns they describe.

> El museo está **abierto** todos los días menos los lunes.
> *The museum is **open** every day except Monday.*

> Carlos tiene dos cuadros **pintados** por su amigo.
> *Carlos has two paintings **painted** by his friend.*

3. They are often used with the verb **estar;** however they can also be placed after the noun they describe.

> Las obras **esculpidas** por el Señor Ramos **están** en esta sala.
> *The works sculpted by Mr. Ramos are in this room.*

Se to indicate accidental occurrences

1. Use the following construction with **se** to indicate unintentional or accidental occurrences:

se + indirect object pronoun + verb

> **Se me perdieron** los libros.
> *I (accidentally) **lost** the books.*

Notice that the verb agrees with the subject (**los libros**). The indirect object pronoun (**me**) identifies who is affected by this action.

2. The following are common verbs used with this construction:

acabar *to finish*	olvidar *to forget*
apagar *to turn off*	perder *to lose*
caer *to fall*	quedar *to stay*
descomponer *to break (down)*	romper *to break*

> A Rodrigo **se le acabó** la pintura antes de terminar el mural.
> *Rodrigo **ran out** of paint before finishing the mural.*

> Jugábamos en la casa y **se nos rompió** la escultura de mamá.
> *We were playing in the house, and **we** (accidentally) **broke** Mom's sculpture.*

A practicar

R5.5 **El arte** Decide qué palabra no pertenece al grupo y escribe por qué.

Modelo el autorretrato   la naturaleza muerta   la escultura
La escultura porque no es un tipo de cuadro.

1. extraño   surrealista   vanguardista
2. el mural   el grabado   la tinta
3. la escultura   el pintor   el modelo
4. abstracto   claro   obscuro
5. la galería   la máscara   la exhibición

R5.6 **¿Cómo están?** Con un compañero túrnense para hacer y responder las siguientes preguntas. Usen el verbo **estar** y el participio del verbo subrayado *(underlined)* cuando respondan.

Modelo ¿Abriste la ventana de tu cuarto antes de salir esta mañana?
Estudiante 1: *¿Abriste la ventana de tu cuarto antes de salir esta mañana?*
Estudiante 2: *Sí, la ventana está abierta. / No, la ventana no está abierta.*

1. ¿Hiciste tu cama esta mañana?
2. ¿Escribiste la tarea para tus clases?
3. ¿Ordenaste tu cuarto?
4. ¿Cerraste la puerta de tu cuarto cuando saliste de la casa?
5. ¿Apagaste las luces en tu cuarto cuando saliste?
6. ¿Preparaste tu almuerzo esta mañana?
7. ¿Colgaste tu chaqueta en el armario *(locker)*?
8. ¿Guardaste los libros?

R5.7 **¿Cuándo?** Pregúntale a tu compañero cuándo le ocurrieron las siguientes cosas. Si es posible, hazle la pregunta entre paréntesis para tener más información.

Modelo caer tu teléfono (¿Dónde?)
Estudiante 1: *¿Cuándo se te cayó tu teléfono?*
Estudiante 2: *Se me cayó el mes pasado. / Nunca se me cayó el teléfono.*

Estudiante 1: *¿Dónde se te cayó?*
Estudiante 2: *En el patio de mi casa.*

1. perder un número de teléfono importante (¿De quién?)
2. romper algo sentimental (¿Qué pasó?)
3. acabar el tiempo durante un examen (¿Para qué clase?)
4. descomponer tu teléfono (¿Compraste otro?)
5. quedar una tarea importante en casa (¿Qué fue?)
6. olvidar poner el despertador (¿A qué hora te despertaste?)

R5.8 **¿Cierto o falso?** Escribe tres oraciones ciertas y tres oraciones falsas sobre la ilustración. Luego compártelas con un compañero. El compañero tiene que decidir cuáles son falsas y corregirlas.

Gramática

Future tense

1. Things that are going to happen in the near future can be expressed in the present tense or using the construction **ir** + **a** + an infinitive.

   Salgo para las montañas hoy.   *I'm leaving for the mountains today.*

   Vamos a visitar la selva.   *We are going to visit the jungle.*

2. Another way to express what will happen is to use the future tense; this tense tends to be more formal and generally refers to a more distant future. To form the future tense, add the following endings to the infinitive. In the future tense, **-ar, -er,** and **-ir** verbs take the same endings.

proteger	
Subject	**Verb form**
yo	proteger**é**
tú	proteger**ás**
él / ella / usted	proteger**á**
nosotros(as)	proteger**emos**
vosotros(as)	proteger**éis**
ellos / ellas / Uds.	proteger**án**

   Ellos **protegerán** el medio ambiente.
   *They **will protect** the environment better.*

   The following are irregular stems for the future tense:

decir	**dir-**	querer	**querr-**
haber	**habr-**	saber	**sabr-**
hacer	**har-**	salir	**saldr-**
poder	**podr-**	tener	**tendr-**
poner	**pondr-**	venir	**vendr-**

A practicar

R6.1 **La naturaleza** Escoge la palabra que corresponde con la imagen. No vas a necesitar una de las palabras.

el árbol   el bosque   la cascada
el cielo   la colina   la contaminación
la nube   la palmera   el reciclaje
el río   el volcán

1. _____   6. _____
2. _____   7. _____
3. _____   8. _____
4. _____   9. _____
5. _____   10. _____

R6.2 **Visita a la granja** Imagina que vas a visitar una granja con tu familia este fin de semana. Completa las siguientes oraciones para explicar lo que harán en la granja.

Modelo Yo (montar)...

   Yo montaré a un caballo.

1. Mi familia (ir)...
2. Mi hermano y yo (poder)...
3. Mi hermano (tener)...
4. Yo (ver)...
5. Mis padres (estar)...
6. Todos (comer).
7. El granjero *(farmer)* (querer)...
8. Mi familia y yo (salir)...

R6.3 **En busca de...** Busca a ocho compañeros diferentes que piensen hacer una de las siguientes actividades durante las próximas vacaciones. Después pídeles más información con la segunda pregunta. **¡OJO!** Recuerda usar el futuro para la primera pregunta.

Modelo ir a las montañas (¿Por qué?)

   Estudiante 1: *¿Irás a las montañas?*
   Estudiante 2: *Sí, iré a las montañas.*

   Estudiante 1: *¿Por qué?*
   Estudiante 2: *Voy a esquiar.*

1. hacer un viaje a otro estado (¿Qué estado?)
2. visitar a parientes (¿Quiénes?)
3. asistir a un campamento *(camp)* deportivo (¿Qué deporte?)
4. pasar tiempo con la familia (¿Dónde?)
5. salir de la ciudad (¿Adónde?)
6. quedarse en casa (¿Qué harás?)
7. buscar un trabajo (¿Qué tipo de trabajo?)

R6.4 **Perspectivas** Trabaja con un compañero para completar las siguientes ideas.

1. Yo (no) reciclo porque...
2. La contaminación (no) es un problema en mi región porque...
3. En el futuro el agua potable... porque...
4. El cambio climático (no) me preocupa porque...
5. En el futuro (no) será necesario proteger el medio ambiente porque...

Gramática

Subjunctive with impersonal expressions

Until now, all the verb tenses you have studied have been in the indicative. The indicative is an objective mood that is used to state facts and to talk about things that you are certain have occurred or will occur.

Las águilas están en peligro.
Eagles are endangered.

In contrast, the subjunctive is a subjective mood that is used to convey uncertainty, anticipated or hypothetical events, or the subject's wishes, fears, doubts, and emotional reactions.

Es terrible que las águilas desaparezcan.
It is terrible (that) the eagles may disappear.

1. You will notice that the subjunctive verb forms are very similar to formal commands. To form the present subjunctive, drop the **-o** from the first person (**yo**) present tense form and add the opposite ending. Add the **-er** endings for **-ar** verbs, and the **-ar** endings for **-er** and **-ir** verbs.

   hablar: hable, hables, hable, hablemos, habléis, hablen
   comer: coma, comas, coma, comamos, comáis, coman
   escribir: escriba, escribas, escriba, escribamos, escribáis, escriban

   Es bueno que las tortugas **naden** en el mar y no en un acuario.
   It's good that the turtles swim in the sea and not in an aquarium.

2. Verbs that are irregular in the first person present indicative have the same stem in the present subjunctive.

   Es importante que **tengamos** paciencia.
   It's important that we have patience.

3. Stem-changing **-ar** and **-er** verbs follow the same pattern as in the present indicative, changing in all forms except the **nosotros** and **vosotros** forms.

   Es bueno que tú **pienses** en el medio ambiente, pero es también necesario que todos **pensemos** en él.
   It's good that you think about the environment, but it also is necessary that we all think about it.

4. Stem-changing **-ir** verbs follow the same pattern as in the present indicative; however there is an additional change in the **nosotros** and **vosotros** forms. The additional stem change is similar to that in the third person preterite. (**e → i** and **o → u**)

   Es mejor que **durmamos** en la casa y que los animales **duerman** afuera.
   It is best that we sleep in the house and that the animals sleep outside.

5. You will recall that the formal commands of verbs whose infinitives end in **-car, -gar,** and **-zar** have spelling changes. These same spelling changes occur in the subjunctive as well.

   Es recomendable que **lleguemos** a tiempo.
   It's advisable that we arrive on time.

6. The subjunctive of the following verbs is irregular: **dar (dé), estar (esté), haber (haya), ir (vaya), saber (sepa),** and **ser (sea).** You will notice that once again the subjunctive form is similar to the formal command forms.

> Es ridículo que Jorge no **sepa** más de los animales que viven en esta parte del país.
> *It's ridiculous that Jorge doesn't know more about the animals that live in this part of the country.*

7. Impersonal expressions do not have a specific subject and can include a large number of adjectives: **es bueno, es difícil, es importante, es triste,** etc. They can be negative or affirmative. Notice that the **que** is required as a conjunction between the main clause and the dependent (subjunctive) clause, even though it may be omitted in English.

> **Es una lástima que no podamos** hacer más.
> *It's a shame (that) we can't do more.*

Subjunctive with expressions of doubt

1. When expressing doubt or uncertainty about an action or a condition, you must use the subjunctive. The following are some common expressions of doubt that require the use of the subjunctive:

> (No) dudar que   No creer que   No pensar que   No suponer que
> No estar seguro(a) que   No ser cierto/verdad/obvio/evidente que

> **No es cierto que vayamos** a ayudar las águilas con este programa de preservación.
> *It's not certain that we are going to help the eagles with this preservation program.*

> **No creo que haya** ovejas en esta granja.
> *I don't think that there are sheep on this farm.*

However, when using an impersonal expression to express a belief or certainty, such as **es cierto (verdad/obvio/ evidente) que,** you must use the indicative.

> **Es verdad que hay** gorilas en peligro de extinción.
> ***It is true that there are*** *gorillas in danger of extintion.*

2. When using the following expressions to affirm a belief or express certainty, you must use the indicative:

> Creer que   Pensar que   Suponer que   Estar seguro(a) de que
> Ser cierto/verdad/obvio/evidente que

> Inés **está segura de que hay** elefantes en este zoológico.
> *Inés **is sure that there are** elephants in this zoo.*

3. When using the verbs **pensar** and **creer** in a question, it is possible to use the subjunctive in the dependent clause as you are not affirming a belief:

> ¿Crees que **haya** suficiente comida para los animales?
> *Do you think **there is** enough food for the animals?*

A practicar

Animales Mira la ilustración e identifica de qué animal se habla.

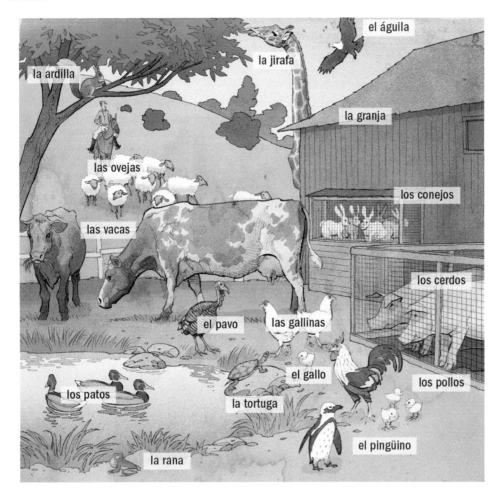

Modelo Este animal rosado duerme en el barro *(mud).*
   el cerdo

1. Pone huevos.
2. Es blanco y negro y vive en el Polo Sur *(South Pole).*
3. Es pequeño y tiene orejas largas.
4. Come hojas de los árboles y es muy alta.
5. La gente bebe la leche de este animal.
6. Se mueve muy lentamente *(slowly).*
7. Vuela y es un símbolo en los Estados Unidos.
8. Come nueces *(nuts)* y trepa árboles.
9. Lo comemos el Día de Acción de Gracias.
10. Es un animal que nos da lana.
11. La gente le da pan en los parques.
12. Se besa a este animal para convertirlo en príncipe.

R6.6 **Opiniones** La maestra de Ciencias Naturales les está dando recomendaciones a sus estudiantes. Completa las oraciones con la forma necesaria del subjuntivo.

Modelo Es recomendable que Paula (escribir) el ensayo hoy.
Es recomendable que Paula escriba el ensayo hoy.

1. Es buena idea que Pablo (estudiar) más para la clase de ciencias.
2. Es importante que todos los estudiantes de la clase (empezar) a reciclar.
3. Es posible que nosotros (proteger) el medio ambiente.
4. Es una lástima que muchos animales (estar) en peligro de extinción.
5. Es imposible que yo los (ayudar) a ustedes si no hacen la tarea.
6. Lidia, es increíble que tú (hacer) tanto para ayudar a los animales.

R6.7 **¿Es cierto?** Trabaja con un compañero para opinar si las siguientes oraciones son ciertas o falsas. Luego usen las expresiones de duda o certeza para compartir sus ideas con el resto de la clase. **¡OJO!** Solo necesitas usar el subjuntivo cuando hay duda o negación.

Modelo El águila es un pez.
No pienso que el águila sea un pez. Es un pájaro.

1. Algunos pingüinos vuelan.
2. El cuello de la jirafa es largo.
3. El león duerme 20 horas al día.
4. El elefante no sabe nadar.
5. La rana necesita beber agua para vivir.
6. El tiburón oye muy bien.
7. Los zorros no pueden trepar un árbol.
8. Todos los mamíferos tienen pelo.

R6.8 **En la granja** Escribe tres oraciones sobre la ilustración en la página R-28. Después compártelas con un compañero que va a expresar si las cree o no.

Modelo

Estudiante 1: *Hay un tiburón en el agua.*
Estudiante 2: *Dudo que haya un tiburón en el agua.*

Vocabulario esencial

Repaso 1

Frutas
la fresa *strawberry*
la manzana *apple*
el melón *melon*
la naranja *orange*
la piña *pineapple*
el plátano *banana*
la sandía *watermelon*
las uvas *grapes*

Verduras
la cebolla *onion*
la lechuga *lettuce*
el maíz *corn*
la papa *potato*
el tomate *tomato*
la zanahoria *carrot*

Lácteos y otros alimentos
el cereal *cereal*
el huevo *egg*
el jamón *ham*
la leche *milk*
la mantequilla *butter*
la mermelada *jam*
el pan *bread*
el queso *cheese*
el yogur *yogurt*

Los utensilios
la cuchara *spoon*
el cuchillo *knife*
el mantel *tablecloth*
el plato *plate*
la servilleta *napkin*
la taza *cup*
el tenedor *fork*

La comida
el arroz *rice*
el azúcar *sugar*
el camarón *shrimp*
la carne *meat*
el cerdo *pork*
la ensalada *salad*
el entremés *appetizer*
la hamburguesa *hamburger*
el helado *ice cream*
el jugo *juice*
el pescado *fish*
el pollo *chicken*
el postre *dessert*
el refresco *soft drink*
la sopa *soup*
los totopos *tortilla chips*

Palabras adicionales
la cuenta *check; bill*
la cena *dinner*
el desayuno *breakfast*

Repaso 2

La limpieza
el bote de basura *trashcan*
el cortacésped *lawn mower*
la escoba *broom*
el jabón para platos *dish soap*
la manguera *hose*
la plancha *iron*
el quehacer *chore*
el sacudidor *duster*
la tabla de planchar *ironing board*
el trapeador *mop*

Verbos
barrer *to sweep*
colgar (ue) *to hang*
cortar el césped *to cut the grass*
guardar *to put away*
hacer la cama *to make the bed*
lavar platos *to wash dishes*
lavar ropa *to wash clothes*
ordenar *to straighten up*
pasar la aspiradora *to vacuum*
poner la mesa *to set the table*
regar *to water*
sacar la basura *to take out the trash*
sacudir *to dust*
secar *to dry*
trapear *to mop*

Juegos y juguetes
el ajedrez *chess*
el carrito *toy car*
las cartas *cards*
el chiste *joke*
la cometa *kite*
el cuento *story*
la cuerda *jump rope*
las damas *checkers*
el dominó *domino*
las escondidas *hide and seek*
las historietas *comics*
el juego de mesa *board games*
la muñeca *doll*
el osito *teddy bear*
el videojuego *video game*

Verbos
contar (ue) *to tell*
dibujar *to draw*
jugar a los bolos *to bowl*
mostrar *to show*
navegar el internet *to surf the Internet*
pelear *to fight*
portarse (bien/mal) *to behave (well/badly)*
prestar *to lend*
saltar *to jump*
tocar (el piano/la guitarra) *to play (the piano/the guitar)*
trepar *to climb*
volar (ue) *to fly*

Repaso 3

Las celebraciones
el aniversario *anniversary*
los banderines *streamers; pennants*
el bautizo *baptism*
los bocadillos *snacks*
la boda *wedding*
los dulces *candies*
los fuegos artificiales *fireworks*
los globos *balloons*
la graduación *graduation*
el grupo de música *musical group*
la invitación *invitation*
el invitado *guest*
los novios *bride and groom*
el pastel *cake*
la quinceañera *girl celebrating her fifteenth birthday*
el regalo *gift*
la serenata *serenade*
la vela *candle*

Verbos
casar(se) *to get married*
celebrar *to celebrate*
cumplir años *to turn ___ years old*
decorar *to decorate*
romper *to break*

En la calle
la acera *sidewalk*
la ambulancia *ambulance*
la camilla *stretcher*
la carretera *highway*
el ciclista *cyclist*
el conductor *driver*
el límite de velocidad *speed limit*
la multa *fine; ticket*
el paramédico *paramedic*
la patrulla *police car*
el puente *bridge*
el semáforo *stoplight*
la señal *sign*
el(la) testigo *witness*

Verbos
atravesar (ie) *to cross*
atropellar *to run over*
bajar de *to get out of (a vehicle)*
chocar (con) *to crash (into)*
cruzar *to cross*
dañar *to damage*

distraerse   *to get distracted*
estacionarse   *to park*
pasarse una señal de PARE   *to run a stop sign*
subir a   *to get into (a vehicle)*

Repaso 4

De viaje
la aduana   *customs*
el(la) agente de seguridad   *security agent*
el andén   *platform*
el asiento   *seat*
el boleto   *ticket*
el equipaje (de mano)   *(hand) luggage*
la llegada   *arrival*
la maleta   *suitcase*
el mostrador   *counter*
el (la) pasajero(a)   *passenger*
el pasaporte   *passport*
el pase de abordar   *boarding pass*
el pasillo   *aisle*
el reclamo de equipaje   *baggage claim*
retrasado   *delayed*
el revisor   *controller*
la sala de espera   *waiting room*
la taquilla   *ticket window*
el vagón   *car (train)*
la ventanilla   *window*

Verbos
abordar   *to board*
aterrizar   *to land*
despegar   *to take off*
facturar equipaje   *to check luggage*

En el hotel
el ascensor   *elevator*
el botones   *bellhop*
la camarera   *maid*
el centro de negocios   *business center*
las escaleras   *stairs*
el gerente   *manager*
el huésped   *guest*
el Internet inalámbrico   *wireless Internet*
la llave   *key*
la recepción   *reception*
el (la) recepcionista   *receptionist*
el sauna   *sauna*
el servicio a la habitación   *room service*

Verbos
alojarse   *to lodge; to stay (in a hotel)*
pagar (y marcharse)   *to pay; to check out*
registrarse   *to check in*

Repaso 5

Telas
el algodón   *cotton*
la lana   *wool*
el lino   *linen*
la mezclilla   *denim*
la piel   *leather*
la prenda   *garment*
la seda   *silk*

Estilos
a cuadros   *plaid*
a rayas   *striped*
de lunares   *polka-dot*
estampado(a)   *patterned*

Adjetivos
apretado(a)   *tight*
barato(a)   *cheap; inexpensive*
caro(a)   *expensive*
chico(a)   *small*
grande   *large*
liso(a)   *solid (color)*

Verbos
elegir   *to choose*
hacer juego   *to match*
probarse (ue)   *to try on*
quedar   *to fit*

El arte
el autorretrato   *self-portrait*
la escultura   *sculpture*
la exhibición   *exhibit*
la galería   *gallery*
el grabado   *engraving; print*
la máscara   *mask*
el modelo   *model*
el mural   *mural*
la naturaleza muerta   *still life*
la obra   *work*
el paisaje   *landscape*
el pincel   *paintbrush*
la pintura   *painting*

Adjetivos
abstracto   *abstract*
claro   *light; pale*
complicado   *complex*
cubista   *cubist*
extraño   *strange; odd*
impresionista   *impressionist*
obscuro   *dark*
sencillo   *simple*
surrealista   *surrealist*
tradicional   *traditional*
vanguardista   *revolutionary; avant-garde*

Repaso 6

El medio ambiente
el árbol   *tree*
la arena   *sand*
la cascada   *small waterfall*
el cielo   *sky*
la contaminación   *pollution*
la deforestación   *deforestation*
los desechos industriales   *industrial waste*
el esmog   *smog*
la nube   *cloud*
el pasto   *grass*
el reciclaje   *recycling*
los recursos naturales   *natural resources*
el volcán   *volcano*

La geografía
la bahía   *bay*
el bosque   *forest*
la colina   *hill*
la costa   *coast*
el desierto   *desert*
la isla   *island*
el llano   *plains*
el mar   *sea*
la montaña   *mountain*
la península   *peninsula*
el río   *river*
la selva   *jungle*

Los animales
la ballena   *whale*
la cebra   *zebra*
el cocodrilo   *crocodile*
el elefante   *elephant*
el gorila   *gorilla*
el jaguar   *jaguar*
la jirafa   *giraffe*
el león   *lion*
la llama   *llama*
el lobo   *wolf*
el mono   *monkey*
el oso   *bear*
el tiburón   *shark*
el tigre   *tiger*
el venado   *deer*
el zorro   *fox*

Palabras adicionales
cazar   *to hunt*
la granja   *farm*
la hembra   *female*
la jaula   *cage*
el macho   *male*
salvaje   *wild*

Estrategia para avanzar

How can you achieve advanced proficiency? Each chapter will give you a strategy to achieve this goal. Look for them and implement them as you progress.

Complex conversations in Spanish involve the use of multiple verb tenses to communicate different points in time. As you move forward in Spanish, pay attention to the sequence of tenses you use. In some conversations you may need several different tenses.

In this chapter you will learn how to:

- Discuss personal relations and cultural values
- Narrate and describe past events

Generaciones y relaciones humanas

Fuse/Getty Images

Una familia tomándose una foto en Barcelona, España

Explorando con...   Knicole Colón

Cuando tenía 5 años, Knicole se acostaba en el suelo *(ground)* y pegaba un oído a la tierra para "oír" los terremotos *(earthquakes)*. Por eso para su familia fue evidente que estaba destinada a ser científica. De niña también se interesó en la meteorología (¡quería cazar tornados!) y en la arqueología. Empezó a interesarse en la astronomía a los 8 años porque su padre la llevaba a ver lluvias de meteoritos. Cuando vio la película *Contacto*, a los 12 años, supo que iba a dedicarse a la astronomía.

Vocabulario útil

cazar   *to hunt down*
los datos   *data*
la estrella   *star*
potente   *powerful*
el reto   *challenge*

Cuando Knicole estudiaba la licenciatura en física, tuvo la oportunidad de participar en un programa en el observatorio de Arecibo, en Puerto Rico. Curiosamente, su familia es originaria de Puerto Rico, aunque ella es la tercera generación que nace en Estados Unidos. En este significativo viaje, Knicole estudió una gigantesca región del espacio en donde se forman estrellas.

Aunque cada día es diferente, entre las ocupaciones típicas de Knicole están el análisis de datos, escribir ensayos de investigación, y preparar presentaciones para talleres *(workshops)* o conferencias. Una de sus experiencias favoritas fue cuando vio por primera vez el telescopio gigante en las Islas Canarias, el GTC (Gran Telescopio Canarias), el telescopio más grande del mundo.

Para Knicole uno de los retos más grandes de su profesión ha sido llegar hasta donde están algunos de los telescopios más potentes del mundo. A veces es necesario tomar muchos aviones y caminos largos y difíciles de transitar. Parece que para acercarse *(to get close)* a las estrellas primero hay que saltar obstáculos en el planeta Tierra.

Knicole tiene un currículum (resumé) impresionante que incluye trabajar para la NASA. Ha trabajado con muchos telescopios diferentes, como el Gran Telescopio Canarias, localizado en las Islas Canarias, España. Tiene un doctorado y una maestría en astronomía de la Universidad de Florida. También recibió su licenciatura (bachelor's degree) en física de la Universidad de Nueva Jersey.

EN SUS PALABRAS

"En el universo hay millones y millones de estrellas. Aunque solamente una pequeña fracción de estos planetas esté habitada, es razón suficiente para dedicarle mi vida a la astronomía."

1.1 Comprensión

1. ¿Qué le interesaba a Knicole de niña?
2. ¿Qué factores contribuyeron a su interés en la astronomía?
3. ¿En qué consiste el trabajo de Knicole?
4. ¿De qué retos profesionales habla Knicole?

1.2 A profundizar En tu opinión, ¿crees que Knicole piensa que hay vida inteligente en otros planetas? Explica tu respuesta.

1.3 ¡A explorar más! ¿Cómo ha cambiado la vida en la Tierra el estudio de la astronomía? Investiga en Internet y después comparte con la clase una o dos ideas.

Exploraciones **léxicas**

¿Qué tienen en común los jóvenes de antes con los de hoy?

La familia y las relaciones personales

la adopción *adoption*
la amistad *friendship*
el asilo de ancianos *retirement home*
el (la) bisabuelo(a) *great-grandparent*
el (la) bisnieto(a) *great-grandchild*
la brecha generacional *generation gap*
el cambio *change*
la cita *date, appointment*
el compromiso *engagement, commitment*
el divorcio *divorce*
la generación *generation*
el (la) huérfano(a) *orphan*
el matrimonio *marriage, married couple*
el noviazgo *courtship*
el (la) novio(a) *boyfriend / girlfriend*
el papel *role*
la pareja *couple, partner*
el reto *challenge*
la vejez *old age*

La familia política/modificada

el (la) cuñado(a) *brother/sister-in-law*
el (la) hermanastro(a) *stepbrother / stepsister*
el (la) hijastro(a) *stepson / stepdaughter*
la madrastra *stepmother*
la nuera *daughter-in-law*
el padrastro *stepfather*
el (la) suegro(a) *father-in-law/ mother-in-law*
el yerno *son-in-law*

Adjetivos y estados civiles

casado(a) *married*
divorciado(a) *divorced*
moderno(a) *modern*
separado(a) *separated*
soltero(a) *single*
tradicional *traditional*
unido(a) *tight, close (family)*
viudo(a) *widower/widow*

Verbos

abrazar *to embrace; to hug*
cambiar *to change*
casarse (con) *to marry*
crecer *to grow up*
criar *to raise; to bring up*
divorciarse (de) *to divorce*
enamorarse (de) *to fall in love (with)*
envejecer *to age; to get old*
llevarse (bien/mal/regular) *to get along (well/poorly/okay)*
nacer *to be born*
odiar *to hate*
querer (a) *to love (a person)*
respetar *to respect*
romper *to break up*
salir con (una persona) *to go out with (a person)*
separarse (de) *to separate (from)*

INVESTIGUEMOS EL VOCABULARIO

There are several ways to refer to elderly people. **Personas mayores** and **personas de la tercera edad, ancianos** and **viejos** are a few options. Additionally, some adults refer to their older parents as "**mi viejo(a).**"

A practicar

1.4 🔊 **Escucha y responde** Observa la ilustración y responde las preguntas que vas a escuchar.

1. ...   2. ...   3. ...   4. ...

1.5 **Definiciones** Relaciona cada definición con la palabra que define.

1. Es el padre de tu abuelo.
2. Es el estado civil de una persona cuyo (*whose*) esposo murió.
3. Es la acción de terminar una relación entre novios.
4. Describe una familia en la que los miembros son cercanos.
5. Es la esposa de tu hijo.
6. Es la acción legal de criar a un niño que nació en otra familia.
7. Son los miembros de la familia.
8. Es el estado civil de una persona que no está casada.

a. nuera
b. soltera
c. bisabuelo
d. adoptar
e. unida
f. viuda
g. romper
h. parientes

1.6 **No es lógico** Algunas de las siguientes oraciones no son lógicas. Trabaja con un compañero para identificarlas y corregirlas.

1. El papel de los niños es cuidar a sus padres.
2. El hermano de mi esposa es mi cuñado.
3. Mis abuelos adoptaron a mi madre porque era huérfana.
4. Mi cuñada y su esposo son solteros.
5. Mis abuelos se divorciaron el año pasado y ahora son viudos.
6. Yo rompí con mi novio porque no nos llevábamos muy bien.
7. Un asilo de ancianos es una institución adonde van a vivir los viudos.

Expandamos el vocabulario

The following words are listed in the vocabulary. They are nouns, verbs, or adjectives. Complete the table using the roots of the words to find the related word for each category.

Verbo	Sustantivo	Adjetivo
besar		
	cambio	
		unido
divorcio		

1.7 Relaciones En parejas túrnense para explicar la relación entre cada par de palabras.

Modelo   amistad, noviazgo
         La amistad y el noviazgo son relaciones.

1. el huérfano, la adopción
2. casarse, enamorarse
3. el compromiso, el matrimonio
4. la cita, la pareja
5. el viudo, el soltero
6. romper, separarse

1.8 La familia desde tu perspectiva Trabaja con un compañero. Observen la ilustración en la página 6 y respondan las preguntas.

1. ¿Crees que Doña Lucía está casada, divorciada, soltera o viuda? ¿Por qué?
2. ¿Qué relación piensas que hay entre Doña Lucía y los niños?
3. ¿Crees que esta familia es unida? ¿Por qué?

1.9 Experiencias personales Trabaja con un compañero para responder las siguientes preguntas.

1. En tu opinión, ¿qué significa "familia"?
2. ¿Cuál es el papel de una familia? Dentro de una familia ¿cuál es el papel de los abuelos?
3. ¿En qué actividades participan típicamente todos los miembros de una familia extendida?
4. ¿Cómo es tu familia? ¿Qué miembros hay?
5. ¿Sabes dónde vivían tus abuelos cuando eran jóvenes? ¿En qué trabajaban? ¿De dónde vinieron tus antepasados *(ancestors)*?
6. ¿Hay una brecha generacional entre tus padres y tú? Explica.

Una mascota es también miembro de la familia.

iStockphoto.com/sonyae

1.10 **La historia de estas familias** Trabaja con un compañero para crear la historia de una de las familias de las fotografías. Pueden usar las siguientes preguntas para guiar la información de la historia:

- ¿De dónde es la familia?
- ¿Quiénes son los miembros?
- ¿Cuál es el estado civil de sus miembros?
- ¿Cómo se llaman y a qué se dedican?
- ¿En qué trabajan o qué estudian?
- ¿Qué les gusta hacer?
- ¿Cómo es la personalidad de dos miembros de esta familia?

Rob Marmion/Shutterstock.com

Rana Faure/Corbis

Tudor Catalin Gheorghe/Shutterstock.com

A analizar ▶

Elena compara las experiencias de su madre con sus propias *(own)* experiencias. Después de ver el video, lee el párrafo y observa los verbos en negrita y en letra cursiva. Luego contesta las preguntas que siguen.

¿Cómo fueron diferentes las oportunidades que tuvo tu mamá comparadas con las de tu vida?

Mi mamá nunca **fue** a la escuela y ella *tenía* que quedarse en la casa con mi abuela ayudándola con los quehaceres. Solo **estudió** hasta segundo de primaria. Ella **se fue** para Bogotá cuando *tenía* dieciséis años y **empezó** a trabajar en un jardín de niños. Por mucho tiempo **cuidó** a niños especiales. Luego, cuando mi mamá **tuvo** a sus hijos, ella nos **envió** al colegio. Entonces yo **fui** a un colegio católico y **estuve** interna varios años, o sea *vivía* allí. A mí me *gustaba* mucho este colegio porque *era* muy seguro y *estaba* con muchas niñas de mi misma edad. Pero cuando *tenía* dieciséis años, yo ya *quería* tener un poco más de libertad. Entonces **fui** al mismo colegio, pero *estaba* externa. *Iba* todas las mañanas al colegio y *salía* por la tarde y *regresaba* a mi casa. Todos nosotros **estudiamos, terminamos** el bachillerato y la universidad.

—Elena, Colombia

1. In what tense are the bold verbs? And in what tense are the italicized verbs?

2. Why are the verbs in bold in that tense? Why are the italicized verbs in a different tense?

> **INVESTIGUEMOS LA GRAMÁTICA**
>
> Throughout the textbook, you will be given examples of structures in Spanish and asked to analyze them. When you figure out the pattern and how the structure is used, you are more likely to remember its use and will develop important skills such as recognizing patterns and making educated guesses.

A comprobar

El pretérito y el imperfecto I

El pretérito

1. To form the preterite of regular verbs as well as -ar and -er verbs that have stem changes, add the following endings to the stem of the infinitive.

hablar	
hablé	hablamos
hablaste	hablasteis
habló	hablaron

volver	
volví	volvimos
volviste	volvisteis
volvió	volvieron

escribir	
escribí	escribimos
escribiste	escribisteis
escribió	escribieron

2. Verbs ending in **-car, -gar,** and **-zar** have spelling changes in the first person singular (**yo**) in the preterite. Notice that the spelling changes preserve the original sound of the infinitive for **-car** and **-gar** verbs. For a complete list of stem-changing and irregular preterite verbs, see Appendix D.

-car	c → qué	tocar	yo **toqué**, tú **tocaste**...
-gar	g → gué	jugar	yo **jugué** , tú **jugaste**...
-zar	z → cé	empezar	yo **empecé**, tú **empezaste**...

3. The preterite of **hay** is **hubo** (there was, there were). There is only one form in the preterite regardless of whether it is used with a plural or singular noun.

> **Hubo** un problema con la adopción.
> *There was a problem with the adoption.*

> **Hubo** varias discusiones sobre el divorcio.
> *There were several discussions about divorce.*

4. To talk about how long ago something happened, use the preterite with the following structure:

> **hace** + period of time (+ **que**)

> Se casaron **hace dos años**.
> *They got married **two years ago**.*

> **Hace una hora (que)** salió la pareja.
> *The couple left **an hour ago**.*

¡OJO! This structure cannot be used with a specific time, such as **las tres de la tarde** or **el 8 de abril**.

5. There are a couple of ways to ask how long ago something happened:

> **¿Hace cuánto tiempo (que)** la conociste?
> *How long ago did you meet her?*

> **¿Cuánto tiempo hace que** la conociste?

> **¿Hace cuánto** la conociste?

El imperfecto

6. To form the imperfect, add the following endings to the stem of the verb. There are no stem-changing verbs in the imperfect. All verbs that have changes in the stem in the present or the preterite are regular.

-ar verbs

respetar	
respet**aba**	respet**ábamos**
respet**abas**	respet**abais**
respet**aba**	respet**aban**

-er verbs

crecer	
crec**ía**	crec**íamos**
crec**ías**	crec**íais**
crec**ía**	crec**ían**

-ir verbs

dormir	
dorm**ía**	dorm**íamos**
dorm**ías**	dorm**íais**
dorm**ía**	dorm**ían**

7. Only **ser, ir,** and **ver** are irregular in the imperfect.

ser	
era	éramos
eras	erais
era	eran

ir	
iba	íbamos
ibas	ibais
iba	iban

ver	
veía	veíamos
veías	veíais
veía	veían

El uso del pretérito y del imperfecto

8. When narrating in the past, the preterite is used to express an action that is *beginning* or *ending* while the imperfect is used to express an action *in progress (middle)*. Here is an overview of how the two tenses are used:

Pretérito

a. A past action or series of actions that are completed
> **Vivieron** en Nicaragua por tres años.
> Lucía y Alfredo **se enamoraron** y **se casaron**.

b. An action that is beginning or ending
> **Empezamos** a salir en junio.
> **Finalizaron** la adopción después de dos años.

c. A change of condition or emotion
> **Estuve** feliz cuando me propuso matrimonio.

Imperfecto

a. An action in progress with no emphasis on the beginning or end of the action
> **Llovía** y **hacía** viento.

b. A habitual action
> Siempre **peleaba** con sus hermanos.

c. Description of a physical or mental condition
> **Era** soltero y **estaba contento** con su vida.

d. Other descriptions, such as time, date, and age
> **Eran** las cinco de la tarde.
> **Era** 2010 y **tenía** veinte años.

9. As with action verbs, using the imperfect with a verb that expresses a mental or physical condition implies an ongoing condition, whereas using it in the preterite indicates the beginning or end of the condition.

Mi abuelo estaba en el hospital porque **se sentía** mal.
*My grandfather was in the hospital because he **felt** ill.*
(an ongoing condition)

Se sintieron tristes cuando escucharon de su muerte.
*They **felt sad** when they heard about his death.*
(a change in emotion)

A practicar

1.11 **Familias famosas** Lee las siguientes afirmaciones y complétalas con el número de años correcto.

Modelo Selena y sus dos hermanos formaron el grupo Selena y los Dinos en 1980.
Selena y sus dos hermanos formaron el grupo Selena y los Dinos hace ___¿?___ años.

1. Jennifer López y Marc Anthony se divorciaron en el año 2014.
2. Shakira tuvo a su primer hijo en el año 2013.
3. Ricky Martin adoptó a sus dos hijos en el año 2008.
4. Sofía Vergara nació en 1972.
5. Eva Perón, esposa del presidente argentino, murió en 1952.
6. Los Reyes Católicos, Isabel y Fernando, se casaron para unir España en 1469.

1.12 **En busca de...** Circula por la clase y pregúntales a ocho compañeros diferentes si hicieron las siguientes actividades. Cuando encuentres a alguien que responda sí, debes preguntarle hace cuánto tiempo hizo la actividad.

Modelo ir al cine recientemente
Estudiante 1: *¿Fuiste al cine recientemente?*
Estudiante 2: *Sí, fui al cine recientemente.*
Estudiante 1: *¿Hace cuánto tiempo?*
Estudiante 2: *Fui al cine hace tres días.*

1. adoptar una mascota
2. escribir una composición para tu clase de inglés
3. ver a tus primos recientemente
4. hacer una comida para la familia recientemente
5. conseguir la licencia de conducir
6. ir a una boda
7. comprar ropa recientemente
8. viajar a otros estados o países

¿Fuiste al cine recientemente?

Nicotombo/Shutterstock.com

1.13 La fiesta sorpresa Trabaja con un compañero. Miren el dibujo y túrnense para describir lo que pasaba cuando llegó la pareja. ¡OJO! Deben usar el imperfecto.

1.14 Diferencias de generación Hilda habla de las diferencias entre su generación y la generación de su hija. Completa las oraciones con las formas apropiadas del pretérito y del imperfecto.

1. Cuando yo _____ (ser) adolescente, las chicas no _____ (llamar) a los chicos para invitarlos a salir. En cambio mi hija siempre _____ (sentirse) bien llamando a un muchacho.

2. Mi esposo _____ (ser) amigo de mi hermano, y él nos _____ (presentar). En cambio mi hija _____ (buscar) pareja por Internet.

3. Después de que mi esposo me _____ (proponer) matrimonio, le _____ (pedir) mi mano a mi padre. En cambio mi hija _____ (sentirse) feliz estando soltera y _____ (decidir) no casarse.

4. Mi primer hijo _____ (nacer) cuando yo _____ (tener) 20 años, pero a los 37 años mi hija _____ (adoptar) a un niño.

1.15 Mis experiencias Habla con un compañero y túrnense para completar las oraciones según *(according to)* sus experiencias. Atención al uso del pretérito y del imperfecto.

1. Mis padres / Mis abuelos se conocieron porque...
2. Cuando yo nací...
3. Cuando era niño, mi familia y yo...
4. La última vez que me reuní con todos mis parientes...
5. Una vez que fui a una boda...
6. Una vez peleé con mi hermano / amigo porque...

1.16 Avancemos Habla con un compañero de tu niñez *(childhood)*. Primero describe cómo eras de niño. Habla de tu personalidad y de tu aspecto físico. Luego cuéntale una anécdota de algo que ocurrió o qué hiciste. Presta atención al uso del pretérito y del imperfecto.

Modelo   *Yo era una niña rubia de ojos verdes. Era delgada y alta. Siempre tenía el pelo largo y me gustaba llevar ropa azul. Una vez, cuando tenía 8 años, fui a la tienda con mi mamá. Quería mirar los juguetes, entonces fui a buscarlos. De repente me di cuenta de que mi mamá no estaba conmigo y empecé a llorar. Mi madre me encontró y me puse muy contenta.*

Conexiones... a la economía

Todo cambia con el tiempo. La gente cambia sus hábitos, aparecen *(appear)* nuevos productos en el mercado y otros desaparecen *(disappear)*. ¿Qué puede hacer la gente cuando los productos que le gustan desaparecen de las tiendas? Esta es una pregunta que se están haciendo los habitantes del centro de Santa Ana, en California. Por mucho tiempo los comercios *(businesses)* de esta zona se dedicaron a vender productos de la cultura hispana, pero hoy en día estas tiendas tradicionales están desapareciendo rápidamente. Las nuevas tiendas son para el público angloparlante *(English-speaking)* y para los hispanos que nacieron en Estados Unidos y tienen una cultura diferente a la de sus padres. A estos jóvenes no siempre les interesa consumir los productos que les gustaban a sus padres. Por ejemplo, ya no es posible

El distrito comercial en Santa Ana, California

encontrar mariachis en la Calle 4. Tampoco hay tacos, sino *(but rather)* hamburguesas. Los comercios quieren atraer *(attract)* a jóvenes con dinero, no a familias enteras. Aunque *(Although)* los comerciantes tradicionales piensan que la "regeneración urbana" es un plan para desplazarlos, aquellos que trabajan en el proyecto dicen que los cambios son solo el reflejo de los cambios demográficos.

1. ¿Te gusta la misma ropa que les gustaba a tus abuelos o a tus padres? ¿Por qué? ¿Escuchas la misma música que ellos oían? ¿Qué haces para pasar el tiempo y qué hacían tus abuelos?
2. ¿Qué haces cuando desaparece del mercado un producto que te gustaba?

Source: *"En peligro el 'negocio de la nostalgia' de los comerciantes hispanos" de Valeria Perasso, BBC Mundo.*

Comunidad

Entrevista a uno de tus abuelos o a otra persona mayor acerca de las actividades que le gusta hacer en su tiempo libre. Después prepara un reporte en español para la clase, comparando tus preferencias con las de la persona que entrevistaste.

Comparaciones

Como dice la canción de Mercedes Sosa, todo cambia. Tradicionalmente los jóvenes cuestionan las tradiciones de la generación anterior y proponen *(propose)* cambios. Pero a veces estos cambios no son consecuencia del espíritu de innovación de los jóvenes, sino de cambios sociales, económicos o tecnológicos. ¿Puedes imaginar una sociedad sin computadoras y sin teléfonos celulares? El resultado de los cambios tecnológicos es que las nuevas generaciones tienen intereses y aptitudes diferentes. Los jóvenes de antes se divertían saliendo con sus amigos y charlando *(chatting)* en persona. Es más probable que los jóvenes de ahora se reúnan *(get together)* menos y se comuniquen con amigos a través de teléfonos y computadoras.

La televisión es todavía *(still)* muy popular.

La televisión también está perdiendo importancia y ahora es común ver programas mediante el Internet, en tabletas o teléfonos. Sin embargo, en los Estados Unidos la televisión todavía está encendida 5 horas al día en promedio *(on average)*. En Argentina ese número es de aproximadamente 6 horas, y en México 3.

¿Qué hacen los jóvenes para entretenerse cuando no están viendo la televisión? ¿Crees que las personas mayores se divierten de forma diferente en los Estados Unidos y en los países hispanos? Elige un país hispano e investiga en Internet cómo pasan el tiempo los jóvenes y los ancianos. Después compara la información con la de los Estados Unidos.

INVESTIGUEMOS LA MÚSICA

Mercedes Sosa (1953–2009) fue una cantante argentina muy popular en toda Latinoamérica. Busca su canción "Todo cambia" y escúchala. ¿Cuáles son tres cosas que cambian, según la canción? ¿Qué es lo único *(the only thing)* que no cambia?

Cultura

Cuando mueren las generaciones más viejas se pierden sus memorias, sus costumbres, y a veces hasta su idioma. Se calcula que hay en el mundo unas seis mil lenguas, pero se piensa que la mitad va a desaparecer en los próximos cincuenta años. Hay muchos casos en los que los últimos *(last)* hablantes de una lengua son muy viejos, y a las nuevas generaciones no les interesó aprenderla. ¿Hablas tú el mismo idioma que hablaban tus bisabuelos?

Investiga una lengua indígena o regional de un país hispano. ¿Cuántos hablantes quedan *(speakers remain)*? ¿Cuántos había hace cincuenta años?

Muchas lenguas están en peligro *(danger)* porque solo las hablan personas mayores.

Exploraciones gramaticales

A analizar ▶

Mayté describe la formación de una relación sentimental. Después de ver el video, lee el párrafo y observa los verbos en negrita y en letra cursiva. Luego contesta las preguntas que siguen.

¿Cómo se desarrolla una relación sentimental?

Primero *debes* conocer a la persona y **relacionarte** con ella. La *vas* conociendo más y **te haces** amigo de la persona, y si es especial empiezan a salir. Luego, de repente te toma de la mano, de repente hay un beso... ¡pero todavía no lo *lleves* a tu casa! ¡Ay, no, Dios mío, que mi mamá **se persigna** *(crosses herself)*! En mi caso, por lo menos *tienen* que pasar seis meses a un año para que gane el respeto de mi madre, y entonces *puedo* traerlo a mi casa e invitarlo a **sentarse** en la sala. Cuando las dos personas **se involucran** *(gets involved)* más y *pasa* más tiempo, entonces ya es algo más serio. Es normal que después de dos años decidan **casarse**.

—Mayté, México

1. What do the verbs in bold have in common? How are they different from the italicized verbs?
2. As you know, a reflexive pronoun implies that the person doing the action also receives the action. Which of the verbs in bold are used this way?

A comprobar

Verbos pronominales

1. Reflexive pronouns are often used when the subject performing the action also receives the action of the verb. In other words, they are used with verbs to describe actions we do to ourselves. It is very common to use reflexive pronouns when discussing your daily routine.

> Ella **se pone** un vestido azul.
> She **puts on** (herself) a blue dress.

> Yo **me levanto** temprano.
> I **get** (myself) **up** early.

2. Some verbs can be used with or without a reflexive pronoun, depending on who (or what) receives the action. The following verbs can be used with a reflexive pronoun or not.

callar(se)	*to quiet (to be quiet)*
lastimar(se)	*to hurt (oneself)*
meter(se) (en)	*to put (to go [in], to get [in], to meddle)*
separar(se) (de)	*to separate*

> La niña **se lastimó** cuando se cayó.
> The child **hurt herself** when she fell down.

> La niña **lastimó** al perro sin querer.
> The child **hurt** the dog unintentionally.

RECORDEMOS

Remember that it is necessary to use a personal **a** when the direct object of the verb is a person or a pet.

El niño despertó **a** su hermanito.
The child woke his brother up.

3. The reflexive pronoun may be placed in front of a conjugated verb or attached to the end of an infinitive.

> Mi hijo **se** lastimó durante el recreo.
> *My son hurt himself during recess.*

You probably have already learned most of the following reflexive verbs to discuss your routine:

acostar(se)* (ue, o)   *to put to bed (to go to bed)*
afeitar(se)   *to shave (oneself)*
arreglar(se)   *to get (oneself) ready*
bañar(se)   *to bathe (oneself)*
cepillar(se)   *to brush (oneself)*
despertar(se)* (ie, e)   *to wake (oneself) up*
ducharse   *to shower*
lavar(se)   *to wash (oneself)*
levantar(se)   *to get (oneself) up*
poner(se)   *to put on (oneself) (clothing)*
quitar(se)   *to take off (clothing) (of oneself)*
secar(se)   *to dry (oneself)*
ver(se)   *to see (oneself); to look at (oneself)*
vestir(se)* (i, i)   *to dress (oneself)*

*stem-changing verbs

burlarse (de)	*to make fun of*
despedirse* (i, i)	*to say good-bye*
darse cuenta (de)	*to realize*
divertirse* (ie, i)	*to have fun*
irse	*to go away; to leave*
llevarse (con)	*to get along (with)*
mudarse	*to move (residences)*
quedarse	*to stay*
quejarse (de)	*to complain (about)*
reconciliarse (con)	*to make up (with)*
reírse* (de) (i, i)	*to laugh (at)*
reunirse	*to get together*
sentirse* (ie, i) + (bien, mal, triste, feliz, etc.)	*to feel (good, bad, sad, happy, etc.)*

*stem-changing verbs

The pronoun can also be attached to the end of the present participle, but you must add an accent to maintain the original stress. The reflexive pronoun always agrees with the subject of the verb.

> **Nos** estamos divorciando. / Estamos divorciándo**nos**.
> *We are divorcing.*

> Cuidado, vas a meter**te** en problemas. / Cuidado, **te** vas a meter en problemas.
> *Careful, you're going to get into trouble.*

4. Some Spanish verbs need reflexive pronouns, although they do not necessarily indicate that the action is performed on the subject. In some cases, the reflexive pronoun changes the meaning of the verb, for example, **ir** *(to go)* and **irse** *(to leave, to go away)*.

INVESTIGUEMOS LA GRAMÁTICA

Hacerse, **ponerse**, and **volverse** all mean *to become*, but have slightly different uses. Generally, **ponerse** is used with conditions or emotions (like the verb **estar**). **Volverse** is often used with long-term or permanent conditions. **Hacerse** is used with adjectives that express characteristics of a person or thing (like the verb **ser**).

Se puso triste. *He became sad.*
Se volvió ciego. *He became blind.*
Se hizo abogada. *She became a lawyer.*

> **Me llevo** bien con mi hermana.
> *I get along well with my sister.*

> La familia **se reunió** el sábado.
> *The family got together on Saturday.*

5. Reflexive pronouns can also be used with verbs to indicate the process of physical, emotional, or mental changes. In English, this is often expressed with the verbs *to become* or *to get*.

aburrirse	*to become bored*
alegrarse	*to become happy*
asustarse	*to get scared*
casarse	*to get married*
divorciarse	*to get divorced*
dormirse (ue, u)	*to fall asleep*
enamorarse	*to fall in love*
enfermarse	*to get sick*
enojarse	*to become angry*
frustrarse	*to become frustrated*
hacerse	*to become*
ponerse + (feliz, triste, nervioso, furioso, etc.)	*to become (happy, sad, nervous, furious, etc.)*
sentarse (ie, e)	*to sit down*
sorprenderse	*to be surprised*
volverse	*to turn into, to become*

> **Me puse triste** cuando mis padres **se divorciaron.**
> *I became sad when my parents got divorced.*

> Mis dos hijos **se enfermaron.**
> *My two children got sick.*

A practicar

1.17 **¿Cuándo?** ¿En qué circunstancias hace uno las siguientes actividades?

Modelo casarse
Uno se casa cuando encuentra a la persona perfecta.

1. meterse en problemas con el maestro
2. mudarse a otra casa
3. quejarse en un restaurante
4. sentirse celoso
5. divertirse en la escuela
6. reunirse con toda la familia
7. quedarse en un hotel
8. reírse muy fuerte

1.18 **Entre familia** Completa el siguiente texto con la forma apropiada del pretérito del verbo lógico entre paréntesis. Atención al uso del pronombre reflexivo.

La rutina de mi hermana y la mía son muy diferentes. Esta mañana ella
(1) _____ (despertar/despertarse) tarde y (2) _____ (meter/meterse) al
baño por una hora. Allí (3) _____ (duchar/ducharse), (4) _____ (peinar/
peinarse) y (5) _____ (maquillar/maquillarse). Cuando por fin salió del baño,
(6) _____ (ir/irse) a su dormitorio donde (7) _____ (vestir/vestirse).
(8) _____ (poner/ponerse) una falda y una blusa.
     En cambio, yo (9) _____ (levantar/levantarse) temprano. (10) _____
(despertar/despertarse) a mis hermanitos. Ellos (11) _____ (arreglar/arreglarse)
para ir a la escuela, y luego bajaron para desayunar. Después de desayunar nosotros
(12) _____ (cepillar/cepillarse) los dientes. Ellos (13) _____ (poner/
ponerse) las chaquetas y (14) _____ (despidir/despedirse) de mí.

1.19 **Con qué frecuencia** Con un compañero hablen de la frecuencia con la cual hacen las siguientes actividades. Den información adicional.

Modelo ducharse por la noche
Estudiante 1: *Yo nunca me ducho por la noche. ¿Y tú?*
Estudiante 2: *A veces me ducho por la noche cuando salgo a correr.*

1. enfermarse
2. acostarse después de medianoche
3. reunirse con los tíos y los primos
4. quejarse de un maestro
5. divertirse con amigos
6. ponerse ropa elegante
7. dormirse en clase
8. levantarse tarde para la escuela

RECORDEMOS

To tell how often you do something, use the word **vez**.

una vez a la semana   *once a week*

dos veces al mes   *twice a month*

1.20 **La vida en pareja** Imagina que estás casado. Con un compañero hablen de sus reacciones en las siguientes situaciones con su pareja. Deben explicar cómo se sienten y qué hacen.

Modelo Tu pareja te llama al trabajo y te dice que está muy enfermo.
Estudiante 1: *Me siento preocupada y voy a verlo. ¿Qué haces tú?*
Estudiante 2: *Yo también me preocupo por él y lo llevo al hospital.*

1. Tu pareja invita a unos amigos a la casa sin decírtelo primero.
2. Tu pareja te busca después del trabajo y te lleva al aeropuerto sin decir adónde van.
3. Tu pareja te prepara una cena romántica, pero quema *(burn)* la comida.
4. Tu pareja baila con otra persona en una fiesta.
5. Tu pareja te dice que quiere adoptar una mascota.
6. Tu pareja tiene un accidente y el auto queda destrozado.
7. Tu pareja te compra un auto nuevo para tu cumpleaños.
8. Tu pareja llega tarde para cenar y no te llama.

1.21 **En busca de un compañero** Entrevista a alguien de la clase para determinar si sería *(would be)* un buen compañero de casa *(roommate)*. Da información adicional cuando respondas las preguntas. Luego decidan si serían buenos compañeros de casa o no, y compartan su decisión con la clase explicando por qué.

Modelo acostarse tarde
　　　　Estudiante 1: *¿Te acuestas tarde?*
　　　　Estudiante 2: *Sí, normalmente me acuesto a medianoche.*

1. levantarse muy temprano
2. reunirse con amigos en casa con frecuencia
3. dormirse en la sala con la tele encendida *(turned on)*
4. irse de la casa sin limpiar la cocina
5. quejarse mucho
6. burlarse de otras personas
7. enfermarse con frecuencia
8. quedarse en el baño mucho tiempo para arreglarse

1.22 **Avancemos** En parejas túrnense para contar en el pasado (pretérito e imperfecto) la historia de esta pareja. Deben incluir muchos detalles y usar algunos de estos verbos pronominales: **alegrarse, casarse, comprometerse, divertirse, divorciarse, enamorarse, enojarse, frustrarse, quejarse, reconciliarse, sentirse.**

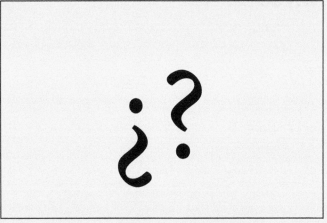

▶ Video-viaje a...
España

Antes de ver

España es un país moderno con tradiciones antiguas. Su posición entre Europa y África influye en su historia y cultura. Hay muchas razones para visitar este país: las playas, la gente, los castillos (castles), el flamenco, la gastronomía y su cultura.

1.23 **¿Ya sabes?**

1. España está en _____.
   - ☐ Europa
   - ☐ Sudamérica
   - ☐ Centroamérica
   - ☐ África

2. ¿Cierto o falso?
   a. España y Portugal están en la Península Ibérica.
   b. España tiene costas en el Atlántico, el mar Mediterráneo y el golfo de Viscaya.

3. ¿Qué tradición, imagen o persona asocias con España?

1.24 **Estrategia**

Some people speak very fast, but don't worry. You don't have to understand everything you hear, and remember, you can always replay a video. The first time you view the segment, listen for the general idea. The second time, listen for details.

Al ver

1.25 **Escoge** Mira el video y escoge la respuesta correcta.

1. En 1492 los Reyes Católicos financiaron el viaje de
_____ al Nuevo Mundo.

   a. Cristóbal Colón   **b.** un rey musulmán   **c.** Hernán Cortés

2. España conquistó imperios enormes en _____.

   a. África   **b.** Asia   **c.** las Américas

3. En los años 30 hubo _____ en España.

   a. una guerra civil   **b.** una economía débil   **c.** una enfermedad

4. El rey Juan Carlos llevó su país de la dictadura a _____.

   a. la guerra   **b.** la democracia   **c.** la pobreza

5. El flamenco nació en _____.

   a. Madrid   **b.** Barcelona   **c.** Andalucía

1.26 **Escribe** Completa las oraciones con la respuesta correcta.

1. En el año 19 a.C. _____ dominaron España.
2. Cuando Colón llegó al Nuevo Mundo, lo reclamó para la corona *(crown)* _____.
3. El 75% de la población de España vive en _____.
4. _____ de visitantes extranjeros *(foreign)* van a España cada año.

Después de ver

1.27 **Expansión**

Paso 1 Mira la sección sobre España en **Exploraciones del mundo hispano** y lee **Investiga en Internet**. Escoge uno de los temas que te interese.

Paso 2 Busca información en Internet sobre el tema que elegiste. Usa dos o tres fuentes *(sources)*.

Paso 3 Usando la información que encontraste en Internet, escribe un resumen de 3–5 oraciones en español. Comparte la información con tus compañeros.

Vocabulario útil

ambos(as) *both*
en declive *in decline*
enriquecer *to enrich*
la guerra *war*
el imperio *empire*
indomable *untameable*
el (la) monarca *monarch*
musulmán *Muslim*
poderoso(a) *powerful*
sobrevivir *to survive*

A analizar ▶

La manera en que se saluda a una persona es algo cultural. Mayté describe las convenciones en México. Después de ver el video, lee el párrafo y observa los verbos en negrita. Luego contesta las preguntas que siguen.

¿Cuáles son las convenciones para saludar a alguien en México?

Cuando una persona es presentada, aunque no conozcas bien al hombre que te es presentado, los dos **se besan** para **saludarse** y para **despedirse**. Es algo que no se hace en los Estados Unidos, ¿verdad?, pero que se hace todo el tiempo en México. Aunque no lo conozcas, si no se besan es de mala educación. Si me encuentro en la calle con una buena amiga, siempre **nos besamos** en la mejilla *(cheek)*. Sé que en los Estados Unidos es más común **abrazarse**. En México es más común **besarse,** también entre un hombre y una mujer. **Se besan** y **se saludan. Se pueden** dar la mano y **besarse** al mismo tiempo. Entre dos hombres, nunca **se besan**, ellos nada más **se dan** la mano. Depende de la situación, creo que los hombres mayores **se palmean** más en la espalda, pero los jóvenes solamente **se dan** la mano.

—Mayté, México

1. All the verbs in bold have a pronoun. Are they reflexive?
2. Are the subjects of these verbs singular or plural?
3. What meaning do the pronouns have in this case?

A comprobar

Verbos recíprocos

1. Earlier in this chapter, you reviewed the use of reflexive pronouns when the subject of the sentence does something to himself or herself. Reflexive pronouns are also used when people are doing something to each other or one another. These are known as reciprocal verbs.

   Ellos **se miraron** con amor.
   *They **looked at each other** with love.*

   Nos comprendemos.
   *We **understand each other**.*

2. Only the plural forms (**nos, os,** and **se**) are used to express reciprocal actions as the action must involve more than one person.

   Los amigos **se abrazan.**
   *Friends **hug each other**.*

   Mi amiga y yo **nos escribimos** por muchos años.
   *My friend and I **wrote to each other** for many years.*

3. It is usually evident by context whether the verb is reflexive or reciprocal. However, if there is need for clarification **el uno al otro** can be used. The expression must agree with the subjects; however, if there are mixed sexes, the masculine form is used.

   Se cortan el pelo **la una a la otra.**
   *They cut **each other's** hair.*

   José y Ana se presentaron **el uno al otro.**
   *José and Ana introduced themselves to **each other**.*

   Todos se respetan **los unos a los otros.**
   *They all respect **each other**.*

4. With infinitives, the reflexive pronoun may be placed before the conjugated verb or be attached to the infinitive.

   Nos vamos a **amar** para siempre.
   We will love each other forever.

   Quieren **conocerse.**
   They want to meet each other.

A practicar

1.28 **Una relación** Pon en orden las siguientes oraciones para indicar el posible desarrollo *(development)* de una relación romántica.

1. Se besan.

2. Se reconcilian.

3. Se conocen.

4. Empiezan a llamarse por teléfono.

5. Se casan.

6. Se enamoran.

7. Se pelean.

Comunicarse bien puede ser difícil.

1.29 **Una historia de amor** Completa el párrafo usando los verbos de la lista en la forma apropiada del pretérito o el infinitivo.

casarse	**despedirse**	**presentarse**
comprometerse	**enamorarse**	**saludarse**
conocerse	**mirarse**	**sonreírse**

Adela estaba en un restaurante con una amiga cuando vio a un hombre alto y guapo sentado cerca de ellas. Él levantó la mirada *(looked up)* y los dos (1) _____ y (2) _____. Carlos se levantó y se acercó a la mesa donde estaban Adela y su amiga. (3) _____ y (4) _____. Las dos amigas lo invitaron a sentarse con ellas y él aceptó. Cuando terminaron de cenar, Carlos le pidió su número de teléfono a Adela y (5) _____.

Durante los siguientes meses salieron y empezaron a (6) _____ muy bien y finalmente (7) _____. Al final del año Carlos le compró un anillo *(ring)* y (8) _____. El verano siguiente (9) _____.

1.30 **¿Quiénes?** Di quiénes hacen las siguientes actividades.

Modelo quererse mucho
Mis padres se quieren mucho.
Mi novio y yo nos queremos mucho.

1. llamarse todos los días
2. abrazarse al verse
3. darse regalos
4. mandarse textos con frecuencia
5. pelearse mucho
6. odiarse
7. verse solo una o dos veces al año
8. llevarse muy bien
9. saludarse en la escuela
10. ayudarse

¿Se caen bien?

1.31 **Relaciones** Relaciona el verbo con la situación o el lugar apropiado y explica quién lo hace.

Modelo darse regalos – en Navidad
Los amigos se dan regalos en Navidad.

1. besarse
2. ayudarse
3. divorciarse
4. conocerse
5. darse la mano *(to shake hands)*
6. hablarse en español

a. en una fiesta
b. en la clase de español
c. en casa
d. en la oficina
e. en la corte *(court)*
f. en una boda

1.32 **Tu mejor amigo y tú** En parejas túrnense para entrevistarse sobre su relación con su mejor amigo usando las siguientes preguntas. **¡OJO!** Algunas de las preguntas se refieren al presente y otras al pasado.

> Modelo   Estudiante 1: *¿Cómo se saludan tu mejor amigo y tú?*
> Estudiante 2: *Nos saludamos con un abrazo.*

1. ¿Cuándo se conocieron tu mejor amigo y tú? ¿Dónde?
2. ¿Con qué frecuencia se comunican? ¿Cómo prefieren comunicarse: por teléfono, por correo electrónico o por mensajes?
3. ¿Con qué frecuencia se ven? ¿Dónde se encuentran?
4. ¿Se dan regalos? ¿Cuándo?
5. ¿Se ayudan con sus problemas? ¿Cómo se ayudan?
6. ¿Se pelean de vez en cuando? ¿Alguna vez dejaron de *(stopped)* hablarse?

1.33 **Avancemos** Vas a trabajar con un compañero y cada uno va a escoger a dos personas del dibujo. Después van a contarse el uno al otro la historia de amor de la pareja. Atención al uso del pretérito y del imperfecto.

> Modelo   *Se conocieron en un partido de fútbol profesional. Él jugaba en el equipo del hermano de ella, y se conocieron después de un partido. Se enamoraron porque a los dos les encantan los deportes. Después de casarse van a abrir una academia de deportes para niños que viven en el centro de la ciudad.*

Deben incluir lo siguiente:

- ¿Cómo y dónde se conocieron? ¿Qué hacían?
- ¿Qué hicieron en su primera cita?
- ¿Por qué se enamoraron?
- ¿Qué va a pasar *(to happen)* en el futuro?

Lectura

Reading Strategy: Background knowledge
In order to understand a specific reading, it can be helpful to use your background knowledge. It can help you to predict the kind of information and vocabulary you might see in the text. A good way to activate your background knowledge is to look at the title. What type of changes have occurred in families in the last 20–30 years?

Antes de leer

¿Crees que las familias están cambiando en todo el mundo, o solamente en algunos países? ¿Por qué?

A leer

Cambios en la sociedad y en las familias mexicanas

Hace 20 años Antonio Russo vivía con su esposa, su hija y sus dos gatos en una casita que él y su esposa compraron en la Ciudad de México. Él trabajaba, ella era ama de casa y su hija asistía a una escuela pública. Los fines de semana visitaban a sus parientes o veían

Randy Faris/Corbis

películas en su casa. En pocas palabras, eran una familia tradicional.

would be   Antonio no se imaginaba que su vida **sería** completamente diferente cinco años después. Él y su esposa se divorciaron y ella se fue a vivir a España con su hija. Antonio ahora tiene 62 años, tiene un gato y un perro, y también aprendió a cocinar. La historia de los Russo muestra lo mucho que han cambiado las familias mexicanas en pocos años.

¿Hogares de una persona?

Antonio forma parte de un grupo que antes prácticamente no existía: los

homes   **hogares** unipersonales. Ahora este grupo es el 9% de la población, según CONAPO (Consejo Nacional de Población). Este cambio está relacionado

aging   con los divorcios, pero también con el **envejecimiento** de la población, pues el 44% de estos hogares están integrados por personas viudas con más de 60 años.

¿Están desapareciendo los hogares tradicionales?

En 1990 el 75% de los hogares mexicanos consistía en hogares tradicionales (un papá, una mamá e hijos), pero en 2005 eran menos del 68%. Ahora es común ver familias con mamá o papá, pero no **ambos**. En el año 2000 el 14.6% de los hogares era monoparental, es decir que un papá o una mamá vivía con sus hijos. En 2015 la cifra aumentó a 18.5%. En un país donde el divorcio **se ha hecho** más común, es natural que haya más hogares dirigidos por una persona.

both

has become

¿Es mejor tener pocos hijos?

Félix y Nuria se casaron hace cinco años. Ellos tienen solo un bebé porque **hicieron cuentas**. El costo de los **partos**, de la educación, de la comida y de la ropa los **desalienta** a tener una familia más numerosa.

they did the math / births
discourages

El **gobierno** ha creado **campañas** para educar a la gente sobre las ventajas de tener pocos hijos, y estos programas han tenido un papel importante en la transformación del país. En 1970 el **tamaño** de la familia **promedio** era de 5.2 miembros, pero en 2015 era solamente de 3.7 personas.

government / campaigns

size
average

El caso de México refleja muchos de los cambios que se pueden ver en la mayoría de los países hispanos. La economía y la tecnología han tenido un gran impacto en la **velocidad** con que se ha transformado la sociedad. Es normal preguntarse ¿cuál será el siguiente cambio?

speed

Sources: INEGI (Instituto Nacional de Estadísticas y Geografía)

"Cambian el mapa de las familias mexicanas" http://www.elsiglodetorreon.com.mx/noticia/407353.cambia-el-mapa-de-familias-mexicanas.html

Comprensión

1. ¿Qué pasó con las familias tradicionales en México en los últimos veinte años?
2. ¿Cómo se llama el tipo de familia a que pertenece Antonio?
3. ¿Cómo se explica el aumento de familias unipersonales?
4. ¿En qué porcentaje disminuyó *(decreased)* el número de familias tradicionales entre 1990 y el 2015?
5. ¿Por qué familias como la de Félix y Nuria decidieron tener solo un hijo?

Después de leer

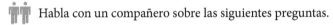 Habla con un compañero sobre las siguientes preguntas.

1. ¿Cómo es tu familia? ¿A cuál de las categorías mencionadas en el artículo pertenece?
2. ¿Son similares los cambios en las familias de los Estados Unidos? Explica.

Exploraciones de repaso: estructuras

1.34 **La cita** Decide cuál es la relación entre las dos acciones. Luego combínalas en una oración usando la forma apropiada del pretérito o imperfecto y una de las siguientes palabras: **cuando, mientras** e **y**.

Modelo Carlos llegar a la clase de español / (Él) sentarse al frente de la clase
Carlos llegó a la clase de español y se sentó al frente de la clase.

1. Carlos estar sentado / Tania entrar
2. Los dos empezar a hablar / Carlos invitarla a comer una pizza después de las clases
3. Tania y Carlos sonreírse / Tania aceptar
4. Carlos y Tania llegar a la pizzería / (Haber) mucha gente
5. (Ellos) encontrar una mesa / (Ellos) sentarse
6. (Ellos) hablar / El mesero llegar para tomar su orden
7. (Ellos) conversar / (Ellos) comer
8. Carlos pagar la cuenta / (Ellos) irse a sus casas

1.35 **La propuesta** Completa el párrafo con la forma apropiada de los verbos lógicos entre paréntesis. Deben usar el pretérito o el infinitivo

El sábado pasado Cristián (1) _____ (levantar/levantarse) temprano y (2) _____ (arreglar/arreglarse) en el baño. Después de desayunar en la cocina (3) _____ (volver/volverse) al baño y (4) _____ (cepillar/cepillarse) los dientes y salió de la casa. Llegó a la casa de su novia Miriam. Ella (5) _____ (saludar/saludarse) a Cristián con un beso. Una vez en el parque los dos (6) _____ (sentar/sentarse) bajo un árbol. Cristián (7) _____ (callar/callarse) por un momento y (8) _____ (tomar/tomarse) un anillo *(ring)* de su bolsillo, entonces le preguntó a Miriam si quería (9) _____ (casar/casarse) con él. Ella (10) _____ (sorprender/sorprenderse) mucho al ver el anillo y le dijo que sí.

1.36 **En la recepción** Describe lo que pasaba en la recepción cuando el fotógrafo tomó la foto. Usa el imperfecto. **¡OJO!** Algunos verbos son recíprocos y otros son reflexivos.

Cuando el fotógrafo tomó la foto...

1.37 **¿Qué pasó?** Trabaja con un compañero. Cada uno va a escoger *(choose)* una ilustración diferente y explicar lo que pasó. Den muchos detalles. **¡OJO!** Presten atención al uso del pretérito y del imperfecto.

1.38 **Entrevista** En parejas entrevístense con las siguientes preguntas.

1. ¿Prefieres levantarte temprano o tarde? ¿Por qué? Generalmente, ¿cuánto tiempo necesitas para arreglarte?

2. ¿Con qué frecuencia se reúne toda tu familia? ¿Qué tipo de actividades hacen ustedes para divertirse?

3. ¿Te enfermas con frecuencia? ¿Qué haces para no aburrirte cuando estás enfermo?

4. ¿Quieres mudarte en el futuro? ¿Adónde? ¿Por qué?

1.39 **En familia** Con un compañero hablen del papel de la familia.

Paso 1 Habla con un compañero sobre las siguientes preguntas: ¿Es importante ser parte de una familia? ¿Qué determina que alguien sea parte de la familia?

Paso 2 Escriban una lista de las cinco actividades más importantes que los miembros de una familia hacen el uno para el otro. ¿Por qué creen que son las más importantes?

Paso 3 Compartan su lista de actividades con la clase.

Entrando en materia

¿Tus abuelos viven / vivían cerca de tu familia? ¿Son / Eran independientes o necesitan / necesitaban ayuda? Si se enferman tus abuelos o tus padres en el futuro, ¿dónde van a vivir? ¿Quién los va a cuidar?

🔊 Los ancianos y su papel in la familia

Mayté va a hablar del papel de los ancianos en la sociedad mexicana. Escucha con atención y después responde las preguntas. Debes repasar las palabras en **Vocabulario útil** antes de escuchar para ayudarte a comprender.

Vocabulario útil

en caso de emergencia	*in an emergency*	**estar pendiente (de)**	*to look after; to*
no se ve bien	*it doesn't look good*		*look out for*
la sociedad	*society*	**el privilegio**	*privilege*
propio(a)	*own*		

Comprensión

Después de escuchar lo que dice Mayté, contesta las preguntas.

1. Según Mayté, ¿por qué es importante mostrarles mucho respeto a las personas ancianas?
2. ¿Cuándo se lleva a un familiar a un asilo de ancianos? ¿Cómo se percibe (*perceive*) esto?
3. ¿Dónde viven normalmente los ancianos?
4. ¿Qué responsabilidades tienen los ancianos que viven con su familia?

Más allá

1. ¿Cómo son similares o diferentes las costumbres de México y los Estados Unidos?
2. Es difícil decidir dónde va a vivir un ser querido cuando ya no puede vivir independientemente. ¿Qué factores se tienen que considerar antes de tomar esta decisión?

Un juego de cartas en el parque

Diego Cervo/Shutterstock.com

La familia y las relaciones personales

la adopción	*adoption*
la amistad	*friendship*
el asilo de ancianos	*retirement home*
el (la) bisabuelo(a)	*great-grandparent*
el (la) bisnieto(a)	*great-grandchild*
la brecha generacional	*generation gap*
el cambio	*change*
la cita	*date, appointment*
el compromiso	*engagement, commitment*
el divorcio	*divorce*
la generación	*generation*
el (la) huérfano(a)	*orphan*
el matrimonio	*marriage; married couple*
el noviazgo	*courtship*
el (la) novio(a)	*boyfriend / girlfriend*
el papel	*role*
la pareja	*couple, partner*
el reto	*challenge*
la vejez	*old age*

La familia política / modificada   *Extended / blended families*

el (la) cuñado(a)	*brother / sister-in-law*
el (la) hermanastro(a)	*stepbrother / stepsister*
el (la) hijastro(a)	*stepson / stepdaughter*
la madrastra	stepmother
la nuera	*daughter-in-law*
el padrastro	*stepfather*
el (la) suegro(a)	*father-in-law / mother-in-law*
el yerno	*son-in-law*

Adjetivos y estados civiles

casado(a)	*married*
divorciado(a)	*divorced*
moderno(a)	*modern*
separado(a)	*separated*
soltero(a)	*single*
tradicional	*traditional*
unido(a)	*tight, close (family)*
viudo(a)	*widower / widow*

Verbos

abrazar	*to hug; to embrace*
aburrirse	*to become bored*
alegrarse	*to become happy*
asustarse	*to get scared*
burlarse (de)	*to make fun of*
cambiar	*to change*
casarse (con)	*to marry*
crecer	*to grow up*
criar	*to raise; to bring up*
despedirse (i)	*to say good-bye*
darse cuenta (de)	*to realize*
divorciarse (de)	*to get divorced (from)*
divertirse (ie)	*to have fun*
dormirse (ue)	*to fall asleep*
enamorarse (de)	*to fall in love (with)*
enfermarse	*to get sick*
enojarse	*to become angry*
envejecer	*to age, to get old*
frustrarse	*to become frustrated*
hacerse	*to become*
irse	*to go away; to leave*
llevarse (bien / mal / regular)	*to get along (well/ poorly/okay)*
mudarse	*to move (residences)*
nacer	*to be born*
odiar	*to hate*
ponerse + (feliz, triste, nervioso, furioso, etc.)	*to become (happy, sad, nervous, furious, etc.)*
quedarse	*to stay*
quejarse (de)	*to complain (about)*
querer (a)	*to love (a person)*
reconciliarse (con)	*to make up (with)*
reírse (de) (i)	*to laugh (at)*
respetar	*to respect*
reunirse	*to get together*
romper	*to break up*
salir con (una persona)	*to go out with*
sentarse (ie)	*to sit down*
sentirse (ie) (bien, mal, triste, feliz, etc.)	*to feel (good, bad, sad, happy, etc.)*
separarse (de)	*to separate (from)*
sorprenderse	*to be surprised*
volverse	*to become*

Enrique Anderson Imbert

Biografía

Enrique Anderson Imbert (1910–2000), escritor argentino, escribió cuentos, novelas y ensayos. Fue muy respetado como crítico literario. Trabajó durante varios años como profesor en la Universidad de Michigan y luego en Harvard. Entre sus obras literarias, es más conocido por sus "microcuentos", cuentos muy breves en los cuales él mezcla la fantasía y el realismo mágico.

Investiguemos la literatura: La interpretación

It is important to realize that there are often multiple interpretations of a literary piece. Each reader brings his or her own experience to the reading, and these experiences influence his or her interpretation. So don't be afraid to express your ideas. Look for ways to support them with a part or parts of the text.

Antes de leer

 Con un compañero comenten las siguientes preguntas.

1. ¿En qué ocasiones tomas fotos? ¿Qué intentas captar cuando tomas una foto?

2. ¿Cómo cambia el valor *(value)* o el significado *(meaning)* de una foto con el paso de tiempo? ¿Hay unas fotos más significativas que otras? ¿Cuáles?

3. ¿Qué fotos tienes colgadas en tu habitación? ¿Por qué?

La foto

1   Jaime y Paula se casaron. Ya durante
    la **luna de miel** fue evidente que — *honeymoon*
    Paula se moría. **Apenas** unos — *Only*
    pocos meses de vida le pronosticó
5   el médico. Jaime, para conservar
    ese bello **rostro**, le pidió que se — *face*
    dejara fotografiar. Paula, que estaba
    plantando una **semilla de girasol** — *sunflower seed*
    en una **maceta**, lo **complació**: — *flowerpot / indulged*
10 sentada con la maceta en la falda
    sonreía y...
        ¡Clic!
        Poco después, la muerte.
    Entonces Jaime hizo ampliar la
15 foto —la cara de Paula era bella como una flor—, le puso **vidrio**, **marco** y la colocó en la — *glass / frame*
    mesita de noche.
        Una mañana, al despertarse, vio que en la fotografía había aparecido una **manchita**. — *small spot*
    ¿**Acaso** de humedad? No prestó más atención. Tres días más tarde: ¿qué era eso? No una — *Maybe*

mancha que se **superpusiese** a la foto sino un **brote** que dentro de la foto surgía de la maceta.   *superimposed / sprout*

20 El sentimiento de **rareza** se convirtió en miedo cuando en los días siguientes comprobó que la   *strangeness*
fotografía vivía como si, en vez de reproducir a la naturaleza, se reprodujera en la naturaleza.
Cada mañana, al despertarse, observaba un cambio. Era que la planta fotografiada crecía.
Creció, creció hasta que al final un gran girasol cubrió la cara de Paula.

Anderson Imbert, Enrique, *Dos mujeres y un Julián, Cuentos 4, Obras Completas*, Buenos Aires,
Corregidor, 1999. Used with permission.

Después de leer

A. Comprensión

1. ¿Quiénes son los personajes? ¿Qué tipo de relación tienen?
2. ¿Por qué Jaime le tomó la foto a Paula?
3. ¿Qué les pasó a la foto y a la imagen de Paula con el tiempo?
4. El autor empleó el título "La foto" para su cuento. ¿Por qué es apropiado?
5. Lo que pasa con la foto es una metáfora. ¿Qué representa la foto?

B. Conversemos

1. El autor explora los recuerdos y el efecto del tiempo en este cuento. ¿Qué ideas comunica?
¿Estás de acuerdo o no?
2. ¿Qué emoción te evoca este cuento? ¿Es cómico? ¿melancólico? ¿triste? ¿irónico? ¿Qué
palabras y frases del texto evocan esta emoción?

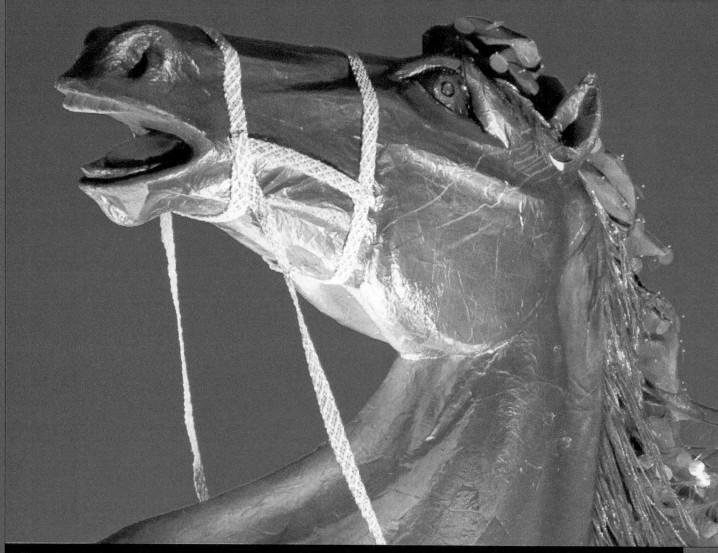

Estrategia para avanzar

All speakers have trouble finding the right word sometimes. One way to deal with this is to talk around the problem word and continue to express your thoughts. This skill is called circumlocution. As you work to improve your speaking skills, try to use circumlocution to describe concepts for which you don't know the word.

In this chapter you will learn how to:

- Discuss traditions and celebrations
- Describe cultural values and aspects of relationships
- Express opinions
- Express desires and give recommendations

Costumbres, tradiciones y valores

Camilo Delgado Castilla/Corbis

Un desfile de Carnaval en la Ciudad de Panamá

Explorando con... Martin Wikelski

¿Podemos predecir un tsunami con información sobre la ruta de migración de un albatros? Según Martin Wikelski, los animales pueden advertirnos *(warn us)* de cambios en el medio ambiente. Por eso, no hay nada más informativo que observarlos.

Vocabulario útil

la abeja   *bee*
evitar   *to avoid*
invernal   *wintry*
la ornitología   *ornithology, the study of birds*
el rastreador   *tracker*
la ruta de migración   *migration route*

Las rutas de migración de las diferentes especies que habitan el planeta son una fuente *(source)* de conocimiento que apenas *(just)* comenzamos a explorar. Por ejemplo, explica el Dr. Wikelski, algunos pájaros europeos están regresando de su migración invernal a África demasiado tarde, y algunas especies de pájaros ya no migran del norte al sur de Europa. Cuando los científicos observan estos cambios, pueden identificar problemas y hacer algo para corregirlos. "Los animales pueden sentir los cambios en el medio ambiente con más exactitud que nuestros satélites y podemos aprender mucho de ellos", comenta el explorador.

Las migraciones también pueden ayudar a prevenir epidemias como la gripe aviar *(bird flu)* o el zica, y también ayudar a mantener la seguridad de los aviones evitando las rutas de migración de las aves.

El gran obstáculo para desarrollar *(to develop)* estos estudios ha sido la falta *(lack)* de información y la dificultad para encontrar la información que existe. Por eso el gran proyecto del Dr. Wikelski es la creación de una central en donde se pueda compartir toda la información sobre rutas de migración. Con este proyecto, llamado Banco de Movimientos, *Move Bank* en inglés, toda la información se puede encontrar rápidamente en un solo lugar.

Move Bank conecta a una comunidad de estudiantes, educadores, científicos y conservacionistas alrededor del mundo, para que los investigadores pasen más tiempo analizando los datos y menos tiempo buscándolos. Además de facilitar la búsqueda *(search)* de información, los nuevos mini rastreadores permitirán añadir *(to add)* información de las migraciones de animales pequeños e insectos.

REBECCA HALE/National Geographic

Martin Wikelski es un biólogo, zoólogo y ecólogo de Alemania. Ha hecho investigaciones en los Estados Unidos y Panamá. Además es el director del Instituto de Ornitología Max Planck. En su carrera se ha distinguido por sus estudios sobre las rutas de migración de varios insectos. El Dr. Wikelski es pionero en el uso de unos mini rastreadores que están en la parte central del tórax de una abeja.

EN SUS PALABRAS

"Con un mundo de información a nuestro alcance *(reach)*, es difícil imaginar el tipo de preguntas que seremos capaces *(able)* de responder dentro de veinte años."

2.1 Comprensión

Decide si las afirmaciones son ciertas o falsas, y corrige las falsas.

1. El Dr. Wikelski estudia las rutas de migración de muchos grandes mamíferos.
2. Los rastreadores pueden usarse para investigar las abejas.
3. *Move Bank* es un proyecto para encontrar rutas seguras para las aves.
4. Encontrar las investigaciones sobre migración antes era un obstáculo.
5. Entender las rutas de migración puede ayudar a prevenir epidemias.

2.2 A profundizar Investiga de qué otras formas los animales pueden ayudar a predecir desastres.

2.3 ¡A explorar más! Investiga en National Geographic qué otros insectos ha investigado el Dr. Wikelski, cómo lo hizo y qué aprendió.

Christian Ziegler/National Geographic Creative

Exploraciones léxicas

¿Qué sabes de las tradiciones que se representan en los dibujos?

Costumbres, tradiciones y valores

los antepasados *ancestors*
las artesanías *handicrafts*
el asado *barbecue*
el Carnaval *Carnival (similar to Mardi Gras)*
la celebración *celebration*
la cocina *cuisine*
la costumbre *habit, tradition, custom*
la creencia *belief*
el desfile *parade*
el Día de los Muertos *Day of the Dead*
el disfraz *costume*
el folclor *folklore*

el gaucho *cowboy from Argentina and Uruguay*
la gente *people*
el hábito *habit*
la herencia cultural *cultural heritage*
la identidad *identity*
los lazos *bonds*
el legado *legacy*
el lenguaje *language*
el nacionalismo *nationalism*
la Noche de Brujas *Halloween*
la ofrenda *offering (altar)*
la práctica *practice*
las relaciones *relationships*

el ser humano *human being*
el valor *value*
el vaquero *cowboy*
la vela *candle*

Verbos

celebrar *to celebrate*
conmemorar *to commemorate*
disfrazarse *to put on a costume, to disguise oneself*
festejar *to celebrate*
heredar *to inherit*
recordar (ue) *to remember*
respetar *to respect*

INVESTIGUEMOS LA CULTURA

El Día de los Muertos is an ancient celebration in Mexico and Central America. It combines prehispanic traditions with Catholic ones. It is a day dedicated to those who have passed away. Their favorite foods are prepared, and an **ofrenda** is created in their honor. It is not a sad celebration, but a festive one.

Carnaval is celebrated throughout the Spanish-speaking world, although it differs from country to country. In the few days before Lent, there is a big celebration, often including music, dancing, costumes, and floats. Like **Día de los Muertos, Carnaval** combines Christian traditions with older, pagan celebrations.

INVESTIGUEMOS LA GRAMÁTICA

La gente is a singular noun that refers to a group of people.
La gente llegó al desfile temprano.
The people *arrived at the parade early.*

38   *treinta y ocho* | **Capítulo 2**

A practicar

2.4 🔊 **Escucha y responde** Observa las imágenes de la página anterior y escucha las descripciones. Apunta el número de la imagen que corresponde a cada descripción.

1. ...   2. ...   3. ...   4. ...   5. ...

2.5 **¿Qué significa?** Selecciona la palabra que corresponde a cada definición de la primera columna.

1. Se pone encima de un pastel de cumpleaños.
2. Es una forma de cocinar carne.
3. Es un vaquero argentino.
4. Es algo que se ponen los niños durante la Noche de Brujas.
5. Significa celebrar.

    a. un asado
    b. un disfraz
    c. festejar
    d. una vela
    e. un gaucho

2.6 **Ideas incompletas** Completa las siguientes oraciones con palabras lógicas del vocabulario.

1. La _____ típica de Costa Rica incluye platos como Gallo Pinto y Casado.
2. Un sinónimo de "hábito" es _____.
3. El _____ es la cultura popular de los pueblos, como sus canciones, sus costumbres, sus artesanías y su música.
4. Nuestros _____ son los parientes que vivieron varias generaciones antes que nosotros.
5. El cariño y la sangre son dos de los _____ que unen a una familia.
6. Las _____ son objetos tradicionales hechos a mano (*handmade*), como la cerámica y los textiles.

2.7 **Definiciones** Piensa en una definición para cada uno de los siguientes conceptos y después compáralas con las de un compañero. ¿Están de acuerdo en sus respectivas definiciones? ¿Cómo se pueden mejorar?

1. disfrazarse
2. el desfile
3. el legado

4. los valores
5. heredar
6. el nacionalismo

Expandamos el vocabulario

The following words are listed in the vocabulary. They are nouns, verbs, or adjectives. Complete the table using the roots of the words to convert them to the different categories.

Verbo	Sustantivo	Adjetivo
conmemorar		
	herencia	
		respetado
	celebración	

2.8 **Relaciones** Explica la relación entre cada par de palabras.

1. el asado / la cocina
2. la ofrenda / el Día de los Muertos
3. las artesanías / la herencia cultural
4. el vaquero / el gaucho

2.9 **Las tradiciones desde tu perspectiva** Trabaja con un compañero para comentar las preguntas. Puedes consultar las imágenes en la página 38 cuando sea necesario.

1. ¿Cuáles son algunas tradiciones importantes en tu familia? ¿De dónde vienen?
2. Qué tradiciones conoces de otras culturas? ¿En cuáles te gustaría *(would you like)* participar? ¿Por qué?
3. ¿Reconoces las tradiciones que se representan en las ilustraciones? ¿Qué países relacionas con ellas y quiénes participan en cada una de estas tradiciones?
4. ¿Por qué crees que las personas participan en las tradiciones que vemos en las ilustraciones?
5. ¿Piensas que los jóvenes de ahora están interesados en continuar las tradiciones de sus antepasados? Explica.
6. ¿Cuál es el legado que te dejaron tus antepasados?
7. ¿Dónde creciste? ¿Cómo te influenció crecer en esa ciudad, estado o región? ¿Hay costumbres o tradiciones típicas de allí? ¿Cuáles?

2.10 **Citas** ¿Están de acuerdo sobre las siguientes citas sobre las tradiciones? Expliquen sus opiniones.

- Un pueblo sin tradición es un pueblo sin porvenir *(futuro)*. (Alberto Lleras Camargo, político, periodista y diplomático colombiano, 1906–1990)
- La tradición es la herencia que dejaron nuestros antepasados. (Anónimo)
- El que vive de tradiciones jamás progresa. (Anónimo)

2.11 **Encuesta** Trabajen en grupos para saber qué tradiciones festejan y cómo lo hacen. Después repórtenle la información a la clase.

1. ¿Festejan su cumpleaños generalmente? ¿Cómo?
2. ¿Festejan el Año Nuevo ? ¿Qué hacen? ¿Con quién?
3. ¿Qué hacen el Día de la Independencia? ¿Por qué?
4. ¿Cuál es la celebración más antigua en la que participan?
5. En el futuro, ¿qué tradiciones quieren heredarles a sus hijos y por qué?

elevation/Shutterstock.com

2.12 **Festivales** Las siguientes fotografías muestran algunos festivales, carnavales o tradiciones de diferentes países hispanos. Túrnense para describir cada fotografía y hacer suposiciones lógicas sobre la celebración. Pueden hablar de dónde se hace la celebración, por qué, en qué época del año, quién participa y cuál es la función social del evento.

Las Fallas de Valencia

FCG/Shutterstock.com

Procesión de Viernes Santo en Antigua

Gg/Age Fotostock

Festival de la Tomatina

Raga Jose Fuste/Age Fotostock

Corpus Christi en Cuzco

Alfredo Cerra/Shutterstock.com

A perfeccionar

A analizar ▶

Mayté recuerda las preparaciones de su familia para ir a la Misa de Gallo. Después de ver el video, lee el párrafo y observa los verbos en negrita. Presta atención al sujeto de los verbos. Luego contesta las preguntas que siguen.

¿Qué instrucciones te daban tus padres cuando había una celebración?

¡Ah! Recuerdo muy bien el día de Navidad. Siempre teníamos invitados y mi mamá nos tenía ocupados: *[imitating her mom's voice]* "Niños, **pongan** la mesa", "Niños, **abran** la puerta", "**Saluden**", "**Ayúdenme** a servir la cena". Mi padre también tenía sus prioridades. Él me decía: *[imitating her father's low voice]* "Mayté, **corre** y **vístete** ya, que van a llegar los invitados". "No **te olvides** de peinarte", "**Ayuda** a tu hermano a arreglarse". Todavía puedo escuchar la voz de mis padres diciéndonos: "¡No **se duerman**! ¡**Abramos** los regalos!" o "No **coman** más dulces, **déjenles** algo a nuestros invitados". ¡Eran tiempos divertidos!

—Mayté, México

---

1. The verbs in bold are commands. Which of the verbs are directed at more than one person (**ustedes**)? How do these verbs compare with the **ustedes** form in the present tense?

2. Which of the verbs in bold are directed at one person (**tú**)? What is the difference between the forms that are affirmative commands and those that are negative?

3. Look at the verbs that have pronouns. When the command is affirmative, where is the pronoun? And when the command is negative, where is the pronoun?

> **INVESTIGUEMOS LA CULTURA**
>
> **Misa de Gallo** is the Catholic Mass celebrated at midnight on Christmas Eve.

A comprobar

El imperativo

1. Commands, known as **imperativos** or **mandatos**, are used to tell someone what to do. You use formal commands with people you would address with **usted** and **ustedes**. To form these commands, drop the **-o** in the present tense **yo** form of the verb and add **-e(n)** for **-ar** verbs and **-a(n)** for **-er** and **-ir** verbs. As in English, personal pronouns (**tú, usted, ustedes, nosotros**) are omitted with commands in Spanish. Negative formal commands are formed by placing **no** in front of the verb.

infinitive	present tense first person		formal command
hablar	hablo	→	hable(n)
hacer	hago	→	haga(n)
escoger	escojo	→	escoja(n)
servir	sirvo	→	sirva(n)

Pongan las flores en el altar.
Put the flowers on the altar.

No encienda las velas ahora.
Don't light the candles now.

---

2. Infinitives that end in **-car**, **-gar**, and **-zar** have spelling changes.

-car	buscar	→	bus**que**(n)
-gar	llegar	→	lle**gue**(n)
-zar	empezar	→	empie**ce**(n)

3. The following verbs have irregular command forms.

dar	**dé** (**den**)
estar	**esté**(**n**)
ir	**vaya**(**n**)
saber	**sepa**(**n**)
ser	**sea**(**n**)

4. Nosotros commands are the equivalent of the English *Let's* and are used to make suggestions. These commands are very similar to formal commands. Drop the **-o** from the present tense first person and add **-emos** for **-ar** verbs and **-amos** for **-er** and **-ir** verbs.

infinitive	formal command	nosotros command
sacar	saque(n)	saqu**emos**
beber	beba(n)	beb**amos**
venir	venga(n)	veng**amos**

Miremos el desfile.
Let's watch the parade.

Comamos el asado.
Let's eat barbecue.

5. -Ar and **-er** verbs with stem changes do not change in **nosotros** commands. However, **-ir** verbs do have a stem change.

infinitive	present tense	nosotros command
cerrar	cerramos	cerremos
volver	volvemos	volvamos
pedir	pedimos	p**i**damos
dormir	dormimos	d**u**rmamos

6. The same verbs are irregular in the **nosotros** form.

dar	**demos**
estar	**estemos**
ir	**vayamos / vamos**
ser	**seamos**
saber	**sepamos**

7. Informal commands are used with individuals you would address with **tú**. Unlike formal commands, informal **tú** commands have two forms, one for negative commands and one for affirmative commands. To form the affirmative informal **tú** commands, use the third person singular (**él/ella**) of the present indicative.

infinitive	affirmative *tú* command
celebrar	celebra
beber	bebe
servir	sirve*

*Notice that stem-changing verbs keep their changes in the informal commands.

Compra tamales para la celebración.
***Buy** tamales for the celebration.*

8. Form negative **tú** commands by adding an **-s** to the **usted** command form.

infinitive	negative *tú* command
ayudar	**no ayudes**
poner	**no pongas**
conducir	**no conduzcas**
decir	**no digas**
ir	**no vayas**

No llegues tarde.
***Don't arrive** late.*

9. The following verbs have irregular forms for the affirmative informal **tú** commands.

decir	**di**	salir	**sal**
hacer	**haz**	tener	**ten**
ir	**ve**	venir	**ven**
poner	**pon**		

10. When using affirmative commands, the pronouns are attached to the end of the verb.

> **Ponla** en la mesa.
> *Put it on the table.*

> Prepara la comida y **tráemela.**
> *Prepare the food and **bring it to me.***

When adding the pronoun(s) creates a word of three or more syllables, an accent is added to the syllable where the stress would normally fall.

c<u>o</u>me	c<u>ó</u>melos
com<u>ie</u>nza	com<u>ié</u>nzala
d<u>a</u>	d<u>á</u>melo

11. When using negative commands, the pronouns are placed directly before the verb.

> **No te acuestes** antes de terminar las preparaciones.
> ***Don't go to bed** before finishing the preparations.*

INVESTIGUEMOS LA GRAMÁTICA

In Spain, the **ustedes** commands are formal. To give commands to two or more friends or family members, the informal **vosotros** commands are used. **Vosotros** affirmative commands are formed by dropping the **-r** from the infinitive and replacing it with a **-d.** Negative commands are formed by using the base of the **usted** commands and adding the **vosotros** ending (**-éis, -áis**).

infinitive	affirmative *vosotros* command	negative *vosotros* command
cerrar	cerr**ad**	**no cerréis**
hacer	hac**ed**	**no hagáis**
ir	**id**	**no vayáis**

A practicar

2.13 **¿Cliente o amigo?** Héctor es agente de viajes y les da varias recomendaciones a sus amigos y a sus clientes. Lee sus consejos y decide si habla con un cliente (**usted**) o con un amigo (**tú**).

1. Duerma la siesta porque en Andalucía hace mucho calor por la tarde.

2. No comas mucho por la noche; come más a mediodía.

3. Aprende a bailar sevillanas; es divertido.

4. En reuniones de negocios no le dé besos al saludar a la otra persona.

5. No alquile *(rent)* un auto; camine o tome un taxi.

6. No se acueste temprano; los españoles suelen acostarse tarde.

7. Compra jugo de naranja; España cultiva las mejores naranjas del mundo.

8. Ve al banco por la mañana porque no están abiertos por la tarde.

2.14 **El Día de los Muertos** La señora Gutiérrez quiere poner una ofrenda para el Día de los Muertos y necesita la ayuda de su esposo y de sus dos hijos. Completa las oraciones con el mandato apropiado del verbo entre paréntesis.

A su esposo (**tú**):

1. _____ (Comprar) las flores de cempasúchitl *(marigolds)*.

2. _____ (Traer) la foto de tu madre para ponerla en la ofrenda.

3. No _____ (encender) las velas ahora.

4. No _____ (romper) las decoraciones.

5. _____ (Ir) a la cocina por las frutas.

A sus hijos (**ustedes**):

6. _____ (Venir) a ayudar a poner la ofrenda.

7. No _____ (comer) las calaveras (*candy skulls made from sugar*); son para la ofrenda.

8. _____ (Colgar) el papel picado (*tissue paper cut with decorative designs*).

9. _____ (Buscar) las velas.

10. No _____ (jugar) con los fósforos (*matches*).

Un altar para el Día de los Muertos

2.15 **La Noche de Brujas** Imagínate que es la Noche de Brujas y tu hermanito te hace muchas preguntas. Responde sus preguntas con mandatos informales y los pronombres necesarios.

Modelo ¿Tengo que quedarme en casa esta noche?
Sí, quédate en casa. / No, no te quedes en casa.

1. ¿Puedo ponerme el disfraz ahora?

2. ¿Tengo que llevar la linterna (*flashlight*) conmigo?

3. ¿Puedo visitar la casa de mis abuelos?

4. ¿Puedo ver una película de terror?

5. ¿Puedo comer estos dulces?

6. ¿Tengo que acostarme temprano?

2.16 **El Día de Acción de Gracias** Estás organizando una cena para el Día de Acción de Gracias con algunos estudiantes internacionales. Diles a otros lo que deben hacer usando los mandatos en forma de **tú** y de **ustedes**. Completen los mandatos de una forma original.

Modelo Ronaldo / cocinar
Ronaldo, cocina unas papas.

1. Javier / traer

2. Aracely y Sebastián / prepararnos

3. Magdalena / no olvidarse de

4. Jaime / comprar

5. Lucero / hacer

6. Osvaldo y Alex / conseguir

7. Enrique y Alicia / poner

8. Leticia / no invitar a

2.17 **Querida Alma** Con un compañero túrnense para pedir consejos y responder. Dale dos sugerencias a tu compañero usando los mandatos formales. ¡Presten atención a la forma del verbo!

1. Soy estudiante de español y quiero hablar mejor. ¿Qué me aconseja?

2. Quiero viajar a Puerto Rico, pero no conozco a nadie allí. ¿Qué me sugiere?

3. Mi esposa y yo somos de El Salvador y vivimos en Chicago ahora. Queremos que nuestros hijos sean bilingües, pero ellos solo quieren hablar inglés. ¿Qué podemos hacer?

4. Yo soy estadounidense y mi novio es guatemalteco. Queremos casarnos, pero tenemos un poco de miedo de tener problemas por las diferencias culturales. ¿Qué nos recomienda?

5. Voy a cumplir 15 años en el verano. Mis padres quieren organizar una fiesta de quinceaños para mí, pero prefiero hacer un viaje con mis amigas. ¿Qué debo hacer?

6. La familia de mi novio es de Argentina y ellos comen carne una o dos veces al día. Me gusta pasar tiempo con ellos, pero yo soy vegetariana y es difícil comer juntos. ¿Qué hago?

2.18 **Mandatos lógicos** Con un compañero expliquen quiénes son las personas en los dibujos y expliquen qué pasa. Luego decidan qué mandatos se podrían *(could)* escuchar en cada situación. **¡OJO!** Presten atención a la forma (**tú, usted, ustedes**).

2.19 **Avancemos** Es difícil saber lo que se debe hacer y lo que no se debe hacer cuando viajas a otro país. Con un compañero van a crear una lista de recomendaciones para un estudiante de otro país que viene a estudiar en su escuela.

Paso 1 Escribe una lista de ocho costumbres o hábitos típicos de tu región. Piensa en tu ciudad, en tu escuela, en lugares públicos, en tradiciones, etcétera. Luego compara tu lista con la de tu compañero. ¿Tienen algunas ideas en común?

Paso 2 Con tu compañero decidan cuáles son los cinco hábitos o costumbres más importantes que un estudiante extranjero *(exchange student)* debe saber, y escriban cinco recomendaciones en forma de mandatos. Luego compartan sus recomendaciones con la clase.

Conexiones culturales

Lengua y tradición

Cultura

El uso de nombres para distinguir a una persona de otra es muy antiguo, pero fue en la Edad Media (*Middle Ages*) cuando se empezó a documentar la identidad de una persona con un nombre de pila (*first name*), su lugar de origen y el nombre de su padre. Por eso, los notarios comenzaron a escribir con el nombre de pila un poco de información adicional, como el nombre del padre y su profesión o apodo (*nickname*). Estas notas terminaron por convertirse en los apellidos (*last names*) que hoy conocemos. Muchos apellidos modernos se basan en el lugar de origen de una persona (por ejemplo, Costa, Cuevas, Montes y Nieves). Otros apellidos vienen de las profesiones de los padres (como Manzanero, Pastor, Zapatero) o descripciones físicas (Calvo, Bello, Delgado). En España también se hizo común el uso de apellidos patronímicos, es decir, que tienen su origen en un nombre propio (*proper*). Por ejemplo, el apellido "Pérez", uno de los más comunes del idioma español, significaba originalmente "hijo de Pedro".

Courtesy of Fernando Casas

El directorio lista a las personas en orden alfabético, empezando con el primer apellido.

Algunas familias de nobles comenzaron a usar apellidos compuestos (*compound*) para distinguirse de otras familias. En otras palabras, usaban el apellido del padre y el de la madre como si fueran (*as if they were*) un solo apellido. Se piensa que otras familias más humildes (*poor*) comenzaron a usar el apellido del padre y de la madre para crear el efecto de nobleza (*nobility*) de los apellidos compuestos. Así empezó el uso de los dos apellidos en España y Portugal. Esta tradición se extendió a todas las colonias de estos países en América, con la excepción de Argentina, donde hasta 1998 se acostumbraba usar solamente el apellido paterno.

¿De dónde viene(n) tu(s) apellido(s)? ¿Significan algo? ¿Hay apellidos relacionados con la geografía o con profesiones en inglés? ¿Qué ventaja o desventaja tiene usar dos apellidos?

Comunidad

¿Cuál es una tradición única de tu familia? Prepara una presentación para la clase explicando qué se hace, cuándo, por qué y de dónde viene la costumbre.

Cristina Simon/Shutterstock.com

¿Cuáles son las tradiciones de tu familia o de tu comunidad?

Comparaciones

Aunque parezca que las tradiciones nunca cambian, no es así. Un ejemplo de cambio se ve en las tradiciones culinarias de México: antes se usaba un molcajete *(stone mortar)* para preparar las salsas que acompañan a muchas comidas. Hoy en día es difícil encontrarlos porque las licuadoras *(blenders)* y los procesadores de alimentos *(food processors)* hacen el trabajo más fácil. Otro artefacto que está desapareciendo es el molinillo *(grinder)* para hacer chocolate caliente. Estos son dos ejemplos de una tradición que continúa, pero que ha cambiado.

Piensa en tu cultura. ¿Hay artefactos para cocinar que ahora son difíciles de encontrar porque las personas prefieren otras alternativas? ¿Hay juguetes o artesanías que estén desapareciendo?

Los molinillos y los molcajetes están desapareciendo de las cocinas mexicanas.

Conexiones... a la antropología

Seguramente has oído hablar de palabras que existen en un idioma solamente, o palabras que son muy difíciles de traducir. ¿Por qué existen estas diferencias? ¿Piensas que la cultura moldea *(shapes)* un idioma *(language)*, o que el idioma moldea la cultura?

Si respondiste que sí a las últimas dos preguntas, tienes razón. Precisamente, una de las razones para estudiar un idioma es para entender otras culturas y perspectivas.

Para facilitar el análisis de una cultura, los antropólogos crearon el concepto de la cultura material (objetos físicos) y la cultura inmaterial (elementos intangibles, como las creencias, la moral o el lenguaje). El lenguaje se considera una de las características culturales de mayor influencia, pues a través de *(through)* un idioma describimos nuestras percepciones del mundo. Los idiomas son una herramienta *(tool)* fundamental para el trabajo de los antropólogos y la comprensión de una cultura.

Es una convención social saludar a un conocido cuando se le encuentra en la calle, o besar en la mejilla a un amigo para saludarlo.

¿Piensas que se puede o se debe hablar de una cultura de "hispanohablantes" o de una cultura de "anglohablantes"? ¿Por qué? En tu experiencia, ¿has encontrado alguna diferencia cultural entre el idioma inglés y el español?

A analizar ▶

Salvador describe la celebración de la feria en su pueblo natal *(hometown)*. Después de ver el video, lee el párrafo y observa los verbos en negrita y en letra cursiva. Luego contesta las preguntas que siguen.

Describe una celebración de tu pueblo.

En el verano, durante la Feria de la patrona *(patron saint)*, es *probable que* **haya** mucha gente en el pueblo. *Es normal que* ese día los padres y los hijos **salgan** por la tarde a ver la procesión y los juegos que hay para todos. *Es raro que* **se quede** en casa. *Es común que* la gente **se reuna** en la plaza, que la gente **pasee,** *que* **beba** refrescos y también que **coma** algunas tapas. También es *lo habitual que* las personas por la noche **vayan** a oír la música. Tal vez juguemos a la tómbola y ganemos un premio.

—Salvador, España

1. What do the expressions in italics have in common?
2. What do you notice about the verbs in bold?

INVESTIGUEMOS LA CULTURA

Tómbola is a game or raffle where there are several simple prizes, like toys or stuffed animals. People purchase tickets, which indicate whether or not they have won a prize.

A comprobar

El subjuntivo con expresiones impersonales

The verb tenses you have previously studied, such as present, preterite, imperfect, have been in the indicative. The indicative is an objective mood that is used to state facts and to talk about things that you are certain have occurred or will occur.

> **El 16 de septiembre es el Día de la Independencia de México.**
> *September 16 is Mexico's Independence Day.*

In contrast, the subjunctive is a subjective mood that is used to convey uncertainty, anticipated or hypothetical events, or the subject's wishes, opinions, fears, doubts, and emotional reactions.

> **Es importante que la familia se reúna.**
> *It is important that the family get together.*

The present subjunctive

1. The present subjunctive verb forms are very similar to formal commands. To form the present subjunctive, drop the **-o** from the first person (**yo**) present tense

form and add the **-er** endings to **-ar** verbs, and the **-ar** endings to **-er** and **-ir** verbs.

hablar		comer		vivir	
hable	hablemos	coma	comamos	viva	vivamos
hables	habléis	comas	comáis	vivas	viváis
hable	hablen	coma	coman	viva	vivan

2. Verbs that are irregular in the first person present indicative have the same stem in the present subjunctive.

> Es triste que muchos niños **crezcan** sin las tradiciones de sus antepasados.

3. In the present subjunctive, stem-changing -**ar** and -**er** verbs follow the same pattern as in the present indicative, changing in all forms except the **nosotros** and **vosotros** forms.

> Es necesario que todos **piensen** en la importancia de preservar las tradiciones.

4. Stem-changing -ir verbs follow the same pattern as in the present indicative, but there is an additional change in the nosotros and vosotros forms. The additional stem change is similar to that in the third person preterite (e ⟶ i and o ⟶ u).

> Es probable que no **durmamos** para celebrar el fin del año, pero quiero que mis hijos se **duerman** a la medianoche.

5. You will recall that the formal commands of verbs whose infinitives end in -car, -gar, and -zar have spelling changes. These same spelling changes occur in the subjunctive.

> Es posible que **lleguen** tarde al desfile.

> No es necesario que **saques** tantas fotos.

6. These verbs are irregular in the present subjunctive: **dar (dé), estar (esté), haber (haya), ir (vaya), saber (sepa),** and **ser (sea).** You will notice that once again the subjunctive forms are similar to the formal command forms.

> Es imposible que **vayamos** a la celebración.

> Es interesante que **haya** tantas tradiciones con raíces indígenas.

7. Impersonal expressions do not have a specific subject and can include a large number of adjectives: **es bueno, es difícil, es importante, es triste,** etc. They can be negative or affirmative. The following are some examples of impersonal expressions:

es buena idea	es mejor	es recomendable
es mala idea		
es horrible	es necesario	es ridículo
es imposible	es posible	es terrible
es increíble	es probable	es una lástima *(it's a shame)*
es justo *(it's fair)*	es raro	es urgente

8. When using an impersonal expression to convey an opinion or an emotional reaction, it is necessary to use the subjunctive with it. While in English the conjunction *that* is optional, in Spanish it is necessary to use the conjunction **que** between the clauses.

> Es una lástima <u>que</u> se pierdan algunas tradiciones.
> *It is a shame (that) some traditions are lost.*

9. When there is no specific subject, the infinitive is generally used after an impersonal expression.

> Es increíble ver los bailes folclóricos.
> *It is incredible to see the folk dances.*

A practicar

2.20 **El Año Nuevo** ¿Qué sabes de la celebración del Año Nuevo en Latinoamérica? Lee las oraciones y decide si la tradición se practica en Latinoamérica o no.

1. Es típico que todos cenen en familia.
2. Si uno quiere dinero para el año que empieza, es necesario que lleve ropa interior verde.
3. Es tradicional que se coman 12 uvas a la medianoche.
4. Es importante que todas las puertas y las ventanas estén cerradas.
5. Es común que se escuche la canción "Auld Lang Syne".

2.21 **Es buena idea** Adrián y Aida van a ver las procesiones de Semana Santa por primera vez. Su amigo Rigoberto les hace las siguientes recomendaciones.

1. Es necesario que ustedes _____ (saber) a qué hora comienzan.
2. Es mejor que _____ (llegar) temprano.
3. Es mala idea que _____ (ir) en auto porque hay mucho tráfico.
4. Es importante que _____ (tener) cuidado porque habrá mucha gente.
5. Es buena idea que _____ (sacar) muchas fotos.
6. No es recomendable que _____ (llevar) a su perro.

2.22 Reacciones Imagina que escuchas los siguientes comentarios de tus amigos. Reacciona o haz una recomendación, usando las expresiones impersonales y el subjuntivo.

Modelo   Quiero ir al desfile para el 4 de julio.
Es buena idea que no conduzcas porque siempre hay mucho tráfico.
Es necesario que llegues temprano.

1. Quiero asistir a una fiesta para el Año Nuevo, pero está lejos y no tengo coche.
2. No me gusta el Día de San Valentín porque no tengo novia.
3. Quiero hacer una gran fiesta para mi cumpleaños.
4. No sé qué disfraz llevar para el Carnaval.
5. Mis padres no quieren cocinar para el Día de Acción de Gracias este año.
6. No tengo mucho dinero para comprar regalos de Navidad.

2.23 La fiesta de San Juan En Paraguay se celebra la fiesta de San Juan el 24 de junio con varias actividades, algunas de las cuales requieren de fuego. En parejas lean la siguiente información y túrnense para expresar sus reacciones y recomendaciones usando expresiones impersonales y la forma necesaria del presente del subjuntivo.

Juan José Zaldívar

Modelo   Se juega con fuego.
Es interesante que haya una fiesta con fuego.

1. Se paga para entrar en la fiesta y el dinero ayuda a organizaciones y escuelas.
2. Se juega con la pelota tatá, una pelota de fuego *(fire)*.
3. Algunas personas caminan sobre brasas *(burning coals)*.
4. Se trepa un poste muy alto y enjabonado *(soapy)* para conseguir un premio *(prize)*.
5. Los niños rompen una piñata para conseguir dulces.
6. Se venden comidas típicas hechas con mandioca *(cassava)* como el mbeyú y pastel de mandi'o.
7. Las mujeres solteras participan en juegos para saber si se van a casar.
8. Muchas veces hay danzas folclóricas.

2.24 Avancemos Imagina que tienes que explicarle unas celebraciones de los Estados Unidos a alguien de otro país. En parejas túrnense para expresar sus opiniones o dar recomendaciones sobre estas celebraciones, usando las expresiones impersonales con el subjuntivo.

1. el Día de Acción de Gracias
2. el Día de San Valentín
3. el Día de San Patricio
4. la Noche de Brujas
5. el Día de la Independencia
6. Memorial Day
7. la Pascua *(Easter)*
8. April Fool's Day

INVESTIGUEMOS LA CULTURA

La fiesta de San Juan is Paraguay's largest festival, encompassing both the Catholic feast of Saint John the Baptist and pagan traditions celebrating the solstice. The festival originated in Spain, and although the activities are different, fire is at the center of the celebration, blending the pagan tribute to the sun with the biblical recounting of Zacaria announcing the birth of his son John with a bonfire.

Mar Caribe

Changuinola • Bocas del Toro • Portobelo • Colón • El Porvenir • Narganá
Almirante • Laguna de Chiriquí • Golfo de los Mosquitos • Lago Gatún • Lago Bayano
Bajo Boquete • La Chorrera • Panamá • Puerto Obaldía
La Concepción • El Valle • Bahía de Panamá • La Palma
Dolega • David • Penonomé • Isla del Rey
Puerto Armuelles • Aguadulce • Isla San José
Soná • Santiago • Garachiné • Yaviza
Chitré • Las Tablas
Océano Pacífico • Los Pozos • Golfo de Panamá
Isla de Coiba • Isla de Cébaco
Isla Jicarón

▶ Video–viaje a...
Panamá

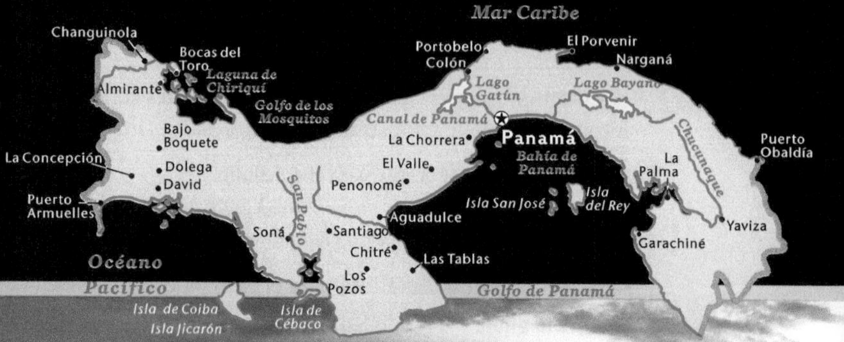

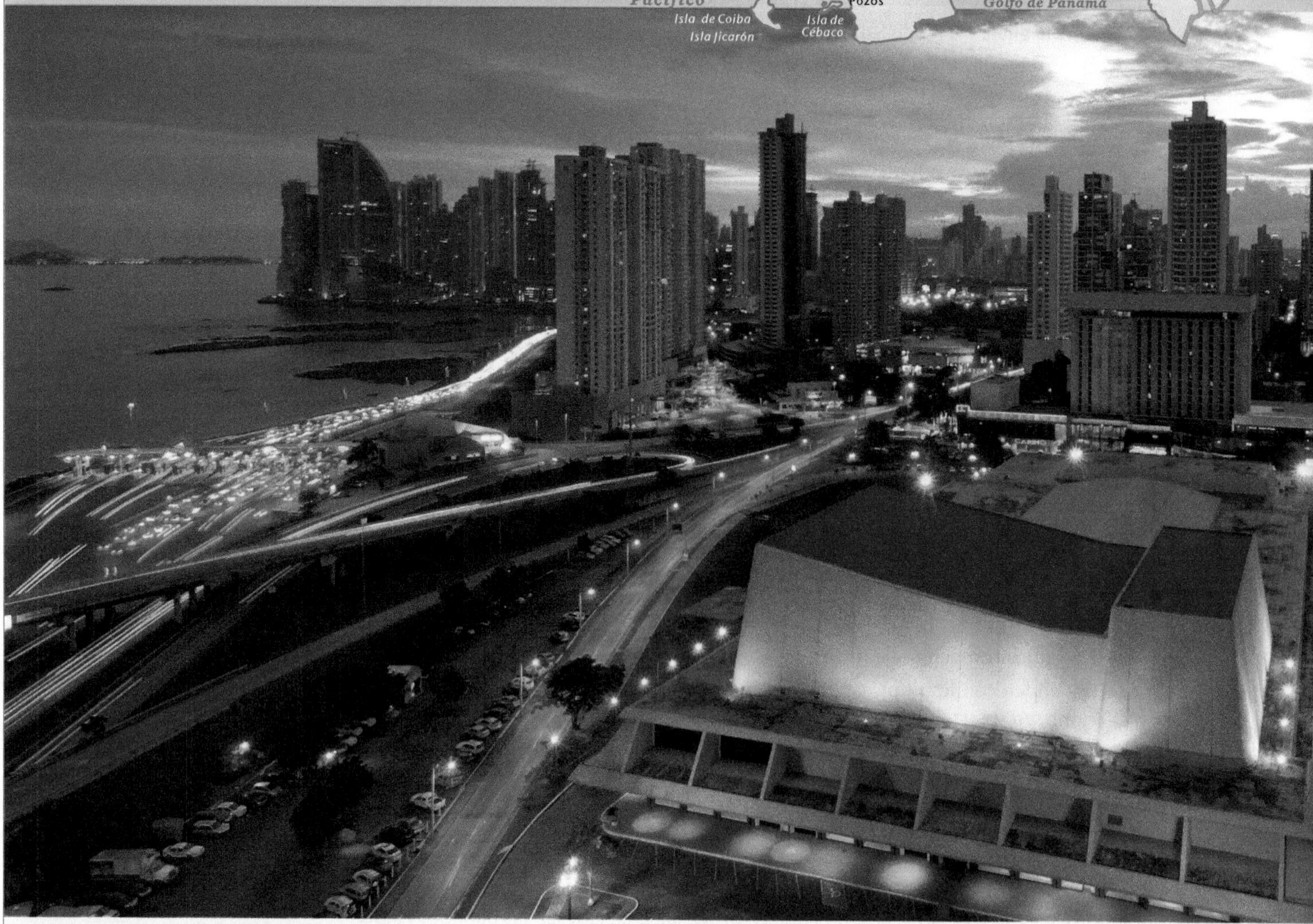

Antes de ver

En medio del Canal de Panamá hay una isla que contiene una selva tropical extraordinaria. Científicos de diferentes partes del mundo vienen a esta isla para investigar la flora y la fauna *(los animales)*. Te invitamos al Instituto Smithsonian de Investigaciones Tropicales para conocer a los bellos habitantes de esta selva panameña y a los científicos que los estudian.

2.25 ¿Ya sabes?

1. Panamá está en _____.

   ☐ El Caribe   ☐ Sudamérica

   ☐ Centroamérica   ☐ Norteamérica

2. ¿Cierto o falso?

   a. La Isla de Barro Colorado es una selva tropical panameña.

   b. El Instituto Smithsonian de Investigaciones Tropicales se encuentra en una isla de Panamá.

3. ¿Qué tradición, imagen o persona asocias con Panamá?

2.26 Estrategia

Watching facial expressions and body language aids comprehension when learning a foreign language. For example, a frown, a raised eyebrow, or a laugh are gestures that can help you decipher the speaker's meaning. Write down five situations in which body language or facial expressions may clarify an ambiguous situation.

Al ver

2.27 **Escoge** Mira el video y escoge la respuesta correcta.

1. Barro Colorado es un área _____.
   a. turística   b. protegida   c. en peligro
2. La selva ha producido más de la mitad de _____ en el planeta Tierra.
   a. las especies   b. las plantas   c. los insectos
3. Los científicos vienen al Instituto Smithsonian de Investigaciones Tropicales de _____.
   a. Sudamérica   b. los Estados Unidos   c. todas partes del mundo
4. La isla está _____ y nadie estorba el trabajo de los científicos.
   a. controlada   b. abandonada   c. protegida

2.28 **Escribe** Completa las oraciones con la respuesta correcta.

1. La isla de Barro Colorado es una _____ tropical.
2. La selva mantiene el equilibrio *(balance)* gracias a la colaboración entre _____ y plantas.
3. En Barro Colorado se desarrolla uno de los misterios más grandes de la _____.
4. Un solo _____ afecta la vida de muchas criaturas.

Después de ver

2.29 **Expansión**

Paso 1 Mira la sección sobre a Panamá en **Exploraciones del mundo hispano** y lee **Investiga en Internet**. Escoge uno de los temas que te interese.

Paso 2 Busca información en Internet. Usa dos o tres fuentes *(sources)*.

Paso 3 Usando la información que encontraste en Internet, escribe un resumen de 3–5 oraciones en español. Comparte la información con tus compañeros.

Vocabulario útil

con certeza *with certainty*
el conocimiento científico *scientific knowledge*
desarrollar *to develop, to evolve, to unfold*
descifrar *to decipher*
enfrentar *to confront*
las especies *species*
estorbar *to obstruct, to disturb*
la mitad *half*
el peligro *danger*
sostenido(a) *sustained*
el tesoro *treasure*

A analizar ▷

En todas las culturas los padres se preocupan por la conducta de sus hijos. Elena describe unas reglas impuestas a los adolescentes colombianos. Depués de ver el video, lee el párrafo y observa todos los verbos, especialmente los verbos en negrita y en letra cursiva. Luego contesta las preguntas que siguen.

¿Qué reglas les imponen los padres a sus hijos adolescentes?

Cuando los adolescentes empiezan a salir con sus amigos, socializan más y van a fiestas. Entonces los padres empiezan a darles muchas recomendaciones. Muchas veces ellos *prohíben* que sus hijos **lleguen** a casa después de las doce de la noche. También los padres *prefieren* que sus hijos **hagan** las fiestas en su casa porque así ellos pueden controlar un poco más la situación. Los padres nunca *dejan* que sus hijos **manejen** sus carros. El chico tiene que tener más de dieciocho o veinte años para poder manejar el carro. También *insisten* mucho en que los hijos **hagan** las tareas y los quehaceres de la casa antes de salir con sus amigos. Y a veces *prohíben* que sus hijos **salgan** a socializar los fines de semana si ellos no han hecho las tareas o si sacan malas notas en las clases.

—Elena, Colombia

1. What do you notice about the verbs in bold?

2. What do the italicized words have in common?

3. Who is the subject of the italicized verbs? Who is the subject of the verbs in bold?

A comprobar

El subjuntivo con verbos de deseo e influencia

1. When expressing the desire to do something, you use verbs, such as **querer** or **preferir,** followed by an infinitive.

> **Prefiero ir** a la procesión contigo.
> *I prefer to go to the procession with you.*
>
> **Él quiere reunirse** con su familia.
> *He wants to get together with his family.*

2. When expressing the desire for someone else to do something, you use a verb that expresses desire plus **que** followed by the subjunctive. The verb in the main clause is in the indicative, and the verb in the second clause (the dependent clause) is in the subjunctive.

main clause		dependent clause
Prefiero	**que**	**vayas** a la procesión conmigo.
I prefer	*(that)*	*you go to the procession with me.*
Él quiere	**que**	su familia **se reúna.**
He wants		*his family to get together.*

3. Other verbs besides **querer** and **preferir** express desire or influence. These verbs also require the use of the subjunctive when there are different subjects in the two clauses.

aconsejar	*to advise*
dejar	*to allow*
desear	*to desire*
esperar	*to hope, to wish*
insistir (en)	*to insist*
mandar	*to order*
necesitar	*to need*
pedir (i)	*to ask for, to request*
permitir	*to permit, to allow*
preferir (ie)	*to prefer*
prohibir	*to prohibit, to forbid*
recomendar (ie)	*to recommend*
sugerir (ie)	*to suggest*

Edwin **espera que ellos vayan** a Puerto Rico para el festival de San Sebastián.
*Edwin **hopes that they will go** to Puerto Rico for the San Sebastian Festival.*

Sus padres **prohíben que él estudie** fuera del país.
*His parents **forbid him to study** out of the country.*

4. **Ojalá** is another way to express hope. This expression does not have a subject and therefore does not change forms. It always requires the use of the subjunctive in the dependent clause; however, the use of **que** is optional.

Ojalá (que) tus valores no **cambien**.
*I hope (that) your values don't **change**.*

INVESTIGUEMOS EL VOCABULARIO

The word **ojalá** originated from the Arabic expression *God (Allah) willing*. There are many words of Arabic influence in Spanish due to the Muslim rule of Spain from 711 to 1492.

A practicar

2.30 Los cumpleaños Hay diferentes maneras de celebrar un cumpleaños. Usa tus conocimientos *(knowledge)* y la lógica para relacionar las dos columnas para saber cómo quieren celebrar estas personas.

1. Julia es mexicana y espera que su novio...
2. Vilma es dominicana y prefiere que sus amigos...
3. Piedad es española y quiere que ella y sus amigas...
4. Lázaro es uruguayo y desea que su esposa...
5. Leo es estadounidense y les pide a sus amigos que...

a. prepare un asado.
b. le lleve una serenata.
c. vayan a un partido de fútbol americano con él.
d. salgan por tapas.
e. hagan una fiesta para poder bailar merengue.

2.31 Visita El Salvador Laura vive en los Estados Unidos y va a El Salvador para pasar el verano con sus abuelos. Completa las oraciones con la forma apropiada del subjuntivo del verbo entre paréntesis.

1. Sus padres recomiendan que _____ (conocer) sus raíces *(roots)*.
2. Su profesor de español espera que _____ (mejorar) su vocabulario.
3. Su abuela insiste en que _____ (aprender) de la cocina salvadoreña mientras esté en El Salvador.
4. Su novio desea que _____ (volver) pronto.
5. Sus hermanos prefieren que ella _____ (quedarse) en El Salvador.
6. Su mejor amiga le pide que le _____ (comprar) una artesanía.

2.32 **Situaciones** Imagina que te encuentras en las siguientes situaciones. Con un compañero túrnense para completar las oraciones expresándose sus recomendaciones o deseos.

> Modelo Vas a cumplir 15 años y tus padres te van a organizar una fiesta.
> Estudiante 1: Prefiero que... *reserven un salón muy elegante.*
> Estudiante 2: Deseo que... *sea una fiesta increíble.*

1. Tu compañero y tú van a dar una fiesta para celebrar el Cinco de Mayo. ¿Qué quieres que haga tu compañero para ayudarte?
   a. Quiero que...
   b. Te pido que...

2. Tu amigo quiere saber más de sus antepasados. ¿Qué le recomiendas?
   a. Te recomiendo que...
   b. Te sugiero que...

3. Tu tío y su novia van a casarse. ¿Qué les deseas?
   a. Espero que...
   b. Ojalá...

4. Tu hermano va a asistir a una fiesta de Año Nuevo. ¿Qué esperan *(expect)* tus padres de él?
   a. Insisten en que...
   b. Necesitan que...

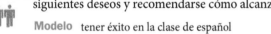

elisekurenbina/Shutterstock.com

 2.33 **¿Qué quieren?** En parejas hablen sobre lo que las personas indicadas quieren que los otros hagan o no hagan en los siguientes días festivos.

> Modelo el Día de la Acción de Gracias (los padres)
> Estudiante 1: *Los padres esperan que toda la familia se lleve bien.*
> Estudiante 2: *Los padres quieren que los hijos ayuden a cocinar y limpiar la cocina.*

1. el Día de la Madre (una madre)
2. el Día del Amor y la Amistad [San Valentín] (un novio)
3. Navidad (los niños)
4. el Día del Estudiante (los estudiantes)
5. la Noche de Brujas (los niños)
6. en su cumpleaños (el cumpleañero)

> **INVESTIGUEMOS LA CULTURA**
>
> Student's Day is celebrated in many Spanish-speaking countries. While its date varies from country to country, it is often celebrated in the spring, and the students are given the day off from classes.

 2.34 **¿Qué me recomiendas?** Con un compañero túrnense para expresar los siguientes deseos y recomendarse cómo alcanzar estas metas *(achieve these goals)*.

> Modelo tener éxito en la clase de español
> Estudiante 1: *Quiero tener éxito en la clase de español.*
> Estudiante 2: *Te recomiendo que estudies mucho, que hagas la tarea y que asistas a clase todos los días.*

1. saber más de la cultura de los países donde se habla español
2. viajar a un país hispanohablante
3. conocer a más gente hispana
4. tener una fiesta de cumpleaños muy divertida
5. comprar el regalo ideal para un amigo en su cumpleaños
6. compartir con amigos las tradiciones familiares
7. aprender a cocinar una comida tradicional

2.35 **Avancemos** Trabaja con un compañero para explicar lo que pasa en los dibujos. Luego usen los verbos indicados y la expresión **ojalá** para explicar: 1) lo que quiere hacer cada persona y 2) lo que quiere que haga otra persona. ¡Presten atención al uso del subjuntivo!

desear   esperar   necesitar   pedir   querer   ojalá

Lectura

Reading Strategy: Using visuals to support your reading

Before reading a selection, you should always look at the accompanying images to get a clearer idea of what or who is being described. Think actively about what the image depicts and whether it provides any additional information not in the reading.

Antes de leer

¿Qué es una artesanía? ¿Las artesanías son arte? ¿Qué artesanías conoces de algún país hispanohablante? ¿Qué artesanías se producen en tu país?

A leer

Artesanías del mundo hispanohablante

witnesses

Pocos objetos son tan representativos de una comunidad como las artesanías, **testigos** de la historia, tradición y economía de una cultura. Una artesanía es un objeto producido a mano por un artesano. Por eso, cada artesanía

valuable

es única y más **valiosa** que otros objetos producidos industrialmente. Además del valor artístico y del papel que juegan en la preservación de las tradiciones, las artesanías son muy importantes para la economía de muchas regiones.

there are fewer and fewer

Desafortunadamente **cada vez hay menos** artesanos porque no pueden competir con los precios de los productos "artesanales" industriales, que son mucho más baratos,

even

y a veces **hasta** vienen de otros países.

Nevertheless

Sin embargo, todavía es posible encontrar artesanías en muchas regiones. A continuación te presentamos una breve lista de artesanías de algunos países hispanohablantes.

Una mujer lleva un aguayo boliviano.

Bolivia: En este país hay familias enteras que viven de producir artículos artesanales. La tradición textil es muy importante. Entre los

knitted

productos textiles se ven los gorros **tejidos**, los ponchos y los aguayos (un textil andino de origen precolombino). Los colores y diseños de estas

items of clothing

prendas hablan de la historia de la comunidad.

Colombia: Colombia es otro país que se distingue por su diversidad de culturas, tradiciones y artesanías. Entre las más conocidas está la mochila arhuaca, o tutu iku, hecha por mujeres de la etnia arhuaca. La mochila es una bolsa decorada en colores de la tierra (como café o beige). Antes se hacía con fibras naturales nativas, pero después de la llegada de los europeos se empezó a hacer con

lamb's wool

lana de oveja. Se decora con representaciones indígenas de animales y otros símbolos, y cada diseño identifica a la familia que lo hace.

Una arhuaca colombiana

Costa Rica: La artesanía más conocida de Costa Rica es la **carreta**, decorada en colores vivos. Es de **madera** y simboliza el trabajo, la paciencia, el sacrificio y constancia. La carreta tiene su origen en las plantaciones de café.

cart / wood

Nicaragua: Uno de los centros artesanales más importantes es la ciudad de Masaya, donde se producen gran variedad de artesanías. Las más famosas son las hamacas hechas a mano. Las técnicas para producir las hamacas han sido pasadas de una generación a otra. Los materiales con que se hacen han cambiado, pero muchos de los diseños son los originales.

Una mujer kuna vistiendo una mola

pieces of fabric

Panamá: El producto artesanal más conocido de Panamá son las molas, blusas hechas con muchos **pedazos de tela** y con figuras geométricas que generalmente representan animales marinos. Las molas son la ropa tradicional de las mujeres kunas, quienes viven en el archipiélago de San Blas. La palabra mola significa, precisamente, "camisa" o "ropa". En algún momento de la historia de Panamá, el gobierno intentó prohibirles vestirse con ellas a las mujeres kunas, lo que causó una rebelión.

Paraguay: Entre las más famosas artesanías de Paraguay está el ñandutí, un tipo de **encaje** muy colorido. En guaraní, una lengua indígena de la región, ñandutí significa "**telaraña**". Esta forma de artesanía fue introducida por los españoles que hacían un encaje similar en la isla de Tenerife.

El ñandutí paraguayo

lace

spider web

Comprensión

1. ¿En qué se diferencia una artesanía de un objeto producido industrialmente?
2. ¿Con quién tienen que competir los artesanos?
3. ¿Qué tipo de artesanías son muy importantes en Bolivia?
4. ¿Qué es una arhuaca?
5. ¿Qué simbolizan las carretas de Costa Rica?
6. ¿Qué ciudad de Nicaragua es famosa por sus hamacas?
7. ¿Qué pasó cuando se intentó prohibir el uso de las molas en Panamá?
8. ¿Qué país fabricaba una artesanía similar al ñandutí?

Después de leer

En parejas contesten las siguientes preguntas.

1. ¿Por qué creen que a los turistas les gusta comprar artesanías?
2. Piensen en una artesanía de su país. ¿Quién la hace? ¿Con qué materiales? ¿Está en peligro de desaparecer? ¿Por qué?

Los famosos sombreros de Panamá no son originarios de Panamá, ni las piñatas lo son de México. Investiga en Internet para averiguar dónde se originaron estos productos.

2.36 **Los Reyes Magos** Imagínate que es 5 de enero, la víspera *(evening before)* del Día de los Reyes Magos. Completa las oraciones con los mandatos apropiados. **¡OJO!** Es necesario usar la forma de **tú** en la primera sección y la forma de **ustedes** en la segunda.

Los padres le dicen al niño (**tú**):

1. _____ muy bueno si quieres recibir regalos.

2. _____ heno *(hay)* para los camellos de los Reyes Magos.

3. No _____ (olvidarse) de poner tus zapatos al lado de la puerta.

4. _____ (Escribir) una carta para los Reyes Magos.

5. No _____ (acostarse) muy tarde.

El niño les dice a los Reyes Magos en su carta (**ustedes**):

6. _____ (Venir) pronto.

7. _____ (Leer) también la carta de mi hermanito.

8. _____ (Recordar) que fui un buen niño todo el año.

9. _____ (Darles) este heno a sus camellos.

10. Por favor, _____ (traerme) una bicicleta.

2.37 **El Día de Acción de Gracias** Un estudiante de intercambio *(exchange)* va a pasar el Día de Acción de Gracias con tu familia. Completa las siguientes oraciones con la forma del subjuntivo del verbo entre paréntesis y una conclusión personal.

Modelo Es estupendo que (tú) (venir)...
Es estupendo que vengas a mi casa para comer con nosotros.

1. Es buena idea que (tú) (llegar)...

2. Es necesario que (tú) (traer)...

3. Es probable que nosotros (comer)...

4. Es posible que (haber)...

5. Es importante que (tú) (tener)...

6. Es recomendable que tú y yo (ponerse)...

7. Es mejor que nosotros (ayudar)...

2.38 **El Año Nuevo** Lorenzo está planeando una fiesta para celebrar el Año Nuevo con sus amigos y les escribe un mensaje. Completa su mensaje con la forma apropiada del verbo entre paréntesis.

¡Amigos! Quiero (1) _____ (celebrar) el Año Nuevo con todos ustedes. Deseo (2) _____ (tener) una fiesta en mi casa, pero necesito un poco de ayuda. Yo voy a preparar la comida. Sandra y Mónica: Necesito que ustedes (3) _____ (traer) los refrescos. Alberto: Quiero que tú (4) _____ (comprar) las uvas. Toni y Marcelo: Les pido a ustedes que me (5) _____ (ayudar) a decorar. Gaby: Ojalá (6) _____ (poder) traer un postre. Recomiendo que todos (7) _____ (llegar) temprano. ¡Los espero (8) _____ (ver) a todos en la fiesta! ¡Quiero que nosotros (9) _____ (divertirse) mucho! ¡Ojalá este nuevo año (10) _____ (ser) muy bueno para todos nosotros!

2.39 **¿Qué deben hacer?** Trabaja con un compañero. Cada uno va a escoger una imagen diferente y explicar qué pasa. Luego necesitan darle(s) algunos mandatos a la(s) persona(s) en las fotos. **¡OJO!** Necesitan decidir si los mandatos son formales o informales.

Modelo (imagen 1)
No lastimes a otros niños con el palo.

2.40 **Preferencias** Con un compañero hablen de lo que quieren que sus amigos y familiares hagan en las celebraciones indicadas. **¡OJO!** Usen el subjuntivo.

Modelo el Día de la Independencia
Estudiante 1: *Quiero que mis padres hagan una barbacoa.*
Estudiante 2: *Prefiero que mis amigos vayan conmigo al parque para ver los fuegos artificiales.*

1. tu cumpleaños
2. el Día del Amor y la Amistad (San Valentín)
3. el Día de Acción de Gracias
4. Navidad / Januká
5. la Noche de Brujas
6. el Año Nuevo

2.41 **La fiesta** En parejas van a planear una fiesta para la clase de español.

Paso 1 Habla con tu compañero para decidir cuándo y dónde va a ser la fiesta, qué van a servir para comer y beber y si van a tener decoraciones o música.

Paso 2 Decidan quién va a hacer qué para preparar. ¡Atención al uso del imperativo y del subjuntivo!

Paso 3 Compartan sus planes con el resto de la clase.

Entrando en materia

¿Qué costumbres se asocian con las fiestas? ¿Cuándo se necesita traer un regalo? ¿Hay algo más que un invitado tiene que hacer?

🔊 ¿Cómo son las fiestas?

Elena va a hablar de las costumbres asociadas con las fiestas en Colombia. Consulta el **Vocabulario útil** antes de escuchar la selección.

Vocabulario útil

a lo mejor	*maybe*	**suena (raro)**	*it sounds (strange)*
hecho a mano	*handmade*	**tal vez**	*maybe*
propias	*own*		

En muchas fiestas se comen dulces.

Akiko Akki/Getty Images

Comprensión

1. Según Elena, ¿qué tipo de regalo es mejor, uno de la tienda o uno hecho a mano? ¿Por qué?
2. ¿Cómo está cambiando la tradición de dar regalos en Colombia? ¿A Elena le gusta este cambio?
3. ¿Cuándo se debe llegar a una fiesta en Hispanoamérica? ¿Por qué?
4. ¿Qué debe hacer una persona cuando llega a una fiesta? ¿Y qué debe hacer cuando se va?

Más allá

Describe un regalo hecho a mano que harías *(you would make)* para tu mejor amigo. Explica por qué sería un buen regalo para esa persona. Comparte tu idea con la clase.

Nombres

los antepasados	*ancestors*
las artesanías	*handicrafts*
el asado	*barbecue*
el Carnaval	*Carnival (a celebration similar to Mardi Gras)*
la celebración	*celebration*
la cocina	*cuisine*
la costumbre	*habit, tradition, custom*
la creencia	*belief*
el desfile	*parade*
el Día de los Muertos	*Day of the Dead*
el disfraz	*costume*
la fiesta	*holiday*
el folclor	*folklore*
el gaucho	*cowboy from Argentina and Uruguay*

la gente	*people*
el hábito	*habit*
la herencia cultural	*cultural heritage*
la identidad	*identity*
los lazos	*bonds*
el legado	*legacy*
el lenguaje	*language*
el nacionalismo	*nationalism*
la Noche de Brujas	*Halloween*
la ofrenda	*offering (altar)*
la práctica	*practice*
las relaciones	*relationships*
el ser humano	*human being*
el valor	*value*
el vaquero	*cowboy*
la vela	*candle*

Verbos

aconsejar	*to advise*
celebrar	*to celebrate*
conmemorar	*to commemorate*
dejar	*to allow*
desear	*to desire*
disfrazarse	*to put on a costume, to disguise oneself*
esperar	*to hope, to wish*
festejar	*to celebrate*
heredar	*to inherit*
insistir (en)	*to insist*

mandar	*to order*
necesitar	*to need*
pedir (i)	*to ask for, to request*
permitir	*to permit, to allow*
preferir (ie)	*to prefer*
prohibir	*to prohibit, to forbid*
recomendar (ie)	*to recommend*
recordar (ue)	*to remember*
respetar	*to respect*
sugerir (ie)	*to suggest*

Expresiones impersonales

es buena/mala idea	*it's a good/bad idea*
es horrible	*it's horrible*
es imposible	*it's impossible*
es increíble	*it's incredible*
es justo	*it's fair*
es mejor	*it's better*
es necesario	*it's necessary*
es posible	*it's possible*
es probable	*it's probable*

es raro	*it's rare*
es recomendable	*it's recommended*
es ridículo	*it's ridiculous*
es terrible	*it's terrible*
es una lástima	*it's a shame*
es urgente	*it's urgent*
Ojalá (que)	*I hope that, Let's hope that*

Literatura

Eduardo Galeano

Biografía

Eduardo Galeano (1940–2015) fue un escritor y periodista uruguayo. Su libro más conocido es "Las venas abiertas de Latinoamérica", en el que detalla cinco siglos de historia de la región. Comenzó su carrera en periodismo cuando tenía 14 años, cuando lo contrataron para crear caricaturas *(cartoons)* para el periódico socialista *El sol*. Seis años después se hizo editor de otro periódico, *La marcha*. Después del golpe de estado *(coup)* de 1973, tuvo que exiliarse en Argentina, pero tres años después Argentina también experimentó un golpe de estado y Galeano se exilió a España. En 1985 derrocaron *(overthrew)* la dictadura uruguaya y Galeano volvió a Montevideo y reestableció *La marcha* bajo el nombre *La brecha*. Galeano pasó el resto de su vida en Montevideo, donde publicó varios libros más.

Investiguemos la literatura: El protagonista

The protagonist is the main character in a literary work. He or she is sometimes referred to as the "hero."

Antes de leer

Con un compañero contesten las siguientes preguntas.

1. ¿Quiénes tienen mucha imaginación? ¿Por qué?
2. ¿Crees que sea importante tener imaginación? ¿Por qué?
3. ¿Qué es una "fantasía"?

Celebración de la fantasía

1 Fue a la entrada del pueblo de Ollantaytambo, cerca de Cuzco. Yo me había despedido de un grupo de turistas y estaba solo, mirando de lejos las ruinas de **piedra,** cuando un niño

stone

weak / dressed in rags
bolígrafo

5 del lugar, **enclenque**, **haraposo**, se acercó a pedirme que le regalara una **lapicera**. No podía darle la lapicera que tenía, porque la estaba usando en no sé qué aburridas anotaciones, pero le ofrecí dibujarle un

10 cerdito en la mano.

Unexpectedly / Suddenly
crowd / creatures
cracked / dirt / burned

Súbitamente, se corrió la voz. **De buenas a primeras** me encontré rodeado de un **enjambre** de niños que exigían, a grito pelado, que yo les dibujara **bichos** en sus manitas **cuarteadas** de **mugre** y frío, pieles de cuero **quemado**: había quien quería un

cóndor y quien una serpiente, otros preferían **loritos** o **lechuzas** y no faltaban los que   *small parrots / owls*
15 pedían un **fantasma** o un dragón.   *ghost*

Y entonces, en medio de aquel **alboroto**, un **desamparadito** que no alzaba más de un   *commotion / young*
metro del **suelo** me mostró un reloj dibujado con tinta negra en su muñeca: *homeless person / ground*

—Me lo mandó un tío mío, que vive en Lima

—dijo.

20 —Y, ¿**anda** bien?   *work*

—le pregunté.

—Atrasa un poco

—reconoció.

Celebración de la fantasía by Eduardo Galeano, Uruguay, 1940

Después de leer

A. Comprensión

1. ¿Qué quería el primer niño que se acercó al protagonista?

2. ¿Qué le dio el protagonista al niño?

3. ¿Qué pasó cuando los otros niños del pueblo supieron del regalo?

4. ¿Qué le muestra el último niño al protagonista?

B. Conversemos

1. El autor no nos da mucha información sobre el protagonista. ¿Quién piensas que es?
¿Puedes considerarlo un "héroe"? ¿Por qué?

2. El título del cuento es "Celebración de la fantasía". ¿Por qué piensas que se llama así?

CAPÍTULO 3

Estrategia para avanzar

Advanced speakers differ from intermediate speakers in the quantity of language they produce— they function at a "paragraph" level rather than a "sentence" level. As you work to become an advanced speaker, listen for phrases that people use to connect one sentence to another in different contexts (for example, **sin embargo** (however) to indicate a contrast, **primero** or **entonces** to indicate chronological sequence, **en fin** or **de todos modos** to introduce a conclusion).

In this chapter you will learn how to:

- Discuss eating habits
- Express your opinions on what is healthy
- Express preferences and make food recommendations in regard to food
- Compare and contrast eating habits across cultures

A la mesa

Un mercado en Perú

Explorando con... Luis Jaime Castillo Butters

Cuando uno piensa en Perú, lo más probable es que surja la imagen de Machu Picchu. Sin embargo, este país tiene un rico pasado cultural mucho más amplio porque en esa región vivieron múltiples civilizaciones precolombinas. El interés de Luis Jaime Castillo Butters en la herencia cultural de su tierra natal lo llevó a redescubrir la civilización Moche en José de Moro, una comunidad en el norte del Perú.

Vocabulario útil

la cámara funeraria *burial chamber*
el descubrimiento *discovery*
entrenar *to train*
la excavación *excavation site*

Una de las primeras excavaciones del Dr. Castillo fue precisamente en San José de Moro. Mientras estudiaba el área con su profesor de UCLA (Universidad de California en Los Ángeles), Chris Donnan, encontraron una cámara funeraria a 20 pies de profundidad. La investigación demostró que la tumba era de la sacerdotisa *(priestess)* de Moro, contrario a lo que todos pensaban. Después encontraron muchas tumbas más, incluso más grandes, pero el primer descubrimiento fue el que lo cambió todo.

El Programa Arqueológico San José de Moro es un proyecto sustentable, y uno de sus objetivos principales es que la gente de la comunidad participe en la preservación del sitio. Para lograrlo, reflexiona el Dr. Castillo, tienen que cambiar la vida de los habitantes de la zona y crear oportunidades de desarrollo *(development)*. Por ejemplo, han construido un sistema modular de museos y han organizado un grupo escolar de danzas folclóricas. También han entrenado a jóvenes como artesanos para que hagan las mejores réplicas posibles de la cerámica Moche. Es importante entrenar a los jóvenes para que tengan una ocupación y puedan mantener a sus familias en el futuro. El proyecto de ayudar a la gente de hoy a través de la preservación del pasado es algo esencial, en la opinión de este explorador. El pasado ha ayudado a mejorar la vida de muchas personas y ha hecho que los peruanos se sientan orgullosos de su herencia cultural.

Luis Jaime Castillo Butters es Doctor en antropología. Estudió su doctorado en la UCLA pero su interés por la arqueología comenzó mucho antes. Es también el director del Programa Arqueológico José del Moro y fue Viceministro de Patrimonio Cultural en Perú. Su trabajo lo ha llevado a enseñar en universidades reconocidas en todo el mundo, como Harvard, Stanford, Burdeos, en Francia, y la UNAM, en México. Además ha editado y publicado numerosos libros.

EN SUS PALABRAS

"Pienso que es importante que cada persona encuentre algo en lo que pueda ayudar a lograr *(to achieve)* cambios positivos. Hacer con seriedad ese trabajo puede ayudar a transformar vidas y a hacer del mundo un mejor lugar."

3.1 **Comprensión**

1. ¿Cuáles son tres países donde ha vivido el Dr. Castillo?
2. ¿Cuál es el nombre de la civilización que estudia el explorador?
3. ¿Qué descubrimiento hizo junto con uno de sus profesores?
4. ¿Cuáles son dos ejemplos de proyectos que han hecho para ayudar a la comunidad?
5. ¿Por qué es importante el pasado para la gente de Perú?

3.2 **A profundizar** Investiga en Internet más acerca de los objetos y tumbas que han encontrado en la excavación de San José de Moro.

3.3 **¡A explorar más!** Busca una imagen e información de un sitio arqueológico de un país hispanohablante. Escribe un breve resumen (4–5 oraciones) explicando de qué civilización antigua viene, para qué servía el sitio en el pasado y qué impacto tiene en la comunidad hoy en día.

H. TOM HALL/National Geographic Creative

¿Vivir para comer o comer para vivir?

La alimentación

el alimento   food
las calorías   calories
los carbohidratos   carbohydrates
los cereales   grains
el colesterol   cholesterol
la comida chatarra   junk food
la dieta   diet
la fibra   fiber
la grasa   fat
las harinas   flour
los lácteos   dairy
las legumbres   legumes
los mariscos   seafood
el mate   a tea popular in Argentina and other South American countries
la merienda   light snack or meal
las proteínas   proteins
el sabor   flavor
el sodio   sodium

el (la) vendedor(a) ambulante   street vendor
las vitaminas   vitamins

Medidas para comprar productos

la bolsa   bag
la botella   bottle
el frasco   jar
el gramo   gram
el kilo   kilo
la lata   can
la libra   pound
el litro   liter
el paquete   packet, box

Adjetivos

congelado(a)   frozen
descremado(a)   skimmed
dulce   sweet
embotellado(a)   bottled
enlatado(a)   canned
fresco(a)   fresh
magro(a)   lean

picante   spicy
rico(a)   delicious
salado(a)   salty
saludable   healthy (food, activity)
vegetariano(a)   vegetarian

Verbos

adelgazar   to lose weight
asar   to grill
aumentar   to increase
consumir   to consume
disfrutar   to enjoy
eliminar   to eliminate
engordar   to gain weight
evitar   to avoid
freír (i)   to fry
hornear   to bake
limitar   to limit
ponerse a dieta   to put oneself on a diet
probar (ue)   to taste
reducir   to reduce

A practicar

3.4 🔊 **Escucha y responde** Observa la ilustración y responde las preguntas que vas a escuchar.

1. ...   2. ...   3. ...   4. ...

3.5 **¿Cómo se pide?** Empareja cada producto con el tipo de envase o la modalidad en la que se compra.

1. el agua
2. la mermelada
3. las papas fritas
4. el atún
5. las galletas (cookies)
6. la leche
7. el queso
8. las manzanas

a. la lata
b. el litro
c. la botella
d. el paquete
e. la bolsa
f. el frasco
g. un kilo
h. 250 gramos

3.6 **La palabra lógica** Completa las oraciones con una palabra lógica del vocabulario.

1. Cuando quiero adelgazar prefiero beber leche _____.
2. Para preparar la carne con menos _____ podemos asarla.
3. Nuestro cuerpo necesita _____ como la A, B, C y D.
4. En una dieta saludable se deben _____ los azúcares.
5. La comida enlatada por lo general contiene mucho _____.
6. La carne y las legumbres proveen al cuerpo de _____.

3.7 **La comida desde tu perspectiva** Observa la ilustración una vez más y trabaja con un compañero para responder las preguntas.

1. En tu opinión, ¿cuál de estos grupos de personas come mejor? ¿Por qué?
2. Piensa en tus hábitos alimenticios. ¿Te identificas con alguna de las personas de la ilustración? ¿Por qué?
3. ¿Qué consejo puedes dar para mejorar la dieta de cada una de estas personas?
4. ¿Qué tipo de bebidas toman en las diferentes escenas? En tu opinión, ¿está bien consumir agua embotellada? ¿Por qué?
5. ¿Hay alguien que coma solo en la ilustración? ¿Comes tú con alguien generalmente? ¿Crees que comer con otras personas es más agradable que comer solo? ¿Por qué?
6. ¿Compras comida de vendedores ambulantes? ¿Por que?
7. ¿Piensas que es caro comprar comida de los vendedores en la calle? ¿Crees que todas las clases sociales de un país acostumbran comer en la calle? ¿Por qué?

Expandamos el vocabulario

The following words are listed in the vocabulary. They are nouns, verbs, or adjectives. Complete the table using the roots of the words to convert them to the different categories.

Verbo	Sustantivo	Adjetivo
embotellar		
	lata	
		merendado
alimentar		

INVESTIGUEMOS EL VOCABULARIO

The concept of **la merienda** varies throughout the Spanish-speaking world. In Spain, it is often a light snack in the afternoon, whereas, in Mexico, it is often in the evening and could be considered a light dinner. In Argentina and Uruguay, it is the afternoon tea during which they would have something hot to drink, along with bread, pastries, or cookies.

3.8 No pertenece Decide cuál de las palabras es diferente y explica por qué.

1. congelado   embotellado   descremado   enlatado
2. dulce   picante   salado   magro
3. la fibra   los lácteos   los cereales   las legumbres
4. reducir   eliminar   aumentar   limitar
5. disfrutar   hornear   asar   freír

3.9 Relaciones Túrnense para explicar la relación entre las palabras de cada grupo.

1. adelgazar   ponerse a dieta
2. vitaminas   proteínas
3. descremado   magro
4. aumentar   eliminar
5. dulce   salado
6. fresco   congelado

3.10 Tus experiencias Con un compañero túrnense para hacer y responder las preguntas. Den detalles.

1. ¿Prestas atención al contenido de calorías de tu comida? ¿Por qué?
2. ¿Tomas vitaminas? ¿Por qué?
3. ¿Meriendas con frecuencia? ¿Cuál es tu merienda favorita?
4. ¿Evitas algún alimento? ¿Cuál? ¿Por qué?
5. En tu opinión, ¿es más importante comer sanamente o comer para disfrutar?

3.11 Opiniones personales Trabajen en grupos de tres para comentar si están de acuerdo con las afirmaciones. Deben explicar sus opiniones.

1. Ser vegetariano no es natural. Necesitamos los nutrientes que hay en la carne.
2. Las comidas enlatadas son tan buenas como las congeladas.
3. Las familias siempre deben comer juntas.
4. En la mayoría de los países se come mejor que en los Estados Unidos.
5. Para mí es normal comer mientras camino por la calle o mientras estoy en auto.
6. Es fácil y barato comer alimentos nutritivos y buenos para la salud.
7. Hay problemas de obesidad en muchos países porque hay mucha comida chatarra.

3.12 **Citas** Lean las siguientes citas sobre la comida y determinen qué significan. Digan si están de acuerdo y por qué.

- A buen hambre no hay mal pan.
- Una barriga *(belly)* hambrienta no tiene oídos.
- Aceite de oliva, todo mal quita.
- Al dolor de cabeza, el comer lo endereza [cura].
- Al freír, se da el reír.
- Del plato a la boca se cae la sopa.
- El amor nunca muere de hambre, con frecuencia de indigestión.

3.13 **Haz una entrevista** Elige una ilustración y escribe seis posibles preguntas acerca de ella. Después, entrevista a un compañero con tus preguntas y respóndele las suyas.

Modelo (foto 1)   Estudiante 1: *¿Piensas que al niño le gusta la comida?*
                   Estudiante 2: *No, pienso que no porque no está contento.*
                   Estudiante 1: *¿Qué está pensando su mamá?*
                   Estudiante 2: *Probablemente desea que su hijo termine de comer porque tiene otras cosas que hacer.*

A perfeccionar

A analizar ▶

La comida es más que sustento *(sustenance)*: ¡es cultura! Elena habla del ajiaco, un plato tradicional de su país. Después de ver el video, lee el párrafo y observa el uso de los verbos en negrita. Luego contesta las preguntas que siguen.

¿Cuál es un plato típico de Colombia?

En Bogotá **hay** como cinco o seis platos típicos, pero el más popular **es** el ajiaco. **Es** una sopa de papa. Como en la Sabana de Bogotá **hay** muchos tipos de papas, esta sopa necesita principalmente tres tipos de papa. Una **es** la papa roja y otra la papa sabanera, pero nunca puedo encontrar un equivalente estadounidense. La tercera **es** la papa criolla, y esa no la **hay** en los Estados Unidos. **Es** muy especial porque **es** una papa pequeña, amarilla y con una textura indescriptible. Los ajiacos **son** deliciosos. El ajiaco debe **estar** muy caliente cuando se come. En Bogotá se encuentran muchos restaurantes donde la comida principal **es** el ajiaco. Por ejemplo, en la Plaza de Bolívar **está** el restaurante con el mejor ajiaco del mundo, cerca de la Alcaldía de Bogotá. ¡Siempre estoy feliz cuando vamos a comer allí!

—Elena, Colombia

1. Identify the uses of **ser** and **estar** in the paragraph.
2. How is **haber** used in the paragraph? How is it different from the use of **ser**?

> **INVESTIGUEMOS LA CULTURA**
>
> **Ajiaco** is a classic Colombian soup made with chicken, potatoes, corn on the cob, and a local herb called **guascas**. It is usually served with small bowls of rice, onions, cilantro, capers, sour cream, and avocado so that each person can garnish as he or she chooses.

A comprobar

Ser, estar y haber

> **INVESTIGUEMOS LA GRAMÁTICA**
>
> The preterite form of **haber** is **hubo**, imperfect is **había**, and future is **habrá**. These conjugations do not change for plural subjects.

1. **Hay,** the present tense form of the verb **haber,** is used to mean *there is* or *there are*. It indicates the existence of something. It is used with the indefinite article (**un**) or a plural subject, never with a definite article (**el**).

   Hay muchas calorías en ese pastel.
   There are a lot of calories in that cake.

   En el paquete solo **había** una galleta.
   In the package there was only one cookie.

2. The verb **ser** is used in the following ways:

   a. to describe general characteristics of people, places, and things

   La ensalada de fruta **es** muy saludable.
   Fruit salad is very healthy.

   b. to identify something or someone

   El mate **es** un té.
   Mate is a tea.

   c. to identify a relationship or occupation

   Santiago **es** mi hermano y **es** cocinero.
   Santiago is my brother and he is a chef.

   d. to express origin and nationality

   Dario **es** peruano y **es** de Lima.
   Dario is Peruvian and is from Lima.

   e. to express possession

   La botella de agua **es** de Angélica.
   The bottle of water belongs to Angélica.

   f. to give time and dates

   Es dos de abril y **son** las seis.
   It is April second, and it is six o'clock.

   g. to tell where or when an event is taking place

   La fiesta **es** en la casa de Paco.
   The party is (taking place) at Paco's house.

   La cena **es** a las nueve.
   The dinner is (taking place) at nine o'clock.

3. The verb **estar** is used in the following ways:

   a. to indicate location

   Los mariscos **están** en el refrigerador.
   The seafood is in the refrigerator.

b. to express an emotional, mental, or physical condition

Mi primo **está** cansado porque **está** enfermo.
My cousin is tired because he is sick.

c. in the present progressive

Mi tía **está** preparando la merienda.
My aunt is preparing the afternoon snack.

4. It is important to remember that the use of **ser** and **estar** with some adjectives can change the meaning of the adjective. The use of **ser** indicates a characteristic or a trait, while the use of **estar** indicates a condition.

Some common adjectives that change meaning are **aburrido, alegre, feliz, bueno, malo, guapo, listo,** and **rico.**

Algunas legumbres **son** ricas en proteína.
Some legumes are rich in protein.

Esta comida **está** muy rica.
This food is very delicious.

La comida chatarra no **es** buena para la salud.
Junk food is not good for one's health.

Esta sopa de verduras **está** buena.
This vegetable soup is (tastes) good.

A practicar

3.14 **Una foto** Lola le hace muchas preguntas a Francisco acerca de una foto de un concurso *(contest)* de cocina. Escoge la respuesta correcta para cada pregunta. Hay una respuesta que no se usa.

1. ¿Quién es?
2. ¿De dónde es?
3. ¿Dónde está?
4. ¿Qué está preparando?
5. ¿Qué hay en la paella?
6. ¿Por qué es tan grande?

   a. Es de Valencia.
   b. Es una paella.
   c. Hay arroz y mariscos.
   d. Está en el festival de Las allas.
   e. Es mi tío Manuel.
   f. Está muy ocupado.
   g. Es un festival muy grande y siempre hay mucha gente.

3.15 **¿Ser, estar o haber?** Decide cuáles son las frases que mejor completan las oraciones. Hay dos opciones posibles para cada oración.

1. Mary Ely está…
   a. interesada en la cocina. **b.** a dieta.   **c.** vegetariana.

2. Carlos es…
   a. chef.   **b.** preocupado por su salud. **c.** joven.

3. Paco está…
   a. diabético.   **b.** preparando la comida. **c.** en la cocina.

4. En la cocina hay…
   a. la carne.   **b.** muchas verduras.   **c.** una bolsa de mate.

5. Rocío es…
   a. una buena cocinera. **b.** enfrente de la estufa. **c.** alérgica a los mariscos.

3.16 **En el extranjero** Lee sobre la experiencia de un estudiante en Paraguay y completa el párrafo con la forma apropiada del verbo **ser, estar** o **haber.**

Yo (1) _____ Ricky y (2) _____ de San Francisco. Ahora (3) _____ en Asunción, Paraguay, donde (4) _____ estudiando español y viviendo con una familia paraguaya. La verdad, yo (5) _____ muy feliz aquí. La señora Ortiz (6) _____ una buena cocinera y su comida (7) _____ muy rica. La comida más fuerte (8) _____ al mediodía y siempre (9) _____ carne porque la industria del ganado *(cattle)* (10) _____ muy importante aquí en esta parte de Sudamérica. (11) _____ varias comidas típicas paraguayas que me gustan mucho, como las chipás y la sopa paraguaya. La sopa paraguaya no (12) _____ una sopa, sino *(but rather)* un pan parecido *(similar)* al pan de maíz que (13) _____ en los Estados Unidos. Bueno, tengo que irme. (14) _____ la hora de comer y la comida (15) _____ lista.

INVESTIGUEMOS LA GRAMÁTICA

You have learned that the word **pero** means *but*. However, after a negative clause, it is necessary to use the word **sino** when the word or phrase that follows corrects the initial statement. **Sino** means *but* (in the sense of *rather*) in a negative sentence.

No es salado **sino** dulce.
*It isn't salty **but (rather)** sweet.*

3.17 **En busca de...** Primero decide qué verbo necesitas usar en cada oración. Luego busca ocho compañeros diferentes que respondan afirmativamente a una de las siguientes preguntas. Recuerda hacerles la pregunta adicional.

1. (Ser/Estar) vegetariano. (¿Desde *(Since)* cuándo?)
2. (Ser/Estar) un buen cocinero. (¿Cuál es su especialidad?)
3. (Ser/Estar) ocupado y tiene poco tiempo para cocinar. (¿Qué come?)
4. (Ser/Estar) alérgico a alguna comida. (¿A qué?)
5. (Ser/Estar) cliente frecuente de restaurantes de comida rápida. (¿Cuáles?)
6. (Ser/Estar) pensando en comer en un restaurante esta noche. (¿Cuál?)
7. (Ser/Estar) interesado en la cocina de otros países. (¿Cuáles?)
8. (Ser/Estar) una persona sana. (¿Por qué se considera sano?)

¿Te gusta comer en restaurantes?

Comstock/Getty Images

3.18 **¿Qué opinas?** Con un compañero túrnense para completar las siguientes oraciones con la forma apropiada del verbo necesario. Luego digan su opinión y explíquen por qué.

1. La comida orgánica (ser / estar / haber) muy cara.
2. (Ser / Estar / Haber) muy buenos restaurantes en donde vivo.
3. Una dieta saludable debe (ser / estar / haber) basada en una variedad de comidas.
4. La carne (ser / estar / haber) la mejor fuente *(source)* de proteínas.
5. Una dieta sin carbohidratos (ser / estar / haber) mejor para la salud.
6. Hoy en día (ser / estar / haber) muchas personas que se fijan *(take notice)* en la calidad de los productos que consumen.
7. Algunas enfermedades pueden (ser / estar / haber) relacionadas con el consumo de la comida procesada.
8. El sodio y el azúcar (ser / estar / haber) muy malos para la salud y se deben eliminar por completo de la dieta.

3.19 **Avancemos** Con un compañero túrnense para describir las escenas. Contesten las preguntas usando los verbos **ser, estar** y **haber** cuando sea posible. Piensen en lo siguiente: ¿Quiénes son estas personas? ¿Cuál es su relación? ¿Dónde están? ¿Cómo son? ¿Cómo están? ¿Qué está pasando? ¡Sean creativos!

Cultura

La comida tradicional es parte importante de muchas culturas, pero hasta ahora la UNESCO solamente ha reconocido *(recognized)* a cuatro cocinas tradicionales como Patrimonio de la Humanidad. Se trata de las cocinas mediterránea, japonesa, francesa y mexicana. Fue precisamente la denominación de la cocina mexicana como Patrimonio de la Humanidad en el año 2010 lo que motivó a Perú a buscar este reconocimiento. En los últimos años los peruanos se han esforzado *(have made efforts)* en promover *(promoting)* su cocina a nivel *(level)* internacional y, como los otros países, debe comprometerse a proteger sus platillos tradicionales. Para protegerlos deben cuidar el cultivo de los ingredientes, la venta en mercados de abasto *(wholesale food markets)* y dar apoyo *(support)* para crear restaurantes pequeños y medianos.

Ceviche: comida tradicional peruana

La cocina tradicional peruana incluye una gran variedad de platillos que varían de región a región. Algunos de los ingredientes básicos incluyen muchas variedades de papas; hay más de dos mil variedades en Perú y Cuba. También se usan varios tipos de maíz, cebollas, ajíes *(peppers)* y especias de la región.

Investiga en Internet algunos de los platillos tradicionales más populares del Perú. Después comparte la información con la clase.

Comparaciones

¿En qué piensas cuando escuchas la palabra "café"? ¿Te imaginas un vaso desechable *(disposable)* que la gente bebe mientras conduce, o piensas en una taza humeante *(steaming)* que se bebe en compañía de un amigo? Tu respuesta probablemente depende de la cultura en la que vives.

En varios países hispanos la invitación a beber un café es una invitación a pasar tiempo charlando *(chatting)* con los amigos. En los restaurantes se conoce bien esta tradición y es común que los meseros llenen la taza de sus clientes una y otra vez (aunque en tiempos recientes, por cuestiones económicas, algunos cafés han limitado el servicio a dos tazas).

En una página de una red social muy popular se lanzó la pregunta "¿Qué es para ti tomar café?" Las siguientes fueron algunas de las respuestas.

"Muchas horas de charla con buenas amigas delante del mismo café".

"Para mí tomar un café es: acabar de comer y estar lista para el dulce... charlar con los amigos... empezar la digestión e ir a hacer la siesta [...]".

"¡El café! ¡es conversar... es poesía... es reconciliarme con el mundo!"

Además de ser un rito social muy popular, el café es un modo de vida para cientos de miles de personas involucradas *(involved)* en su producción y distribución... ¡Que viva el café!

¿Qué es para ti tomar café? En tu cultura ¿hay alguna comida o bebida que sea una excusa para hablar con amigos?

INVESTIGUEMOS LA MÚSICA

Busca la canción "Ojalá llueva café" del cantante dominicano Juan Luis Guerra en Internet. ¿Cómo se muestra al café de una manera diferente?

Conexiones... a la gastronomía

Pocos alimentos han sido tan importantes en la historia de la humanidad como el pan. Latinoamérica no es una excepción y tiene una rica tradición de elaboración *(making)* de panes. Muchos de estos panes se originaron en Europa pero cambiaron en los países latinoamericanos. El pan dulce es uno de los favoritos. Es probable que en muchos países haya una cesta *(basket)* con pan dulce para acompañar el desayuno o la cena. Entre las variedades de pan más conocidas están las conchas, los churros, las orejas *(heart-shaped puff pastry)*, los buñuelos *(fritters)* y los cuernos *(croissants)*, también llamados medias lunas.

El pan dulce acompaña la taza de café o té.

La tradición panadera llegó a América cuando los españoles trajeron el trigo *(wheat)* y el azúcar. A México llegaron unas 200 variedades de pan, pero con el tiempo se empezaron a producir más de mil variedades gracias a la influencia indígena y a la creatividad de los panaderos. La tradición del pan dulce es fuerte también en otros países hispanos, como Uruguay, donde se le conoce como bizcocho.

Desafortunadamente muchas panaderías están desapareciendo debido a la competencia de compañías que lo producen industrialmente. Además, hoy en día muchas personas creen que comer pan dulce es malo para la salud y prefieren evitarlo.

¿Has probado el pan dulce? ¿Qué es lo más parecido al pan dulce que se consume en los Estados Unidos? ¿Lo comes con frecuencia?

Comunidad

Elige un plato tradicional de un país hispano. Busca información sobre el origen, los ingredientes que se usan para prepararlo y cómo o cuándo se come. Después preséntale la información a la clase. Abajo hay una lista de platos tradicionales para ayudarte a seleccionar, o también puedes buscar comida tradicional de cada país en **Exploraciones del mundo hispano** en el **Apéndice A.**

- Alfajores
- Arepa
- Ceviche
- Chilaquiles
- Horchata
- Mole
- Pozole
- Pupusas
- Ropa Vieja
- Tostones

Una familia hace tamales de carne.

A analizar ▶

Salvador habla de la aparición de la comida chatarra en la dieta española. Después de ver el video, lee el párrafo y observa las expresiones en cursiva y los verbos en negrita. Luego, contesta las preguntas que siguen.

¿Cómo es la dieta en España?

Yo *creo* que la comida en España **es** saludable, en general, pero últimamente han aparecido tendencias nuevas. *No estoy seguro* de que estas tendencias **sean** buenas para la salud de los españoles porque ahora la gente come comida chatarra. *No creo* que **sea** bueno el comer hamburguesas o el pedir pizzas. *Pienso* que la gente **debe** volver a la comida tradicional, sobre todo a las sopas y los potajes. *No pienso* que la gente hoy en día los **coma** mucho.

—Salvador, España

1. Identify the verbs in bold that are in the subjunctive. Why was the subjunctive used?

2. Why was it not used in the other sentences?

INVESTIGUEMOS LA CULTURA

El potaje is a vegetable and legume-based stew seasoned with onion, garlic, tomato, pepper and, depending on the cook, egg, chorizo, meat, or spinach.

A comprobar

El subjuntivo con expresiones de duda

1. When expressing doubt or uncertainty about an action or a condition, you must use the subjunctive. The following are some common expressions of doubt that require the use of the subjunctive.

> (no) dudar que
> (no) negar (ie) que
> no creer que
> no parecer que
> no pensar (ie) que
> no suponer que
> no estar seguro(a) que
> no ser cierto/verdad/obvio/evidente que

> **Dudo que tenga** muchas calorías.
> *I doubt that it has a lot of calories.*

> **No pienso que sea** una buena idea.
> *I don't think that it is a good idea.*

¡OJO! The expressions **negar** *(to deny)* and **dudar** *(to doubt)* always require the subjunctive; however, there is some variation in the use of **no negar** and **no dudar.** With these expressions, some speakers will use the subjunctive (indicating a margin of doubt) or the indicative (indicating certainty), depending upon their intention.

2. When using the following expressions to affirm a belief or to express certainty, you must use the indicative.

constar que	*to be apparent (having witnessed something)*
creer que	*to believe that*
parecer que	*to seem that*
pensar (ie) que	*to think that*
suponer que	*to suppose that*
estar seguro(a) de que	*to be sure that*
ser cierto/verdad/ obvio/evidente que	*to be certain/true/obvious/ evident that*

> **Creo que** la carne **tiene** mucha grasa.
> *I believe that the meat has a lot of fat.*

> **Es obvio que** les **gustan** los tamales.
> *It is obvious that they like the tamales.*

When using the verb **constar,** the indirect object will indicate the person to whom something is evident while the verb will generally be conjugated in the third person singular form. When expressing an opinion, it is also very common to use the indirect object pronoun with the verb **parecer.**

Al médico **le consta** que no comen lo suficiente.
The doctor is certain (because he has seen it with his own eyes) *that they don't eat enough.*

Me parece que es una dieta saludable.
It seems to me *that it is a healthy diet.*

3. When using the verbs **pensar, creer,** and **parecer** in a question, it is possible to use the subjunctive in the dependent clause as you are not affirming a belief.

¿Crees que sea muy picante?
Do you think *it **is** very spicy?*

¿Te parece que haya suficiente comida?
Does it seem (to you) that there is *enough food?*

4. The following words and phrases are used to express possibility. Because they express doubt rather than an affirmation, they should be followed by a verb in the subjunctive.

posiblemente	*possibly*
puede (ser) que	*it might be*
quizá(s)	*maybe*
tal vez	*maybe*

Tal vez *Jorge* **deba** ponerse a dieta.
Maybe *Jorge* ***should*** *go on a diet.*

Puede ser que no **consuma** suficientes calorías.
It might be *that he doesn't* ***consume*** *enough calories.*

A practicar

3.20 **¿Estás de acuerdo?** Lee los siguientes comentarios que los estudiantes del profesor Medina hicieron en su clase de nutrición. Decide si estás de acuerdo o no y explica por qué.

1. Matilde: No creo que la comida chatarra sea tan mala como todos dicen.
2. Uriel: Me parece que muchos de los productos procesados contienen demasiado sodio.
3. Gerardo: Pienso que las comidas orgánicas son mejores.
4. Nuria: No dudo que muchos restaurantes sirvan porciones demasiado grandes.
5. Sandra: Puede ser que el agua embotellada tenga tantos contaminantes como el agua del grifo (*faucet*).
6. Lorenzo: Supongo que una persona vegetariana puede tener una dieta poco saludable.

3.21 **Oraciones incompletas** Completa las siguientes oraciones, expresando tus ideas sobre la comida. **¡OJO!** Atención al uso del indicativo y del subjuntivo.

Modelo Supongo que los restaurantes (tener) que…
Supongo que los restaurantes tienen que servir una variedad de comidas.

1. Tal vez los supermercados (poder)…
2. No creo que los niños (enfermarse) por comer…
3. Pienso que mi dieta (ser)…
4. Dudo que un buen cocinero (usar)…
5. Quizás alguien que quiere bajar de peso (deber) comer…
6. Me parece que una dieta saludable (consistir) en…

3.22 **La nutricionista** Rubén y Alejandro son atletas en el equipo de remo y quieren mejorar la salud. Hablan con su entrenadora para saber cómo hacerlo. Completa la conversación con la forma apropiada del indicativo o del subjuntivo del verbo entre paréntesis.

Rubén: Señora, ¿cree que nosotros (1) _____ (poder) perder
                5 kilos sanamente antes de la próxima competencia?

Entrenadora: Estoy segura de que (2) _____ (ser) posible, pero van a tener
                que cambiar su forma de comer. Supongo que ustedes, como muchas
                personas, (3) _____ (consumir) comida rápida y comida chatarra
                con frecuencia.

Alejandro: Sí, es cierto, pero no creo que nosotros (4) _____ (tener)
                muchas opciones porque los dos estamos muy ocupados y es más
                fácil comprar comida rápida.

Entrenadora: No dudo que ustedes (5) _____ (estar) ocupados, pero quizá
                (6) _____ (poder) encontrar tiempo durante el fin de semana
                para preparar comida para la semana.

Alejandro: No pienso que yo (7) _____ (ir) a querer comer en casa todos
                los días. Me encanta salir a restaurantes.

Entrenadora: Tal vez ustedes (8) _____ (deber) limitarse a comer comida
                rápida una vez a la semana. También pienso que (9) _____
                (poder) comer más fruta, ya que no se necesita tiempo para prepararla.

Alejandro: Me parece una buena solución.

3.23 **¿Qué crees?** Decide si son ciertas o no las siguientes oraciones. Luego habla con un compañero y usen las expresiones de duda para expresar sus creencias *(beliefs)*. Expliquen por qué. **¡OJO!** Usen el presente del subjuntivo solo si tienen duda.

Modelo Beben mate en Nicaragua.
        Estudiante 1: *Dudo que beban mate en Nicaragua porque es una bebida argentina.*
        Estudiante 2: *Estoy de acuerdo. Me parece que solo beben mate en Argentina y Uruguay.*

1. En El Salvador se sirven tacos con frecuencia.
2. Las papas forman una parte importante de la dieta boliviana.
3. En Perú se puede encontrar quinoa fácilmente.
4. Hay muchos vegetarianos en Argentina.
5. La comida más importante en Chile se tiene por la noche.
6. Se comen muchos mariscos en la República Dominicana.
7. Se preparan tamales en Guatemala.
8. La comida española es picante.

La quinoa es un grano muy nutritivo.

¿Qué te parece? Trabaja con un compañero. Miren los dibujos y describan cada situación. Luego expresen sus opiniones usando expresiones de duda y certeza y el presente del subjuntivo o del indicativo, según la expresión.

 Avancemos Con un compañero van a planear una cena para cuatro personas.

Paso 1 Haz una lista de cuatro personas a quienes quieres invitar a una cena y escribe las restricciones o preferencias alimenticias para cada uno (si no las sabes, invéntalas). Luego tu compañero y tú deben compartir sus listas y decidir los cuatro a quiénes van a invitar, dos de cada lista.

Paso 2 Expresen sus opiniones sobre lo que deben servir, tomando en consideración las restricciones y preferencias de los invitados.

Paso 3 Repórtenle a la clase a quiénes van a invitar, lo que van a servir y por qué.

▶ Video-viaje a...
Perú

Antes de ver

Machu Picchu, una ciudad de más de 500 años de antigüedad, recibe miles de visitantes cada día. Es un lugar mágico que atrae a turistas de todas partes del mundo y es una buena fuente económica para los habitantes de la zona.

3.26 ¿Ya sabes?

1. Perú está en _____.
   - ☐ El Caribe
   - ☐ Centroamérica
   - ☐ Sudamérica
   - ☐ Norteamérica

2. ¿Cierto o falso?
   - **a.** Machu Picchu fue construida por los incas.
   - **b.** El explorador español Vasco Nuñez de Balboa descubrió Machu Picchu en 1911.

3. ¿Qué tradición, imagen o persona asocias con Perú?

3.27 Estrategia

One way to prepare to watch a video segment is to familiarize yourself with the questions you will answer after viewing. Look at the questions in activity 3.28. Before you watch the video, use these questions to create a short list of the information you need to find.

Al ver

3.28 **Escoge** Mira el video y escoge la respuesta correcta.

1. Machu Picchu está a 2438 metros de altura en _____.
   - **a.** los Andes
   - **b.** la Sierra Nevada
   - **c.** el Amazonas
2. En 1911 el explorador _____ Hiram Bingham descubrió la ciudad.
   - **a.** peruano
   - **b.** argentino
   - **c.** estadounidense
3. Al principio (*In the beginning*) _____ llegaron a Machu Picchu.
   - **a.** muchos peruanos
   - **b.** pocos turistas
   - **c.** algunos científicos
4. Algunas personas piensan que _____ sufre a causa del turismo.
   - **a.** el medio ambiente
   - **b.** la economía
   - **c.** la gente

3.29 **Escribe** Completa las oraciones con la respuesta correcta.

1. Machu Picchu se conoce como la "_____ perdida" de los incas.
2. Llegar a Machu Picchu es muy _____.
3. En Aguas Calientes los turistas pueden tomar los _____ para llegar a Machu Picchu.
4. La gente de _____ vive exclusivamente del dinero del turismo.

Después de ver

3.30 **Expansión**

Paso 1 Mira la sección sobre Perú en **Exploraciones del mundo hispano** y lee **Investiga en Internet**. Escoge uno de los temas que te interese.

Paso 2 Busca información en Internet. Debes tener dos o tres fuentes (*sources*).

Paso 3 Usando la información que encontraste en Internet, escribe un resumen de 3-5 oraciones en español. Comparte la información con tus compañeros.

Vocabulario útil

la actitud *attitude*
la altura *height*
el ambiente *atmosphere*
la antigüedad *age (of an object)*
la cima *summit*
los escalones *steps*
perdido(a) *lost*
el punto de vista *point of view*
el ruido *noise*
sereno(a) *serene*

A analizar ▶

Marcos habla de cómo se debe portar *(behave)* la gente a la mesa. Después de ver el video, lee el párrafo y observa los verbos en negrita y las expresiones que están antes. Luego contesta las preguntas que siguen.

Si uno está invitado a la casa de alguien para comer, ¿qué se debe saber?

Creo que algo muy importante en los países hispanos son los modales a la mesa *(table manners)*. Es muy importante que todas las personas sepan usar los modales y se comporten bien a la mesa. Desde pequeños nos enseñan sobre los modales. Por ejemplo, a mi papá *le disgusta* mucho que nosotros **pongamos** los codos sobre la mesa. Tenemos que tener los brazos sobre la mesa, pero de la mitad del brazo para abajo, el codo nunca puede estar sobre la mesa. Y a mi mamá *le frustra* que nosotros **hagamos** ruido cuando masticamos *(chew)*. Mi mamá siempre *está feliz* de que **usemos** muy bien todos los cubiertos, y de que no **hagamos** ruido a la mesa. No le gusta que **hablemos** con la boca llena, le alegra que **comamos** con la boca cerrada. Pero cuando estamos a la mesa y estamos comiendo, me frustra que mi mamá a toda hora **esté observándonos**.

—Marcos, Argentina

1. What is the form of the verbs in bold?
2. What do the expressions before the verbs in bold have in common?

A comprobar

El subjuntivo con expresiones de emoción

1. When expressing an emotion or feeling about something, it is necessary to use the subjunctive if the subject in the second clause is different from the subject in the first clause. As with the other uses of the subjunctive you have learned, the verb in the main clause is in the indicative, and the verb in the second (dependent) clause is in the subjunctive.

main clause		dependent clause
Me alegra	que	mis hijos **coman** bien.
El doctor tiene miedo de	que	su paciente no **siga** su dieta.

2. The following are some common ways to express emotions:

> **estar contento (triste, frustrado, preocupado,** etc.) **de** *to be pleased; to be content (sad, frustrated, worried, etc.)*
> **sentir (ie)** *to be sorry, to regret*
> **temer** *to fear*
> **tener miedo (de)** *to be afraid (of)*

> **Siento** que no **haya** más sopa.
> *I am sorry that there **isn't** any more soup.*

> **Están cansados de** que su doctor les **prohíba** el sodio.
> *They are tired of their doctor **forbidding** them sodium.*

> **INVESTIGUEMOS LA GRAMÁTICA**
>
> The reflexive verb **sentirse** means *to feel* and is used with an adverb or an adjective. This would also require the subjunctive if there are two subjects.
>
> **Me siento bien de que** la familia **esté comiendo** más saludable ahora.
> *I **feel good** that the family **is eating** healthier now.*

3. The following verbs are used with an indirect object pronoun to express an emotion or a reaction:

alegrar	*to make happy*
asustar	*to scare*
disgustar	*to dislike, to upset*
emocionar	*to thrill, to excite*
encantar	*to love*
enojar	*to make angry*
frustrar	*to frustrate*
gustar	*to like*
importar	*to be important*
molestar	*to bother*
parecer bien/mal	*to seem good/bad*
preocupar	*to worry*
sorprender	*to surprise*

In **Exploraciones gramaticales 1** you learned that the expression **me parece** does not require the subjunctive because it affirms a belief. Notice that when using **me parece bien/mal** you need to use the subjunctive because it expresses an opinion.

> **Me parece que** tiene mucha grasa.
> *It seems as though it has a lot of fat.*

> **Me parece bien que** no tenga mucha azúcar.
> *It seems good (a good idea) to me that it doesn't have a lot of sugar.*

¡OJO! You must use the personal **a** if you identify the indirect object.

> A la gente **le encanta** que el nuevo producto **tenga** más proteína.
> *The people **love** that the new product **has** more protein.*

> A su madre **le preocupa** que ellos no **coman** suficientes cereales.
> *Their mother **worries** that they don't **eat** enough grains.*

4. If there is only one subject, the **que** is not necessary and the infinitive is used with the expression of emotion rather than the subjunctive.

> **Sentimos no poder** asistir a la cena.
> *We regret not being able to attend the dinner.*

> **Me sorprende ver** cuántos productos tienen mucha azúcar.
> *It surprises me to see how many products have a lot of sugar.*

INVESTIGUEMOS LA GRAMÁTICA

Verbs that express an emotion such as **alegrar, asustar, emocionar, enojar, frustrar, preocupar,** and **sorprender** can be used with the pronoun **se** (conjugated like a reflexive verb) to indicate that one feels a particular emotion. They must be used with the preposition **de** and will require the subjunctive if there are two subjects.

Se alegra de que haya una buena selección de frutas.
She is happy that there is a good selection of fruit.

A practicar

3.31 **¿De dónde es?** Algunos estudiantes latinoamericanos están estudiando en los Estados Unidos y hablan de sus preferencias en una reunión. Lee sus reacciones ante la comida e identifica de dónde son.

Argentina	Cuba	El Salvador	España	México	Perú

1. Laura: A mí no me gusta que a veces me sirvan comida sin carne de res *(beef)*.
2. Nuria y Humberto: Nos emociona que vayan a abrir un nuevo restaurante de tapas.
3. Vanesa: Me gusta que me den tortillas de harina con mi comida.
4. Yenisleidys: Me encanta que algunos restaurantes tengan mariscos frescos.
5. Alberto: Me sorprende que no haya mucha variedad de papas en los Estados Unidos.
6. Fernando y Violeta: Nos frusta que muchas personas no conozcan las pupusas.

3.32 Preferencias Completa las siguientes oraciones con la forma apropiada del verbo entre paréntesis. **¡OJO!** Algunos verbos deben estar en el subjuntivo y otros en el infinitivo.

1. A Jorge le gusta que la comida _____ (ser) muy picante.

2. A Paola le parece bien que la etiqueta _____ (dar) la información nutricional.

3. A Gustavo le preocupa que el chef _____ (preparar) la comida con mucha sal.

4. A Rosaura no le gusta _____ (comer) muchos carbohidratos.

5. A Daniela le molesta que las tiendas _____ (vender) tanta comida chatarra.

6. A Ernesto no le importa _____ (consumir) muchas calorías.

7. A Cynthia le disgusta _____ (cocinar) con mucha grasa.

8. A los niños les encanta que los postres _____ (tener) chocolate.

3.33 ¿Cómo reaccionan? En un programa de televisión hablan sobre nutrición. Imagina la reacción de las personas de la audiencia y explica por qué reaccionan así. Luego expresa tu reacción. Usa los siguientes verbos:

alegrar   asustar   enojar   disgustar emocionar encantar   frustrar
gustar   importar   molestar   preocupar sorprender parecer bien/mal

Modelo En muchos restaurantes en los Estados Unidos sirven porciones muy grandes.
(un mesero)
Al mesero le encanta que sirvan porciones muy grandes porque la comida cuesta más, y así gana más de propina.
A mí me gusta que sirvan porciones grandes porque llevo parte de la comida a casa para comerla más tarde en la semana.

1. La comida chatarra cuesta menos que la comida saludable. (una madre)

2. Los supermercados venden más productos orgánicos. (un científico)

3. Hay mucho sodio en la comida procesada. (un doctor)

4. El chocolate oscuro *(dark)* es bueno para la salud. (un niño)

5. Más restaurantes están comprando productos locales. (un granjero *[farmer]*)

6. La información nutricional de los alimentos no siempre dice la verdad. (un nutricionista)

7. Los restaurantes tienen que informar de las calorías, grasas y sodio de todos sus platillos. (un dueño *[owner]* de un restaurante)

8. Los puestos ambulantes de comida son peligrosos. (el dueño de un puesto ambulante)

¿Es cierto que la comida chatarra cuesta menos que la comida saludable?

3.34 **¿Te gusta o no?** Con un compañero hablen de sus gustos. Si no tienes preferencias, siempre puedes usar la expresion: **Me da igual.** Deben explicar por qué.

Modelo una bebida—tener mucha azúcar

Estudiante 1: *No me gusta que una bebida tenga mucha azúcar porque soy diabético.*
Estudiante 2: *A mí tampoco me gusta que una bebida tenga mucha azúcar porque no me gustan las bebidas muy dulces. / Me da igual que una bebida tenga mucha azúcar o no.*

1. la comida
   a. ser muy picante
   b. tener mucha grasa
   c. estar enlatada

2. un restaurante
   a. servir porciones muy grandes
   b. cobrar *(to charge)* por volver a llenar *(to fill)* el vaso
   c. no tener una barra de ensaladas

3. los cocineros
   a. cocinar con mucha sal
   b. usar productos orgánicos
   c. poder preparar platos que no están en el menú

4. un supermercado
   a. vender verduras y frutas locales
   b. ofrecer clases de cocina y nutrición
   c. mandarles un volante *(flyer)* con ofertas a los clientes

 3.35 **En el recreo** Con un compañero miren la escena frente a un colegio y túrnense para explicar lo que pasa y las reacciones de las diferentes personas.

Modelo *Sofía quiere que Gabi le dé unas papas fritas, pero a Gabi le molesta que su amiga se las pida.*

 3.36 **Avancemos** Con un compañero van a decidir qué aspectos de comer saludablemente les importan.

Paso 1 Hoy en día se habla mucho sobre la importancia de comer saludablemente. Escribe una lista de 10 hábitos que en tu opinión son importantes en una dieta saludable. Piensa en lo que deben comer y en lo que no deben comer, cuándo comerlo y cómo.

Paso 2 Compara tu lista con la de un compañero. Luego hablen de los puntos que más les importan y escojan los cinco más importantes para ti y para tu compañero. Compartan sus listas con la clase y expliquen por qué les importan los puntos.

Lectura

Reading Strategy: Guessing meaning from context

When you come across a word you do not know that is not a cognate, try using context to guess the meaning of the word; in other words, use the text around the word to help you determine what it might mean. Consider the following sentence: **Muchas personas le agregan azúcar a su café.** Using the words in the rest of the sentence that you know, what to you think the word **agregan** means?

Antes de leer

1. ¿Por qué piensas que la gente prefiere comer con otras personas?

2. ¿Por qué la gente se reúne para hacer una barbacoa? ¿Qué asocias con una barbacoa?

A leer

La comida y los valores culturales

Cuando se habla de comida, se habla de prácticas que identifican a cada cultura. Podemos aprender mucho de una sociedad visitando sus mercados. También podemos aprender sobre los valores de una cultura. Por ejemplo, en muchos países hispanos la idea de comer mientras se maneja un automóvil es **extraña**. En estas culturas comer es socializar, empezando por las comidas con la familia, tan importantes para muchos. Otros ejemplos típicos de prácticas culturales basadas en la comida son el caso de la yerba mate en Argentina y Uruguay, el tapeo en España, o la hora del café en muchas naciones latinoamericanas: son prácticas que reúnen a los amigos. A continuación explicamos con más detalle dos de estas tradiciones.

strange

La yerba mate

La yerba mate, de gran consumo en Argentina y Uruguay, es una bebida que se comparte con los amigos. Implica tomar tiempo para salir del **ajetreo** de cada día y **pasar un rato** agradable entre amigos. En Argentina es más común beberla según la tradición: en una taza hecha de la piel de **calabazas** y con una **bombilla**. En Uruguay muchas personas prefieren llevar su mate en un termo y lo beben a lo largo del día.

bustle
spend time
gourds / straw

Una variación fría del mate menos conocida es una bebida llamada tereré, popular en Paraguay, el norte de Argentina y parte de Brasil. Desde el 2010 es considerada patrimonio cultural de Paraguay. Este té tradicional se bebe a todas horas en Paraguay. Cuando se bebe durante el día se le agregan algunas hierbas refrescantes o medicinales. En ese caso, se conoce como "yuyo" y lo venden las "yuyeras", mujeres que caminan por las calles ofreciendo el té en sus diferentes versiones.

Implementar Films/Alamy Stock Photo

El tapeo

Las tapas es el nombre de un grupo de bocados o aperitivos que se sirven en España. Algunos ejemplos de tapas son **aceitunas,** mariscos y tortilla española. Las tapas se sirven para acompañar las bebidas y en algunas ciudades españolas se pueden encontrar lugares donde la tapa es **gratis** con el pago de la bebida.

olives

free

Hay muchas explicaciones del origen de las tapas, algunas románticas y muy antiguas. Según una versión, la tradición empezó como una idea para vender más, porque al servirle comida salada a los **comensales**, sienten sed y consumen más bebidas. Otra explicación es que antes se acostumbraba **tapar** las bebidas con un plato para protegerlas de los insectos, y en este plato se ponían pequeñas raciones de comida para acompañar las bebidas. La mayoría de las explicaciones sobre el origen de las tapas vienen de la **Edad Media**. Independientemente de su origen, el tapeo es de gran importancia cultural en España: es un momento para reunirse con los amigos.

guests at the table

cover

Middle Ages

Las tapas que se sirven en España varían de región a región.

Comprensión

1. ¿Cuáles son tres países donde se bebe mate?
2. ¿Qué se necesita para beber mate?
3. ¿Qué es una tapa?
4. ¿Cuál es una versión del origen de las tapas?

Después de leer

1. ¿Sabes qué comidas o bebidas se consideran patrimonio cultural de tu país o de tu región?
2. ¿Qué alimentos puedes nombrar que tienen importancia social?
3. ¿Hay en tu cultura algún equivalente social a beber mate o tapear?

3.37 **Un buen restaurante** Completa las oraciones para expresar tus opiniones sobre un restaurante que te gusta. ¡OJO! Atención a los usos de **ser, estar** y **haber.**

1. El mejor restaurante está...
2. Los meseros del restaurante son...
3. Uno de los mejores platos del restaurante es...
4. En el restaurante siempre hay...
5. Los clientes del restaurante están...
6. Nunca hay...

3.38 **Dieta estricta** Completa el párrafo con la forma necesaria de los verbos entre paréntesis. ¡OJO! Atención al uso del subjuntivo, indicativo e infinitivo.

A los Valdez no les gusta que su hijo Édgar (1) _____ (comer) comida chatarra. Creen que él solo (2) _____ (deber) comer comida saludable. A Édgar le molesta que sus padres nunca le (3) _____ (comprar) dulces y que no le (4) _____ (permitir) los postres. Esta noche tal vez (5) _____ (cenar) en casa de su amigo Jorge. Jorge piensa que (ellos) (6) _____ (ir) a cenar pizza y está seguro de que (7) _____ (haber) helado como postre. Édgar duda que sus padres le (8) _____ (dar) permiso, y le sorprende que (ellos) le (9) _____ (decir) que sí. Está feliz de _____ (poder) cenar con su amigo.

3.39 **El almuerzo** Expresa tus opiniones sobre las siguientes ideas usando una expresión de duda o de emoción.

Modelo Hay mucho ruido (noise) en la cafetería.
No es cierto que haya mucho ruido en la cafetería. / Me molesta que haya mucho ruido en la cafetería.

1. Mis amigos siempre comen conmigo.
2. En la escuela no hay mucho tiempo para almorzar.
3. La cafetería sirve comida saludable.
4. En la cafetería las porciones son grandes.
5. Podemos comer afuera (outside).
6. Hay restaurantes cerca de la escuela donde podemos comer.

3.40 **Comiendo con amigos** Trabajen en grupos de tres. Cada uno va a escoger una foto y describirla con mucho detalle. Su descripción debe incluir respuestas a las siguientes preguntas: ¿Dónde están? ¿Por qué? ¿Cómo están? ¿Qué comen? ¿Cómo es la comida?

3.41 **Opiniones** En parejas expresen sus opiniones sobre las siguientes ideas. Luego van a decidir si están de acuerdo o no.

Es importante...

1. comer en familia.
2. comprar comida local.
3. evitar la comida chatarra.
4. tener una dieta baja en carbohidratos.
5. desayunar todos los días.

3.42 **¡A comer!** En grupos de tres o cuatro estudiantes van a decidir dónde van a comer.

Paso 1 Piensa en un restaurante que te guste y escribe una lista de los detalles del restaurante, incluyendo lo siguiente: qué tipo de restaurante es, dónde está, cómo es la comida, cómo son los empleados y el ambiente, cuál es su plato preferido, por qué les gusta, etcétera.

Paso 2 Forma un grupo con dos o tres otros compañeros. Es importante que todos tengan diferentes restaurantes. Cada estudiante debe mencionar algo que le importa al escoger un restaurante (precio, comida, ubicación [location], etcétera). Luego cada uno debe proponer su restaurante, dando una descripción con la información que generó antes y explicando por qué deben ir a comer allí.

Paso 3 Considerando lo que es importante para todos, decidan en cuál de los restaurantes van a comer. Luego compartan su decisión con la clase y explíquenle por qué decidieron comer allí.

En vivo ◀))

Entrando en materia

¿Cómo describirías *(would you describe)* la comida o la dieta en los Estados Unidos? ¿Hay platos comunes que se comen en todo el país?

◀)) Los hábitos alimenticios en España

Salvador va a hablar de los hábitos alimenticios en España. Antes de escucharlo, copia la tabla en una hoja de papel y habla con un compañero para completar la información sobre los Estados Unidos. Después de consultar el **Vocabulario útil**, escuchen el audio y completen la información de la tabla sobre España. Luego comparen sus apuntes.

	Estados Unidos	**España**
Los platos servidos en la comida principal del día		
Las otras comidas y costumbres asociadas con ellos		

Vocabulario útil

aderezarse	*to dress (a salad)*	**el bollo**	*pastry*	**la torta**	*cake*
		suele	*usually*	**el vinagre**	*vinegar*

Comprensión

Decide si la oración es cierta o falsa. Corrige las oraciones falsas.

1. La comida española es muy similar a la comida mexicana.
2. La ensalada española se adereza con aceite, vinagre o limón.
3. La gente hornea muchos postres en España.
4. La cena suele ser entre las dos y las tres de la tarde.
5. No se bebe mucho café en España.

Más allá

Escoge un país hispanohablante e investiga en Internet la información que se pide en la tabla de esta página. Repórtale la información a la clase.

En España las tapas son populares.

La alimentación

el alimento	food		las legumbres	legumes
las calorías	calories		los mariscos	seafood
los carbohidratos	carbohydrates		el mate	a tea popular in Argentina and other South American countries
los cereales	grains			
el colesterol	cholesterol			
la comida chatarra	junk food		la merienda	light snack or meal
la dieta	diet		las proteínas	proteins
la fibra	fiber		el sabor	flavor
la grasa	fat		el sodio	sodium
las harinas	flour		el (la) vendedor(a) ambulante	street vendor
los lácteos	dairy		las vitaminas	vitamins

Medidas para comprar productos

la bolsa	bag		la lata	can
la botella	bottle		la libra	pound
el frasco	jar		el litro	liter
el gramo	gram		el paquete	packet, box
el kilo	kilo			

Adjetivos

congelado(a)	frozen		magro(a)	lean
descremado(a)	skimmed		rico(a)	delicious
dulce	sweet		picante	spicy
embotellado(a)	bottled		salado(a)	salty
enlatado(a)	canned		saludable	healthy (food, activity)
fresco(a)	fresh		vegetariano(a)	vegetarian

Verbos

adelgazar	to lose weight		freír (i)	to fry
alegrar	to make happy		frustrar	to frustrate
asar	to grill		hornear	to bake
asustar	to scare		importar	to be important
aumentar	to increase		limitar	to limit
constar	to be apparent (having witnessed something)		molestar	to bother
			negar (ie)	to deny
consumir	to consume		parecer (bien/mal)	to seem (good/bad)
disfrutar	to enjoy		pensar (ie)	to think
disgustar	to dislike, to upset		ponerse a dieta	to put oneself on a diet
dudar	to doubt		preocupar	to worry
eliminar	to eliminate		probar (ue)	to taste
emocionar	to thrill, to excite		reducir	to reduce
encantar	to love		sentir (ie)	to be sorry, to regret
engordar	to gain weight		sorprender	to surprise
enojar	to make angry		suponer	to suppose
evitar	to avoid		temer	to fear

Expresiones adicionales

posiblemente	possibly		ser (cierto/ verdad/obvio/evidente)	to be (certain/true/ obvious/evident)
puede (ser) que	it might be			
quizá(s)	maybe		tal vez	maybe

Literatura

Hjalmar Flax

Biografía

Hjalmar Flax (1942–) es un poeta puertorriqueño. Al terminar sus estudios de literatura estudió para ser abogado en la Universidad de Puerto Rico y ejerció esta profesión por muchos años. Sin embargo, él considera que la poesía es su vocación y ha escrito nueve libros de poesía, además de ensayos y artículos. Ha recibido premios del Instituto de Literatura Puertorriqueña, del PEN Club de Puerto Rico y del Instituto de Cultura Puertorriqueña. Entre los temas en las obras de Flax están la memoria, la soledad *(solitude)* y el amor.

Hjalmar Flax, ADÁL, 2015

Investiguemos la literatura: La imaginería

When an author uses words or phrases to to create "images" in the reader's mind it is known as imagery. The figurative language can appeal not only to the reader's sense of sight, but also to his or her sense of smell, sound, taste and touch.

Antes de leer

 En parejas comenten las siguientes preguntas.

1. ¿Te gusta tomar café o té caliente? ¿Cuándo empezaste a tomarlo? ¿Por qué (no) te gusta? ¿Lo tomas con crema o azúcar? ¿Normalmente comes algo cuando lo bebes?

2. Muchas personas tienen ritos *(rituals)* con alguna comida o bebida. ¿Hay algún proceso que siempre sigues con una comida o bebida en particular?

3. ¿Conoces una persona con quien asocies cierta comida o bebida? ¿Por qué la asocias con esa persona?

Sobrecitos° de azúcar

Packets

(para Ángela)

you gather
shake
all at once

Recuerdo cómo **juntas** tres,
cómo los **sacudes** (suave sonido),
cómo los abres **de un tirón**
y haces llover azúcar en tu taza de café.

5   Aprendí a juntarlos,
a sacudirlos (suave sonido),
a abrirlos de un tirón
y hacer llover azúcar en mi taza de café.

Hoy, en este lugar que te conoce,
10 los sacudo, uno a uno.
Oigo el suave sonido.

sweeten

Miro llover azúcar que no **endulza**
el suave son ido de tu ausencia.

Hjalmar Flax, "Sobrecitos de azúcar," from *Abrazos partidos y otros poemas*. Reproduced with permission of the author.

Después de leer

A. Comprensión

1. ¿Qué hace la persona antes de tomar su taza de café?

2. Al final del poema, ¿qué emoción siente la persona? ¿Por qué?

3. ¿Dónde hay ejemplos de la imaginería?

4. En este poema, hay un "tú" y un "yo" (la persona que habla). ¿Cuáles son las palabras que nos permiten llegar a esta conclusión?

5. ¿Piensas que la persona que se describe como "tú" cambiaba su rito para preparar el café de vez en cuando? ¿Por qué?

6. La poesía a veces se puede interpretar de distintas maneras. En tu opinión, ¿qué relación (novios, esposos, hijo(a) y madre / padre, mejores amigos) existía entre el "tú" y el "yo" del poema? ¿Por qué piensas esto? ¿Qué palabras en el poema apoyan tus ideas?

7. Basándose en la misma relación que eligieron en la pregunta 6, ¿piensas que la relación terminó bien? ¿Dónde está el "tú" ahora? ¿Por qué piensas esto?

B. Conversemos

1. ¿Hay ritos así de definidos en tu vida? ¿Cómo o de quiénes aprendiste estos ritos? ¿Qué valor personal tiene el compartir estos ritos con otra(s) persona(s)?

2. Haz una lista de unos ritos o prácticas que existen en nuestra sociedad. Después comparte tu lista con las de los otros compañeros. ¿Tienen ritos o prácticas en común?

iStockphoto.com/&#169 Leah-Anne Thompson

Estrategia para avanzar

Narrating a sequence of events in a second language, whether in the present, past, or future, can prove challenging. You need to master not only different verb tenses, but also adverbs of time and frequency as well as transitional phrases. To practice narration in the past or future, you might keep a journal to recount your day and/or plan the next day.

In this chapter you will learn how to:

- Discuss and analyze the role of historical figures from different perspectives
- Narrate and describe past events with more accuracy

Héroes y villanos

Hay muchos grupos de voluntarios que son héroes de sus comunidades.

Los padres de Francisco lo llevaron a conocer las ruinas mayas de Tikal, al norte de Guatemala cuando tenía siete años. En ese momento Francisco supo que quería ser capaz *(capable)* de responder todas las preguntas que tuvo en ese momento acerca de esta gran civilización. Francisco cumplió su sueño y ahora ayuda a los descendientes de los mayas a reconectarse con su pasado glorioso y aprender de él para mejorar sus vidas.

Vocabulario útil

cavar   *to excavate*
fundado(a)   *founded*
el saqueador   *looter*
el sitio   *site*

Los nombres de los sitios arqueológicos Holmul y Cival son muy importantes en la carrera de Francisco Estrada-Belli. Holmul fue una de las ciudades mayas habitadas por más tiempo, desde el año 800 a.C. hasta 800 d.C. El sitio de Holmul fue descubierto en 1911, pero no fue investigado a fondo *(in depth)*. En el año 2000 un grupo arqueológico de la Universidad de Boston, dirigido por Francisco Estrada-Belli, empezó a explorarlo a fondo.

Cerca de esta zona, Estrada-Belli descubrió en 2001 una ciudad perdida: Cival, una de las primeras ciudades que construyeron los mayas y en la que podrían haber vivido *(could have lived)* hasta diez mil personas. Este descubrimiento ha sido una de las mejores experiencias de su carrera, y una gran contribución para entender el pasado maya. Una de las cosas más sorprendentes de Cival es que sobrevivió a las excavaciones de saqueadores. Si los saqueadores hubieran cavado un poco más, Cival se habría perdido para siempre *(would have been lost forever)*. Esto le recuerda al Dr. Estrada-Belli que los sitios arqueológicos son muy frágiles.

Uno de los proyectos más importantes de este explorador es la Iniciativa Arqueológica Maya, una organización sin ánimo de lucro *(non-profit)*. La fundación tiene el objetivo de proteger y mejorar el norte de Guatemala. Además de proteger los sitios arqueológicos, ayudan a mejorar la vida de las comunidades de esta zona de Guatemala.

Francisco Estrada-Belli nació en Roma, en Italia. Allí estudió la licenciatura en antropología y arqueología. Más tarde consiguió un doctorado en arqueología de la Universidad de Boston. Ha escrito varios libros acerca de la civilización maya, en particular de dos sitios arqueológicos en Guatemala que ayudó a redescubrir: Holmul y Cival.

EN SUS PALABRAS

"Ojalá la gente y los gobiernos donaran dinero para investigaciones arqueológicas porque la arqueología no es un lujo. Entender el pasado es una necesidad para que la humanidad entera pueda vivir en paz *(peace)*."

4.1 Comprensión

1. ¿Cuándo supo Francisco Estrada-Belli cuál era su vocación?
2. ¿Qué civilización estudia y en qué país?
3. ¿Qué ciudad maya empezó a estudiar en el año 2000?
4. ¿Qué descubrió en 2001?
5. ¿Cuál es la misión de la Iniciativa Arqueológica Maya?

4.2 A profundizar Investiga cuáles son algunos de los proyectos que la Iniciativa Arqueológica Maya ha hecho, y cuáles planea para el futuro.

4.3 ¡A explorar más! ¿Qué otras grandes civilizaciones vivieron en todo el continente americano? Elige una e investiga dónde vivieron, cuándo y cuáles fueron sus logros. Luego comparte la información con la clase.

¿Son héroes o villanos?

1 Cristóbal Colón
2 Rigoberta Menchú
3 General Francisco Franco
4 Ellen Ochoa
5 Óscar Arias
6 Eva Perón

La historia y la política

la Conquista   the Conquest
el (la) criminal   criminal
la democracia   democracy
el derecho   legal right
la derrota   defeat
el desarrollo   development
la dictadura   dictatorship
el ejército   army
las elecciones   elections
la estabilidad   stability
la ética   ethics
el fortalecimiento   strengthening
el gobierno   government
el golpe de estado   coup d'état
el héroe   hero
la heroína   heroine
la injusticia   injustice
la justicia   justice

la ley   law
el (la) líder   leader
el liderazgo   leadership
la nacionalización   nationalization
el país   country
el partido (político)   (political) party
el pueblo   people / nation
el valor   bravery
el (la) villano(a)   villain

Adjetivos

altruista   selfless
cobarde   cowardly
débil   weak
dedicado(a)   dedicated
egoísta   selfish
fuerte   strong
heroico(a)   heroic
humilde   humble

justo(a)   fair
leal   loyal
poderoso(a)   powerful
traidor(a)   traitorous
valiente   brave
violento(a)   violent

Verbos

apoyar   to support
derrocar   to overthrow
durar   to last
elegir (i, i)   to elect
lograr   to achieve
luchar   to struggle, to work hard
   in order to achieve something
vencer   to defeat
votar   to vote

A investigar

Investiga más sobre estas seis personalidades para aprender detalles importantes de su vida y saber por qué algunos se ven como héroes, otros como villanos y otros son controvertidos. Después comparte la información con tus compañeros porque van a usar la información en otras actividades del capítulo.

A practicar

4.4 **Escucha y responde** Vas a escuchar algunas afirmaciones sobre las personas en la ilustración. Escribe el nombre de la persona a la que se refieren y después compáralas con un compañero.

1. ...   2. ...   3. ...   4. ...   5. ...   6. ...

4.5 **La palabra lógica** Relaciona las dos columnas para encontrar la definición.

1. lo opuesto a la justicia
2. cuando las personas votan para elegir representantes
3. lo opuesto de la victoria
4. lo opuesto de débil
5. verbo que significa lograr una victoria
6. persona que no es elegida, pero gobierna un país
7. lo opuesto a un héroe
8. organización militar que existe para defender a un país
9. cuando no hay cambios inesperados

a. la derrota
b. vencer
c. el dictador
d. la injusticia
e. fuerte
f. el villano
g. el ejército
h. las elecciones
i. la estabilidad

4.6 **Diferencias y semejanzas** Túrnense para explicar la relación entre cada par de palabras. Después elijan una de las palabras y úsenla en una oración.

1. democracia   dictadura
2. votar   elegir
3. altruista   egoista
4. cobarde   débil
5. elecciones   golpe de estado
6. lograr   luchar
7. traidor   leal

Expandamos el vocabulario

The following words are listed in the vocabulary. They are nouns, verbs, or adjectives. Complete the table using the roots of the words to convert them to the different categories.

Verbo	Sustantivo	Adjetivo
votar		
	elecciones	
apoyar		
	fortalecimiento	

4.7 **Personalidades de la historia** Al principio del capítulo identificaste y aprendiste sobre las personas de la ilustración en la página 102. Decide si las siguientes afirmaciones son ciertas o falsas.

1. Óscar Arias fue presidente de Costa Rica.
2. Eva Perón fue la primera mujer presidente de Argentina.
3. Francisco Franco gobernó España durante más de treinta años.
4. Rigoberta Menchú es descendiente de los incas.
5. Cristóbal Colón llegó a América por primera vez en 1521.
6. Ellen Ochoa es astronauta.

4.8 **¿Lógico o ilógico?** Decide si las oraciones son lógicas o ilógicas. Si son ilógicas, corrígelas.

1. Cuando un gobierno comete muchas injusticias, mucha gente quiere derrocarlo.
2. El ejército sirve para defender a un país.
3. Hay estabilidad en un país cuando la economía es buena y se respetan los derechos de todos.
4. En una dictadura los gobernantes son elegidos por los ciudadanos.
5. Votar es un derecho en una democracia.
6. Un líder debe ser valiente, justo y cobarde.
7. Todos los partidos políticos tienen los mismos ideales.
8. El fortalecimiento y el desarrollo de la economía es un objetivo de muchos gobiernos.

INVESTIGUEMOS LA MÚSICA

Busca la canción "Héroe" del cantante español Enrique Iglesias en Internet. ¿A quién le habla? ¿Por qué quiere ser su héroe?

4.9 **Opiniones: Un poco de todo** Habla con un compañero y compartan sus respuestas sobre las siguientes preguntas.

1. ¿A quién admiras? ¿Por qué?
2. En tu opinión, ¿cuáles son las cualidades importantes de un líder? ¿Cuáles son las características de un villano?
3. ¿Por qué crees que mucha gente no vota en algunos países?
4. Países como Costa Rica y Panamá están entre unos pocos en el mundo que no tienen ejército. ¿Qué ventajas y qué desventajas hay al no tener un ejército?

¿Es posible que personas de diferentes partidos políticos estén de acuerdo en algo?

4.10 **Un héroe imaginario** Trabaja con un compañero y elijan una de las personas de las ilustraciones. Decidan si es héroe o villano y después hagan una breve biografía de la persona. Hagan al menos cinco oraciones. Después compartan la biografía con la clase, y la clase adivinará de cuál de las personas se habla.

Jeff Morin/Shutterstock.com

Rod Savely/Shutterstock.com

andrewshka/Shutterstock.com

Kakigori Studio/Shutterstock.com

A perfeccionar

A analizar ▷

Mayté habla de la Malinche, una figura histórica que algunos consideran heroína y otros traidora. Después de ver el video, lee el párrafo y observa los verbos en negrita. Luego contesta las preguntas que siguen.

¿Puedes hablar de una figura ambigua de la historia mexicana?

La Malinche **era** una mujer indígena que le fue obsequiada (*given*) a Cortés cuando él **llegó** a conquistar México. Ella **podía** comunicarse en náhuatl y en un idioma maya porque **sabía** los dos idiomas, **era** multilingüe. **Fue** muy importante en la Conquista porque ayudó a Cortés a comunicarse con Moctezuma. Cortés también **recibió** la ayuda de un padre español, Gerónimo de Aguilar, quién había aprendido un idioma maya. Cuando **se descubrió** que la Malinche **podía** comunicarse con Aguilar en el idioma maya, se facilitó la comunicación entre Cortés y Moctezuma. La Malinche **se comunicaba** con Moctezuma en náhuatl, y después ella le **comunicaba** la información a Aguilar en el idioma maya, y entonces Aguilar traducía al español. La Malinche siempre **estuvo** presente en las interacciones entre Cortés y los aztecas.

—Mayté, México

1. Which verbs in bold are in the preterite? Which are in the imperfect?

2. Why was the preterite or the imperfect used in each case?

A comprobar

El pretérito y el imperfecto II

1. When narrating in the past, the point of reference or perspective is important. While the duration of an action or a condition varies, it technically has a beginning, a middle, and an end. You will recall from **Capítulo 1** that the preterite is used to express an action that is *beginning* or *ending* while the imperfect is used to express an action *in progress (middle)*.

Preterite (beginning/ending)

a. When narrating a series of actions, the focus is on the idea that each of the actions has taken place (either begun or ended) before the next action occurs.

La rebelión **comenzó** a las diez de la mañana y una hora más tarde el ejército **entró** al palacio y **capturó** al dictador.

b. When the focus is on the duration or the period of time as a whole, the action or condition is perceived as completed.

Él **fue** uno de los mejores líderes de ese país.

Su gobierno **duró** solo tres años.

c. When expressing a change of condition or emotion, the focus is on the beginning of the new state.

Tuve miedo cuando escuché en la radio sobre el golpe de estado.

El país **estuvo** tranquilo después del cambio de presidente.

d. When an action interrupts another action, the focus is on the beginning of the interrupting action.

Mientras ella le hablaba a la gente, **empezaron** a aplaudir.

Imperfect (middle)

a. Description of a physical or mental condition as well as time, date, and age do not place emphasis on the beginning or the end of the action. Instead, the focus is on the condition in progress at a particular point in time.

Era el tres de febrero y **eran** las cinco de la tarde.

El nuevo presidente **tenía** sesenta años, y **era** un hombre fuerte.

La gente **estaba** frustrada con el gobierno.

b. When expressing a habitual action, the focus is on the action as ongoing. There is no emphasis on the beginning or the end.

Siempre **luchaba** por los derechos humanos.

Todos los años **daba** un discurso en la plaza.

c. When expressing simultaneous actions, the focus is on the two or more actions in progress at the same time. Similarly, when an action is interrupted by another action, the focus is not on the beginning or the end of the interrupted action, but rather on the action in progress.

La gente **protestaba** mientras el presidente **implementaba** su nuevo programa económico.

Mientras ella **hablaba**, la gente empezó a aplaudir.

2. The imperfect of the expression **ir** + **a** + infinitive is used to express past plans or intentions that were not completed.

Iba a votar, pero no llegué a tiempo por el tráfico.

3. The verbs **conocer, saber, haber, poder, querer,** and **tener que** are commonly used to express mental or physical states. Notice that the English meanings of the verbs in the preterite focus on the beginning and/or end of the state, while the meanings of the imperfect verbs are considered ongoing conditions.

	imperfect (middle)	preterite (beginning/end)
conocer	to know, to be acquainted with	to meet (for the first time)
saber	to know (about)	to find out
haber	there was/were (descriptive)	there was/were (occurred)
poder	was able to (circumstances)	succeeded in (completed successfully)
no poder	was not able to (circumstances)	failed to (do something)
querer	wanted (mental state)	tried to (do something)
no querer	didn't want (mental state)	refused to (and did not do something)
tener que	was supposed to (but didn't necessarily do something)	had to do something (and did it)

Cuando llegué no **sabía** del golpe de estado; lo **supe** al ver las noticias.
*When I arrived, I **did not know** about the coup; I **found out** when I saw the news.*

A practicar

4.11 **Características** Lee las siguientes situaciones y decide qué adjetivo describe a la persona.

egoísta   justo   leal   traidor   valiente   violento

1. Alonso escuchó un grito *(scream)* y miró por la ventana. Vio que había fuego *(fire)* saliendo de la ventana de la casa de su vecino. Él entró a la casa para salvar al gato.

2. Los padres de Jazmín la esperaban en casa para cenar, pero ella no los llamó. Ella salió a cenar con sus amigas.

3. Cuando su hermana estaba en el hospital, Marcela la visitaba todos los días.

4. Wilson recibió el cheque por su trabajo y le dio parte del dinero al amigo que lo ayudó.

5. Cuando el enemigo *(enemy)* lo capturó, Raimundo les confesó los secretos del ejército.

4.12 Emiliano Zapata Emiliano Zapata fue una figura importante en la Revolución mexicana. Para informarte sobre su vida, completa el párrafo con las formas apropiadas del pretérito o del imperfecto de los verbos entre paréntesis.

Emiliano Zapata (1) _____ (nacer) en 1879 en un pueblo de Morelos, México. Su padre (2) _____ (vender) caballos, y (3) _____ (mantener) bastante bien a su esposa y a sus 10 hijos. Cuando Emiliano (4) _____ (tener) 17 años, su padre (5) _____ (morir) y él (6) _____ (asumir) la responsabilidad de su familia.

En 1909 (7) _____ (llegar) a ser alcalde *(mayor)* de su pueblo, Anenecuilco. Aunque (8) _____ (ser) muy joven, los habitantes del pueblo (9) _____ (tener) mucha confianza en él. Por varios años Zapata (10) _____ (defender) los derechos de los campesinos *(peasants)* del gobierno, el cual (11) _____ (querer) robarles su tierra *(land)*. Cuando Zapata no (12) _____ (ver) resultados de las negociaciones con el gobierno, (13) _____ (decidir) recurrir a las armas.

Por otra parte, en 1910 Porfirio Díaz (14) _____ (ganar) las elecciones contra Francisco I. Madero. Madero (15) _____ (pedir) que los mexicanos se rebelaran contra el gobierno de Díaz. Así, Zapata (16) _____ (unirse) a las fuerzas *(forces)* de Madero con la intención de obtener justicia para los campesinos.

4.13 Eventos Túrnense para hablar de los siguientes eventos.

Modelo   Algo divertido que hubo en tu comunidad recientemente
   Estudiante 1: *Hubo un concierto el fin de semana pasado.*
   Estudiante 2: *Hubo una celebración para el cuatro de julio.*

1. algo que querías hacer pero no pudiste
2. alguien simpático que conociste recientemente
3. alguien de la clase a quien ya *(already)* conocías antes del comienzo del año escolar
4. algo que tuviste que hacer esta semana
5. algo interesante que supiste recientemente
6. algo que alguien te pidió hacer pero no quisiste

4.14 Baldoa, un héroe canino Baldoa es un perro que salvó la vida de su dueña *(owner)*. Con un compañero miren los siguientes dibujos y túrnense para narrar lo que pasó usando el pretérito y el imperfecto. Den muchos detalles.

Vocabulario útil: **el bombero** *fireman* **el incendio** *fire* **incendiarse** *to catch fire*
   quemar *to burn*

¡Gracias, Baldoa!

4.15 **Pequeños actos heróicos** Trabaja con un compañero para contarse sobre momentos en su vida cuando mostraron su carácter. Escojan tres de los siguientes temas para su conversación. Den muchos detalles. Presta atención al uso del pretérito e imperfecto.

1. Una vez que ayudaste a alguien que necesitaba ayuda
2. Una vez que sacrificaste lo que querías hacer por lo que otra persona quería hacer
3. Una vez que trabajaste como voluntario
4. Una vez que hiciste algo especial para alguien
5. Una vez que apoyaste a un amigo en crisis

4.16 **Avancemos** En parejas van a escoger a la persona que mejor demuestre su idea de un héroe.

Paso 1 Escribe una lista de características que piensas que son importantes en un líder. Luego compara tu lista con la de tu compañero. Entre los dos decidan cuáles son las tres cualidades más importantes.

Paso 2 Escribe una lista de tres personas que piensas que demuestran las características que ustedes eligieron. Luego compara tu lista con la de tu compañero, y entre los dos decidan quién personifica mejor su imagen de un héroe. Deben hablar de hechos *(actions)* específicos que hicieron que demuestran las características.

Cultura

Fernando Botero (1932–) es un artista mundialmente reconocido. Su arte generalmente representa figuras voluminosas. Observa su pintura *El presidente*, a la derecha.

En tu opinión, ¿es el presidente un héroe o un villano en este retrato? Explica tu respuesta.

Peter Horree/Alamy Stock Photo

Conexiones... a la historia

Una de las mujeres más famosas en la historia de Argentina fue Eva Duarte Perón (1919–1952). Sus orígenes fueron humildes, pero se mudó a Buenos Aires en busca de fortuna como actriz cuando tenía quince años. Tuvo éxito actuando en teatro, radio y cine. Conoció a Juan Domingo Perón en 1944, y se casaron en 1945. Juan Domingo Perón se hizo presidente de Argentina en 1946, y Eva Perón comenzó a participar activamente en la política como primera dama del país. Creó muchas iniciativas sociales para ayudar a la gente humilde. Por ejemplo, abrió escuelas y hospitales, apoyó a sindicatos para trabajadores *(labor unions)* y luchó por la igualdad *(equality)* de las mujeres. Su participación en la política molestó a algunos sectores de la sociedad, quienes se burlaban *(made fun)* de ella llamándola "Reina de los descamisados". Evita murió de cáncer cuando tenía solamente 33 años y millones de personas asistieron a su funeral. Su influencia, sin embargo, continuó por mucho tiempo como una gran figura de la política peronista.

IMAGE ASSET MANAGEMEN/AGE Fotostock

Piensa en otra mujer controvertida de la historia. ¿Quién es? ¿Por qué es o fue controvertida? ¿Cuál es tu opinión de ella?

Comparaciones

Se piensa que el nombre de la Malinche era originalmente Malintzín. Aunque hay diferentes versiones de su historia, se acepta en general la versión de Bernal Díaz del Castillo, un historiador que viajó con Hernán Cortés durante la conquista de América. Según su versión, era hija de un noble azteca, pero cuando su padre murió, su madre volvió a casarse y el padrastro de Malintzín la convenció de regalar *(to give away)* a su hija. Así la joven se convirtió en esclava *(slave)* y llegó a vivir a Tabasco, donde aprendió varios dialectos mayas.

Cuando Hernán Cortés llegó a Tabasco, antes de la conquista, recibió como regalo a varias esclavas, incluyendo a Malintzín. Cortés supo que Malintzín hablaba náhuatl (la lengua de los aztecas) y le ofreció su libertad a cambio de *(in exchange for)* su ayuda como intérprete. Malintzín ayudó a Hernán Cortés y usó sus conocimientos de las culturas indígenas para negociar. Malintzín y Cortés empezaron una relación y tuvieron un hijo, quien es considerado el primer mestizo (mezcla de europeos e indígenas). Por eso, la Malinche representa a la madre de México, un país de mestizos, pero su nombre es también sinónimo de traición *(betrayal)* porque prefirió ayudar a los españoles en vez de *(instead of)* a sus hermanos indígenas.

Hernán Cortés con Malintzín

1. ¿Qué piensas tú: la Malinche fue heroína, víctima o traidora? ¿Por qué?

2. Otro personaje histórico controvertido fue Pocahontas. ¿Qué similitudes y diferencias hay entre la historia de la Malinche y la de Pocahontas? ¿Crees que la imagen de Pocahontas sea positiva hoy en día? ¿Por qué?

> **INVESTIGUEMOS LA MÚSICA**
>
> Busca en Internet el corrido "La maldición de la Malinche" escrito por Gabino Palomares. ¿Qué dice sobre el pasado? ¿Qué se dice sobre el presente? ¿En qué consiste la maldición de la Malinche?

Comunidad

Elige un país e investiga en Internet quiénes son algunas de las personas más admiradas y queridas en ese país. Prepara un informe para compartir con la clase lo que aprendas sobre estas personas.

Exploraciones gramaticales

A analizar ▶

Elena no ve a la Malinche como traidora, sino como heroína. Después de ver el video, lee el párrafo y observa los verbos en negrita. Luego contesta las preguntas que siguen.

¿Qué opinas de la Malinche?

Creo que la Malinche fue un elemento fundamental para que Cortés conquistara a los aztecas, pero yo la veo a ella como heroína. Estoy segura que ella no *deseaba* que Cortés **venciera** a los aztecas. Creo que ella *esperaba* que Cortés **entendiera** más a los indígenas, que **fuera** una persona un poco más amable con ellos y que los **conociera** un poco más. Desafortunadamente, la historia la representa como villana. Todas las versiones escritas la condenan, pero yo creo que tenía buenas intenciones.

—Elena, Colombia

1. Look at the verbs in italics. Should the verb that comes after be in the indicative or subjunctive?
2. The verbs in bold are similar to what other verb form?
3. If **fuera** is the form for the verb **ser**, what is the form for the verb **tener**? And the verb **dar**?

A comprobar

El imperfecto del subjuntivo

1. In the last two chapters, you learned to use the present subjunctive. You will notice in the following examples that the verb in the main clause is in the present tense and that the verb in the dependent clause is in the present subjunctive.

Main clause		Dependent clause
Espero	que	Villalba **gane** las elecciones.
Es posible	que	la situación del país **cambie.**

2. When the verb in the main clause is in the past (preterite or imperfect), the verb in the dependent clause must be in the imperfect subjunctive.

Main clause		Dependent clause
El presidente les **pidió**	que	**llegaran** a un acuerdo.
Era necesario	que	el ejército **entrara.**

3. The imperfect subjunctive is formed using the third person plural (**ellos, ellas**) of the preterite. Drop the -**on** and add the endings as indicated below. You will notice that the endings are the same, regardless of whether the verb ends in -**ar, -er,** or -**ir.** Verbs that are irregular in the preterite are also irregular in the imperfect subjunctive.

	hablar	tener	pedir
yo	hablara	tuviera	pidiera
tú	hablaras	tuvieras	pidieras
él, ella, usted	hablara	tuviera	pidiera
nosotros(as)	hablá**ramos***	tuvié**ramos***	pidié**ramos***
vosotros(as)	hablar**ais**	tuvier**ais**	pidier**ais**
ellos, ellas, ustedes	hablar**an**	tuvier**an**	pidier**an**

*Notice that it is necessary to add an accent in the **nosotros** form.

INVESTIGUEMOS LA GRAMÁTICA

Verbs that end in -**cir,** have slightly different forms in the imperfect subjunctive. The base ending is -**era** rather than -**iera.** The verb **decir** would be conjugated in the following manner: **dijera, dijeras, dijera, dijéramos, dijerais, dijeran.**

4. The imperfect subjunctive form of **haber** is **hubiera**.

> **No creía** que **hubiera** tantas personas.
> *I didn't think* that *there would be* so many people.

5. In general, the same rules that apply to the usage of the present subjunctive also apply to the past subjunctive. Remember that, except with expressions of doubt, there must be two subjects.

To express an opinion using impersonal expressions:

> **Era importante** que **habláramos** con el pueblo.
> *It was important* that we *spoke* with the people.

To express desire:

> Él **esperaba** que el movimiento **lograra** un cambio.
> He *hoped* that the movement *would achieve* a change.

To express doubt:

> El presidente **dudaba** que **eligieran** al candidato del otro partido.
> The president *doubted* they *would elect* the other party's candidate.

To express an emotional reaction:

> Me **gustó** que al final el bien **triunfara**.
> I *liked* that in the end good *triumphed*.

INVESTIGUEMOS LA GRAMÁTICA

The imperfect subjunctive can also be conjugated with **-se** rather than **-ra**. Of the two imperfect subjunctive forms, the **-ra** form is the more frequently used, particularly in speech. While it is used in some regions of the Spanish-speaking world, you will most likely encounter the **-se** form in written texts.

hablase	tuviese	pidiese
hablases	tuvieses	pidieses
hablase	tuviese	pidiese
hablásemos	tuviésemos	pidiésemos
hablaseis	tuvieseis	pidieseis
hablasen	tuviesen	pidiesen

A practicar

4.17 **En la ficción** La ficción está llena de héroes y villanos. Lee las siguientes oraciones y decide si son ciertas o falsas.

1. Era posible que Superman <u>muriera</u> al tocar kryptonita.

2. Harry Potter y sus amigos querían que el señor Voldemort <u>fuera</u> inmortal.

3. Al Capitán Garfio *(Hook)* no le gustó que Peter Pan le <u>cortara</u> la mano.

4. La Bruja Malvada del Oeste pidió que Dorothy le <u>diera</u> sus zapatos.

5. Scar deseaba que Simba <u>desapareciera</u> porque él quería ser rey.

4.18 **En la historia** Completa las oraciones con la forma apropiada del imperfecto del subjuntivo.

1. Rigoberta Menchú esperaba que _____ (haber) más igualdad para los indígenas.

2. Era imposible que Hernán Cortés _____ (entender) a los indígenas sin la ayuda de la Malinche.

3. Cristóbal Colón les pidió a los Reyes Católicos que le _____ (dar) dinero para su viaje.

4. Eva Perón deseaba que las mujeres _____ (tener) el derecho de votar.

5. Francisco Franco no dudaba que España _____ (necesitar) un gobierno duro.

6. Fue sorprendente que Óscar Arias _____ (ser) elegido como presidente de Costa Rica una segunda vez después de muchos años.

4.19 **Mamá y papá... nuestros héroes** Muchas veces nuestros padres son nuestros héroes. Luis habla de lo que él quería que sus padres hicieran cuando era niño. Usa el imperfecto del subjuntivo para indicar sus deseos.

Modelo   mamá – cuidarlo
Luis quería que su mamá lo cuidara.

1. mamá
   a. curarlo
   b. enseñarle a leer
   c. protegerlo de los monstruos

2. papá
   a. arreglar la bicicleta
   b. construir una casa de madera *(wood)*
   c. ayudarlo a nadar

4.20 **Héroes modernos** Con un compañero túrnense para hablar de las fotos. Digan quién fue el héroe y qué hizo por los otros. Deben usar un ejemplo del imperfecto del subjuntivo en cada descripción.

Modelo   (Ilustración 4)
La heroína fue la madre. Su hijo dormía cuando de repente se despertó y empezó a llorar. Es posible que tuviera una pesadilla (nightmare) y se asustara. La madre fue a buscarlo y se sentó con él para calmarlo. Después de unos minutos, el niño se calmó y se durmió.

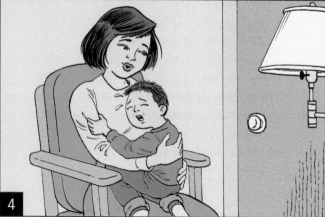

4.21 **El maestro como héroe** En parejas hablen de las clases que más les han gustado *(have liked)*. Pueden ser clases en cualquier nivel de tu educación.

La clase que más me ha gustado es...

1. El maestro quería que nosotros...
2. Permitía que nosotros...
3. El maestro prohibió que nosotros...
4. Me gustaba que el maestro...
5. Para el maestro era importante que...
6. El maestro nos aconsejó que...
7. Yo no pensaba que el maestro...
8. Para mí era importante que el maestro...

4.22 **Avancemos** Con un compañero respondan las siguientes preguntas para hablar de las personas importantes en su vida. **¡OJO!** Atención al uso del presente/pasado, del indicativo y del subjuntivo.

1. Cuando eras niño ¿quiénes eran tus amigos? ¿Qué características eran importantes en tus amigos? ¿Qué querías que hicieran contigo?
2. ¿Había un adulto que fuera un héroe para ti? ¿Por qué lo considerabas un héroe? ¿Qué querías que hiciera por ti?
3. Ahora, ¿qué tipo de amigos quieres? ¿Qué esperas de ellos?

¿Quién era tu héroe?

Zurijeta/Shutterstock.com

▶ Video-viaje a...
Guatemala

Antes de ver

El pequeño país de Guatemala recibe más de un millón de turistas cada año. Antigua es una ciudad popular entre los turistas. Fue la tercera capital del país y es reconocida mundialmente porque su arquitectura colonial está muy bien preservada. Otra ciudad que merece *(deserves)* una visita es Chichicastenango, conocida por su mercado y la Iglesia de Santo Tomás.

4.23 ¿Ya sabes?

1. Guatemala está en _____.
   - ☐ El Caribe
   - ☐ Centroamérica
   - ☐ Sudamérica
   - ☐ Norteamérica

2. ¿Cierto o falso?
   a. Antigua es la capital de Guatemala.
   b. No hay ruinas mayas en Guatemala.

3. ¿Qué tradición, imagen o persona asocias con Guatemala?

4.24 Estrategia

When watching a video, remember that you don't have to understand everything and that you have the opportunity to replay. The first time you view the segment, listen for the general idea. The second time, listen for details. Based on the above introduction, what do you think the main idea is? Can you list at least one detail?

Al ver

4.25 **Escoge** Mira el video y escoge la respuesta correcta.

1. Los mercados en Guatemala tienen mucha _____.
   a. vida   **b.** fruta   **c.** ropa
2. Antigua fue fundada *(was founded)* en el siglo _____.
   a. quince   **b.** catorce   **c.** dieciséis
3. Los habitantes de Guatemala son descendientes _____.
   a. aztecas   **b.** incas   **c.** mayas
4. Desde el Lago Atitlán es posible ver _____.
   a. volcanes   **b.** pirámides   **c.** montañas

4.26 **Escribe** Completa las oraciones con la palabra correcta.

1. _____ es una de las ciudades turísticas más importantes de Guatemala.
2. Muchos _____ indígenas visitan Chichicastenango.
3. Los huipiles son _____ tradicionales indígenas.
4. Entre las artesanías es posible encontrar calendarios _____.

Después de ver

4.27 **Expansión**

Paso 1 Mira la sección sobre Guatemala en **Exploraciones del mundo hispano** y lee **Investiga en Internet**. Escoge uno de los temas que te interese.

Paso 2 Busca información en Internet. Usa dos o tres fuentes *(sources)*.

Paso 3 Usando la información que encontraste en Internet, escribe un resumen de 3–5 oraciones en español. Comparte la información con tus compañeros.

Vocabulario útil

el peregrino *pilgrim (religious)*
el siglo *century*
la vida *life*

Exploraciones gramaticales

A analizar ▷

Todos quieren que su líder tenga las cualidades de un héroe. Marcos no es la excepción. Después de ver el video, lee el párrafo y observa los verbos en negrita. Luego contesta las preguntas que siguen.

¿Qué cualidades son necesarias en un buen presidente?

Personalmente quisiera una persona que **sea** honesta y justa. Quiero que esté comprometida con el país porque a veces los políticos se olvidan de sus promesas *(promises)* cuando ven todo el dinero y el poder *(power)*. Quisiera que el candidato que **tengamos** en Argentina sea alguien con muchos estudios, no un inexperto que **pretenda** ser presidente simplemente porque tiene poder y dinero. Y quisiera finalmente un candidato o un presidente que no **mienta**, que **diga** la verdad, y que **luche** por la gente.

—Marcos, Argentina

1. Are the verbs in bold in the indicative or the subjunctive?
2. All of these verbs are part of clauses that describe a noun. Identify the nouns being described.
3. Considering what you know of the use of the subjunctive, why do you think it was used in these clauses?

A comprobar

El subjuntivo con cláusulas adjetivales

1. Adjective clauses are dependent clauses used to describe a noun. They often begin with **que** or **quien.** When using an adjective clause to describe something that the speaker knows exists, the indicative is used.

   Hay muchas personas que no **votan.**
   There are many people that don't vote.

   Tenemos un gobierno que **es** corrupto.
   We have a government that is corrupt.

2. However, when using an adjective clause to describe something that the speaker does not know exists or believes does not exist, the subjunctive is used. The subjunctive is also used when the speaker does not have something specific in mind.

   Quiero tener un gobierno que **sea** fuerte pero justo.
   I want a government that is strong but fair.

   ¿Hay alguien a quien le **moleste** la violencia?
   Is there anyone bothered by the violence?

   No había nada que **pudiéramos** hacer.
   There was nothing we could do.

3. Some common verbs used with adjective clauses that can require either the subjunctive or the indicative are **buscar, necesitar,** and **querer.**

   Queremos un candidato que **sea** honesto.
   We want a candidate that is honest.

   Queremos al candidato que **es** honesto.
   We want the candidate that is honest.

   In the first sentence the person does not have a specific person in mind and does not necessarily know if one exists (note the use of the indefinite article **un**), while in the second sentence he/she has a specific person in mind (using the definite article **el**).

4. When asking about the existence of something or someone, it is necessary to use the subjunctive, as you do not know whether or not it exists.

¿Conocías a alguien que **fuera** muy valiente?
Did you know anyone that was very brave?

¿Hay ejércitos que no **sean** necesarios?
Are there armies that are not necessary?

5. When using a negative statement in the main clause to express the belief that something does not exist, it is also necessary to use the subjunctive in the adjective clause.

No conocía a nadie que **fuera** muy valiente.
I didn't know anyone that was very brave.

No hay ningún ejército que **sea** necesario.
There is no army that is necessary.

6. When you do not have a specific person in mind or do not know if someone exists, it is not necessary to use the personal **a** in the main clause, except with **alguien** or **nadie.**

El pueblo buscaba un líder que pudiera remediar la situación.
The people were looking for a leader that could remedy the situation.

No encontraron a nadie que tuviera suficiente experiencia.
They didn't find anyone that had enough experience.

A practicar

4.28 **El presidente** Muchas personas perciben al presidente como un héroe que debe solucionar sus problemas. Di si estás de acuerdo con estos estudiantes.

Modelo   Amaya quiere un presidente que escuche a los otros líderes del país.
Yo (también/no) quiero un presidente que escuche a los otros líderes del país.

1. Laura quiere un presidente que gaste menos en programas sociales.
2. Nuria y Humberto prefieren tener un presidente que apoye la educación.
3. Vanesa espera tener un presidente que sea honesto.
4. Yenisleidys prefiere un presidente que entienda la economía global.
5. Fernando y Violeta quieren un presidente que tenga mucha experiencia en política.
6. Alberto prefiere un presidente que sepa escuchar a la gente.

4.29 **Necesitamos más héroes** Conjuga los verbos en el presente del subjuntivo para completar las ideas.

Modelo   (cuidar) a la gente mayor
Necesitamos más personas que cuiden a la gente mayor.

Necesitamos más personas que...

1. (ser) valientes.
2. (tener) valores.
3. (ayudar) a los otros sin tener beneficio personal.
4. (querer) tomar riesgos *(risks)*.
5. no (pensar) solo en sus necesidades.
6. (estar) dispuestos *(willing)* a actuar, y no simplemente a mirar.
7. (dedicarse) al servicio de otros.
8. no (callarse) cuando ven una injusticia.

Hay muchos tipos de héroes.

Monkey Business Images/Shutterstock.com

4.30 **Villanos de la niñez** ¿Te acuerdas (*Do you remember*) de los villanos de los cuentos de hadas (*fairy tales*)? Con un compañero túrnense para preguntarse sobre los villanos. **¡OJO!** Algunas respuestas son negativas porque no ocurren en ningún cuento de hadas. Usa el pretérito si la respuesta es positiva.

Vocabulario útil: **la bruja** *witch*   **el hada** *fairy*   **el lobo** *wolf*

Modelo   comerse a una abuelita
Estudiante 1: *¿Había un villano que se comiera a una abuelita?*
Estudiante 2: *Sí, un lobo se comió a la abuela de una niña con ropa roja.*

llevar a una princesa a una isla desierta

Estudiante 1: *¿Había un villano que llevara a una princesa a una isla desierta?*
Estudiante 2: *No había ningún villano que llevara a una princesa a una isla desierta.*

1. darle a alguien una manzana envenenada (*poisoned*)
2. soplar y tumbar (*blow down*) unas casitas
3. prenderle fuego (*fire*) a la casa de su hijastra
4. no permitirle a su hijastra asistir a un gran baile
5. hacer dormir a una princesa
6. robar flores mágicas de un jardín
7. querer perder a sus hijastros en el bosque
8. poner a una princesa en un barco (*boat*) sola en medio del océano

4.31 **Lo ideal** Con un compañero hablen de lo que cada persona quiere que haga la otra.

Modelo   una mascota / un dueño (*owner*)
Estudiante 1: *Una mascota quiere un dueño que la quiera y que juegue con ella.*
Estudiante 2: *Una mascota quiere que su dueño le dé comida y agua.*

1. un hijo / un padre
2. un estudiante / un maestro
3. una persona / un amigo
4. un trabajador / un jefe
5. un empleado / un compañero de trabajo
6. una persona / un líder

4.32 **Preferencias** Completa las siguientes oraciones con tus preferencias. Luego busca un compañero que esté de acuerdo contigo.

Modelo   Quiero tomar una clase que...
Estudiante 1: *Quiero tomar una clase que sea interesante. ¿Y tú?*
Estudiante 2: *Yo también quiero tomar una clase que sea interesante. / No, yo quiero tomar una clase que sea fácil.*

1. Me gustan las películas que...
2. Prefiero leer un libro que...
3. Quiero viajar a un lugar que...
4. Me gustaría tener un trabajo que...
5. Prefiero conducir un coche que...
6. Quiero vivir en un lugar que...
7. Prefiero tener una pareja que...
8. Me gusta pasar tiempo con personas que...

Me gusta conducir un coche que siempre funcione bien.

4.33 Avancemos Con un compañero túrnense para explicar lo que pasó en los siguientes dibujos. Luego, usando el imperfecto del subjuntivo con una cláusula adjetival, explica qué tipo de "héroe" necesitaban para solucionar su problema. **¡OJO!** Presta atención al indicativo y al subjuntivo en el pasado.

Vocabulario útil: **el castillo** *castle*　　**el conejo** *rabbit*　　**la escoba** *broom*

Lectura

Reading Strategy: Questioning to understand and remember

You are accustomed to answering the comprehension questions at the end of each reading. It is a good idea to write your own questions as you go through the reading. For each paragraph write a question that asks about the main idea. The question should not focus on details and should be in your own words and not copied from the paragraph. This technique will help you to better understand the reading and to remember the important information later.

Antes de leer

Contesta las preguntas.

1. ¿Cuál es la diferencia entre "héroe" y "superhéroe"? ¿Qué superhéroes conoces?
2. ¿Qué piensas que es un "antihéroe"?

A leer

La cultura de los antihéroes

instill

Además de los héroes reales, en la cultura popular hay muchos superhéroes ficticios con superpoderes que pueden servir para **inculcar** valores como la honestidad y el concepto de justicia.

En los países hispanos también hay héroes populares en programas de televisión, en películas y en las tiras cómicas. Un tipo de héroe que es particularmente popular en el mundo hispano es el antihéroe. El concepto de un antihéroe es humorístico: son una parodia de héroes con buenas

make mistakes

intenciones, pero también son humanos y **se equivocan** con frecuencia.

Mortadelo y Filemón

comics

Mortadelo y Filemón son personajes de **historietas** de España. Son una creación de Francisco Ibáñez y se publicaron por primera vez en 1958. Desde entonces, estos dos detectives (ahora agentes secretos) han

solved
misunderstandings

resuelto cientos de crímenes y misterios. Sus aventuras se distinguen por sus errores y **malos entendidos**.

Mortadelo y Filemón se originaron como una parodia de Sherlock Holmes y Watson, pero su mundo era el de la gente común de la calle,

means

sin muchos **recursos**. De hecho, sus nombres están inspirados en comidas populares en España: la mortadela y los filetes. Mortadelo tiene una gran habilidad para

devices

inventar **artefactos** y Filemón es bueno para disfrazarse. Sus

epa european pressphoto agency b.v./ Alamy Stock Photo

historias han evolucionado para reflejar los cambios de la sociedad. En la actualidad sus aventuras ocurren en eventos y lugares reales, como los Juegos Olímpicos.

Igual que Mortadelo y Filemón, **el Chapulín Colorado** es la parodia de un héroe a quien todo le sale mal. El Chapulín nació como un segmento de un programa de televisión mexicana en 1970 y todavía puede verse en los canales de televisión de prácticamente todos los países hispanoamericanos. Fue creado por el comediante mexicano Roberto Gómez Bolaños (1929–2014), mejor conocido como Chespirito.

Like/The Red Grasshopper

El Chapulín viste un traje rojo (colorado) **ajustado** y una capa —como Superman o Batman— y **se aparece** para ayudar cada vez que alguien en problemas hace la pregunta: "Y ahora ¿quién podrá ayudarme?". Su superpoder consiste en reducir su **tamaño** para hacerse tan pequeño como un ratón. Su **lema** es: "Más ágil que una tortuga... más fuerte que un ratón... más noble que una lechuga... su **escudo** es un corazón... es ¡el Chapulín Colorado!".

tight
appears

size
motto

emblem

Agencia el Universal/Newscom/Grupo de Diarios America (GDA)/Newscom

Gran parte del éxito de este personaje se debe a su humor blanco, es decir, un humor que es adecuado para toda la familia. Es muy probable que estos antihéroes se hayan hecho tan populares gracias a su capacidad de reflejar e identificarse con las **clases populares**, así como por su humor blanco, poco común hoy en día.

working class

Comprensión

1. ¿Cuál es la diferencia entre un héroe y un antihéroe?
2. ¿A qué se dedican Mortadelo y Filemón? ¿Cuáles son sus superpoderes?
3. ¿Cuál es el superpoder del Chapulín?
4. ¿A qué se atribuye el éxito del Chapulín Colorado?

Después de leer

Habla con un compañero sobre las siguientes preguntas.

1. ¿Por qué crees que los antihéroes sean a veces más populares que los superhéroes?
2. ¿Hay algún antihéroe que conozcas? ¿Te cae bien o mal? ¿Por qué?
3. ¿Compras o comprabas de niño productos de superhéroes o antihéroes? ¿Por qué?

4.34 Figuras históricas Lee las siguientes oraciones sobre algunas figuras históricas de Latinoamérica y complétalas con las formas apropiadas del pretérito y del imperfecto de los verbos entre paréntesis

1. La Malinche _____ (ser) una mujer indígena y Hernán Cortés le _____ (pedir) que interpretara para él porque no _____ (saber) hablar náhuatl.

2. El padre Hidalgo _____ (llamar) a los habitantes de Dolores a la iglesia y los _____ (animar) a rebelarse contra el gobierno de españoles.

3. Ponce de León _____ (querer) encontrar nuevas tierras *(lands)* y riquezas *(riches)* cuando _____ (llegar) a Florida.

4. Ernesto "Che" Guevara _____ (mantener) un diario donde _____ sus pensamientos mientras _____ (viajar) de Argentina a Guatemala.

5. Simón Bolívar _____ (liberar) Nueva Granada (Panamá, Colombia, Venezuela y Ecuador) de España, y más tarde (ellos) _____ (nombrar *to name*) a la República de Bolivia en su honor.

4.35 Cuando era niño Completa las siguientes oraciones con la forma apropiada del imperfecto del subjuntivo.

Cuando era niño...

1. quería que mis padres me _____ (ayudar) con mi tarea.
2. mis padres esperaban que yo _____ (sacar) buenas notas.
3. era importante que mis maestros _____ (ser) simpáticos.
4. era necesario que yo _____ (hacer) mi tarea.
5. me gustaba que mis amigos _____ (jugar) conmigo.
6. a mis amigos les importaba que yo _____ (poder) pasar tiempo con ellos.

4.36 Lo ideal Completa las oraciones de una forma original. ¡OJO! Atención al uso del presente del subjuntivo y del indicativo.

1. Tengo un maestro que...
2. Me gusta un maestro que...
3. En el mundo hay muchas personas que...
4. Necesitamos más personas que...
5. Tenemos un presidente que...
6. En el futuro espero que tengamos un presidente que...

4.37 **Definiciones** Túrnense con un compañero para escoger una palabra de la lista y explicarla. Tu compañero debe identificar la palabra.

cobarde	el criminal	la democracia	la dictadura	egoísta	las elecciones
fuerte	el gobierno	el golpe de estado	la heroína	el país	vencer

4.38 **¿Qué pasó?** Trabaja con un compañero. Escojan una foto diferente y describan lo que pasó usando las preguntas como guía. **¡OJO!** Presten atención al uso del pretérito y del imperfecto.

1. ¿Dónde estaban? ¿Por qué?
2. ¿Qué hacían?
3. ¿Qué pasó?
4. ¿Cómo se resolvió la situación?

fabiodevilla/Shutterstock.com

KalypsoWorldPhotography/Shutterstock.com

Val Thoermer/Shutterstock.com

4.39 **Los derechos** Con un compañero van a decidir cuáles son los derechos humanos más importantes.

Paso 1 Escribe una lista de los derechos que piensas que todos los humanos deben tener.

Paso 2 Compara tu lista con un compañero. Después decidan cuáles son los tres derechos más importantes.

Paso 3 Compartan su decisión con la clase y expliquen porque piensan que son los más importantes.

Entrando en materia

👥 En la sección **A perfeccionar**, Mayté habló de la Malinche. También leíste acerca de ella en la sección de **Comparaciones**. Con un compañero de clase contesta estas preguntas sobre ella.

1. ¿De dónde era?

2. ¿Cómo conoció a Cortés? ¿Qué hizo para ayudarlo?

🔊 ¿Fue heroína o villana la Malinche?

Vas a escuchar las impresiones y opiniones personales de Mayté en más detalle sobre la Malinche. Antes de escuchar, copia la tabla en una hoja y repasa el **Vocabulario útil**. Intenta completar la información de la tabla mientras escuchas. Después compara tus respuestas con un compañero.

Vocabulario útil

los aliados	*allies*	**el imperio**	*empire*
las alianzas	*alliances*	**el (la) intérprete**	*interpreter*
la colonia	*colony*	**liberar**	*to free*
los enemigos	*enemies*	**obsequiado(a)**	*given*
el (la) esclavo(a)	*slave*		

	La Malinche	**Moctezuma**	**Gerónimo de Aguilar**	**Hernán Cortés**
El idioma / los idiomas que hablaba				

Comprensión

Lee las siguientes afirmaciones y decide si son ciertas o falsas según la información que da Mayté.

1. La Malinche siempre se comunicaba con Cortés en español.

2. Gerónimo de Aguilar fue otro participante indígena en la Conquista.

3. Cortés formó alianzas con otros grupos de indígenas contra los aztecas.

4. La independencia de México cambió la perspectiva popular de la Malinche.

5. Se sabe que la Malinche deseaba la victoria de Cortés.

Más allá

Busca una imagen de la Malinche en Internet. ¿Cuándo fue creada? ¿Crees que refleja una perspectiva positiva, negativa o neutra de ella? ¿Por qué? Comparte tu imagen y opinión con la clase.

Hernán Cortés aparecía en el billete de 1000 pesetas antes de que España empezara a usar el euro.

Georgios Kollidas/Shutterstock.com

La historia y la política

la Conquista	*the Conquest*		el héroe	*hero*
el (la) criminal	*criminal*		la heroína	*heroine*
la democracia	*democracy*		la injusticia	*injustice*
el derecho	*legal right*		la justicia	*justice*
la derrota	*defeat*		la ley	*law*
el desarrollo	*development*		el (la) líder	*leader*
la dictadura	*dictatorship*		el liderazgo	*leadership*
el ejército	*army*		la nacionalización	*nationalization*
las elecciones	*elections*		el país	*country*
la estabilidad	*stability*		el partido (político)	*(political) party*
la ética	*ethics*		el pueblo	*the people / nation*
el fortalecimiento	*strengthening*		el valor	*bravery*
el gobierno	*government*		el (la) villano(a)	*villain*
el golpe de estado	*coup d'état*			

Adjetivos

altruista	*selfless*		humilde	*humble*
cobarde	*cowardly*		justo(a)	*fair*
débil	*weak*		leal	*loyal*
dedicado(a)	*dedicated*		poderoso(a)	*powerful*
egoísta	*selfish*		traidor(a)	*traitorous*
fuerte	*strong*		valiente	*brave*
heroico(a)	*heroic*		violento(a)	*violent*

Verbos

apoyar	*to support*		luchar	*to struggle, to work hard in order to achieve something*
derrocar	*to overthrow*			
durar	*to last*			
elegir (i)	*to elect*		vencer	*to defeat*
lograr	*to achieve*		votar	*to vote*

Literatura

José Martí

Biografía

José Martí (1853–1895) fue un poeta, ensayista y periodista cubano. Publicó sus primeros poemas en el periódico de su escuela. Empezó a escribir obras a favor de la independencia de Cuba, pero como Cuba era colonia de España, esto le creó problemas. Martí se tuvo que ir a los Estados Unidos, donde formó el Partido Revolucionario Cubano y promovió la independencia cubana de España. En 1895 regresó a Cuba y murió unos meses después en la Batalla de Dos Ríos, antes de que Cuba consiguiera su independencia. Hoy es conocido como el poeta nacional de Cuba y el Padre de la Independencia.

Investiguemos la literatura: El verso

Verse refers to a written work with rhyme and sometimes with meter (the basic rhythmic structure of a line). It can refer to one line or to a complete poem. A verse or a stanza is generally called **una estrofa**.

Antes de leer

1. Probablemente la obra más conocida de José Martí es "Versos sencillos" *(Simple verses).* Estos versos se hicieron muy famosos cuando fueron convertidos en una canción popular llamada "Guantanamera". Busca una versión de esta canción y escúchala. ¿Qué sentimientos evoca?

2. ¿De qué piensas que puede hablar un poema titulado "Versos sencillos"?

Versos sencillos

Yo soy un hombre sincero
grows / palm trees De donde **crece** la **palma**,
Y antes de morirme quiero
to cast / soul **Echar** mis versos del **alma**.

5 Con los pobres de la tierra
share my fate Quiero yo mi **suerte echar**:
creek / mountain range El **arroyo** de la **sierra**
gives pleasure / sea Me **complace** más que el **mar**.

Mi verso es de un verde claro

bright red

10 Y de un **carmín encendido:**

injured deer

Mi verso es un **ciervo herido**

mountain / ayuda

Que busca en el **monte amparo.**

Yo quiero salir del mundo

Por la puerta natural:

leaves

15 En un carro de **hojas** verdes

They should take me when I die

A morir me han de llevar.

darkness

No me pongan en lo **oscuro**

A morir como un traidor:

¡Yo soy bueno, y como bueno

20 Moriré de cara al sol!

Estatua de José Martí en la Habana, Cuba

Versos sencillos, José Martí

Yo pienso, cuando me alegro

Como un **escolar** sencillo,   *schoolboy*

En el canario amarillo,—

¡Que tiene el ojo tan negro!

25 Yo quiero, cuando me muera,

Sin **patria,** pero sin **amo,**   *country / master*

Tener en mi **losa** un **ramo**   *grave / bouquet*

De flores,— ¡y una bandera!

Cultivo una rosa blanca,

30 En julio como en enero,

Para el amigo sincero

Que me da su mano **franca.**   *honest*

Y para el cruel que **me arranca**   *tears out*

El corazón con que vivo,

35 **Cardo** ni **ortiga** cultivo: *thistle / nettle*

Cultivo la rosa blanca.

Tiene el leopardo un abrigo

En su monte seco y **pardo:**   *dark*

Yo tengo más que el leopardo,

40 Porque tengo un buen amigo.

Después de leer

A. Comprensión

1. Basándote en el texto, ¿qué es muy importante para la voz poética?

2. ¿Qué palabras usa el poeta para describir a Cuba?

B. Conversemos

1. En estos versos Martí describe a su país. ¿Cuáles son algunos adjetivos que puedes usar en un poema para describir a tu país?

2. Martí menciona ideas importantes para él en este poema. ¿De qué hablarías *(would speak)* tú?

Estrategia para avanzar

Everyone makes a mistake every now and then, even when speaking their native language. Re-starts and self-correction therefore are common features in everyday conversation. If you hear yourself make a mistake, it's okay to try to fix it. After all, noticing your mistakes is a big step toward being able to improve your speech and learning a new language.

In this chapter you will learn how to:

- Discuss contemporary issues
- Talk about what you have done
- Discuss opinions and emotional reactions to current and prior events

Sociedades en transición

El Museo Nacional en San José, Costa Rica

Explorando con... Lucy Cooke

Si te dan a elegir, ¿qué prefieres: un panda o una rana? ¿Un cachorro *(cub)* de oso o un perezoso? No es sorprendente que los animales más bonitos, de ojos más grandes y más monos *(cute)* tengan más posibilidades de recaudar fondos *(raise funds)* para su conservación. Sin embargo, Lucy Cooke está convencida de que hay muchas razones para proteger también a los animales raros y feos. Su pasión por las ranas la ha llevado a países como Costa Rica, Panamá, Colombia y Uruguay.

Vocabulario útil

el depredador   *predator*
el perezoso   *sloth*
la rana   *frog*
salvar   *to save*
el santuario   *sanctuary*
el sentido del humor   *sense of humor*
subsistir   *to survive*

Las bitácoras *(blogs)* y videos de Lucy Cooke son muy populares en Internet gracias a las peculiares historias que cuenta sobre algunos animales, a su sentido del humor, y gracias también al importante mensaje que comunica. Con sus esfuerzos *(efforts)*, Lucy Cooke espera que su audiencia tenga un papel importante en la protección de estos animales. Uno de sus videos en Internet se hizo tan popular que ahora es una serie de televisión *(Meet the Sloths)* que se puede ver en varios países del mundo. Cooke habla de la "tiranía de los animales bonitos" que hace que casi nadie les preste atención a otros animales. Un ejemplo de esto son los anfibios. Aunque una tercera parte *(one-third)* de los anfibios está en peligro de extinción y son vitales en la cadena alimenticia *(food chain)*, pocas personas les prestan atención.

Otro de los proyectos más populares de Lucy es un santuario para perezosos huérfanos en Costa Rica. Estos animalitos perdieron a sus padres a consecuencia de los cables de electricidad y los nuevos caminos que atraviesan *(cross)* las selvas de Costa Rica. "Los perezosos tienen una mala reputación por ser tontos, lentos, sucios y perezosos. Sin embargo, ese metabolismo lento les permite subsistir en su medio ambiente. Además, moverse lentamente les permite esconderse *(to hide)* de sus depredadores", comenta Lucy Cooke.

Lucy Cooke piensa que usar el sentido del humor es mejor estrategia que usar mensajes dramáticos para lograr la atención del público. En su opinión, se trata de *(it is about)* darles voz *(voice)* a los animales que no la tienen, y de contar historias para lograr que la gente participe en los esfuerzos de conservación.

NATIONAL GEOGRAPHIC TELEVISION/National Geographic Creative

Lucy Cooke nació y creció en Inglaterra (England)*. Desde joven tuvo mucho contacto con la naturaleza, sobre todo gracias a su padre. En la universidad aprendió sobre la evolución y el comportamiento* (behavior) *animal, y también aprendió de actuación, comedia y drama. Lucy combina ahora todos estos conocimientos en su exitosa carrera produciendo videos, programas y libros para ayudar a proteger a los animales.*

EN SUS PALABRAS

"Quiero que la gente se asombre *(be amazed)* como yo con estas criaturas, que las ame *(love)*. Una vez que uno entiende por qué son feas o raras, uno aprende a apreciarlas y a querer salvarlas, como yo".

5.1 **Comprensión**

Decide si las afirmaciones son ciertas o falsas y corrige las falsas.
1. Los animales bonitos están más en peligro que los animales feos.
2. Los conocimientos de Cooke sobre actuación y drama la ayudan a producir videos para proteger a muchos animales.
3. Los perezosos pueden subsistir porque tienen un metabolismo lento.
4. Casi todos los anfibios están en peligro.
5. La estrategia de Lucy Cooke para ayudar a los animales feos es producir videos dramáticos.

5.2 **A profundizar** Una de las ranas que más le interesa a Lucy Cooke vive en el lago Titicaca. Averigua más sobre esta rana y por qué está tan amenazada.

5.3 **¡A explorar más!** Investiga en Internet algunos de los videos o blogs que ha producido Lucy Cooke. Elige una que te parezca interesante y dale un breve resumen a la clase.

GEORGE GRALL/National Geographic Creative

Exploraciones **léxicas**

¿Cuáles son los mayores retos de la sociedad actual?

La sociedad moderna

la cárcel   *jail*
la causa   *cause*
la clase baja/media/alta   *lower/
   middle/upper class*
el conflicto   *conflict*
el empleo   *job, employment*
el feminismo   *feminism*
la globalización   *globalization*
la guerra   *war*
la huelga (de hambre)   *(hunger) strike*
los impuestos   *taxes*
la innovación   *innovation*
la libertad (de prensa)   *freedom
   (of press)*
el machismo   *chauvinism*
la manifestación   *demonstration*
la marcha   *march (protest)*
la migración   *migration*
la modernidad   *modernity*
la muchedumbre   *crowd*

la opinión pública   *public opinion*
la participación   *participation,
   involvement*
la petición   *petition*
el progreso   *progress*
el reto   *challenge*

La tecnología

el archivo   *file*
el blog/la bitácora   *blog*
la computadora portátil   *laptop*
la contraseña   *password*
el correo electrónico   *e-mail*
el lector electrónico   *e-book reader*
las redes sociales   *social networks*
la transmisión por demanda   *streaming*

Adjetivos

actual   *current*
contemporáneo(a)   *contemporary*
convencional   *conventional*

Verbos

adjuntar   *to attach*
bajar/descargar (archivos)   *to download
   (files)*
borrar   *to delete, to erase*
chatear   *to chat online*
comprometerse   *to make a commitment,
   to agree formally, to promise*
conseguir (i, i)   *to get, to obtain*
donar   *to donate*
ejercer   *to exercise (a right, an
   influence), to practice (a profession)*
empeorar   *to get worse, to deteriorate*
enterarse   *to find out*
firmar   *to sign*
grabar   *to record, to burn (a DVD or CD)*
hacer clic (en)   *to click (on)*
involucrarse (en)   *to get involved (in)*
mejorar   *to improve*
subir (archivos)   *to upload (files)*
valorar   *to value*

A practicar

5.4 Escucha y responde Observa la ilustración y responde las preguntas que vas a escuchar.

1. ...   2. ...   3. ...   4. ...

5.5 Explicaciones Decide a qué palabra de la segunda columna se refiere cada explicación.

1. Es una persona típica que se comporta de forma tradicional.
2. Es un verbo que significa lo opuesto de empeorar.
3. Es un fenómeno que ocurre cuando la gente se va a vivir a un lugar diferente en otra región.
4. Es un verbo que explica cuando una persona practica activamente sus derechos.
5. Es un adjetivo para describir aquello que es nuevo y actual *(current)*.

a. contemporáneo
b. la migración
c. convencional
d. mejorar
e. ejercer

5.6 Tus definiciones Con un compañero túrnense para escoger una palabra de la lista y explicarla sin decir cuál es. Su compañero debe decir la palabra que se explica.

adjuntar	donar	guerra	progreso
archivo	ecologista	huelga	reto
cambios	empleo	marcha	valorar
comprometerse	feminismo	muchedumbre	
contraseña	globalización		

5.7 Relaciones Trabaja con un compañero y túrnense para explicar la relación entre cada par de palabras.

1. convencional   contemporáneo
2. la marcha   la huelga
3. empeorar   mejorar
4. la cárcel   la libertad
5. descargar   bajar
6. firmar   la petición

Expandamos el vocabulario

The following words are listed in the vocabulary. They are nouns, verbs, or adjectives. Complete the table using the roots of the words to convert them to the different categories.

Verbo	Sustantivo	Adjetivo
innovar		
	progreso	
valorar		
		comprometido
firmar		

5.8 **La participación cívica desde tu perspectiva** Habla con un compañero sobre sus respuestas a las preguntas.

1. ¿Has participado o conoces a alguien que haya participado en alguna manifestación? ¿Cuándo, dónde y por qué? ¿Hubo resultados?

2. En las ilustraciones en la página 134 podemos ver una manifestación y una petición en una red social. ¿Cuál crees que sea más efectiva y por qué?

3. En una de las ilustraciones unas jóvenes piden firmas. ¿Cuáles son algunas causas que los jóvenes de hoy defienden?

4. ¿Has firmado (*Have you signed*) alguna petición en línea? ¿Qué causas te parece importante defender?

5. ¿Simpatizas con algún movimiento social? ¿Cuál?

5.9 **¿Con qué frecuencia?** En grupos de tres averigüen con qué frecuencia usan la tecnología. Después repórtenselo a la clase.

¿Con qué frecuencia...?

1. participar en redes sociales

2. descargar archivos

3. olvidar su contraseña para entrar a alguna página en Internet

4. adjuntar archivos a un correo electrónico

5. usar una computadora portátil

6. grabar música para sus amigos

¿Con qué frecuencia usas una computadora portátil?

5.10 **Cambios** ¿Ha cambiado (*Has changed*) mucho la sociedad? Piensa en los siguientes aspectos: cómo son ahora y cómo eran hace cincuenta años. ¿Qué cambió?

Modelo Las familias → *Hace cincuenta años las familias eran más grandes.*
Ahora son más pequeñas.

1. el gobierno
2. la tecnología
3. la forma de socializar
4. la forma de viajar
5. el entretenimiento (*entertainment*)
6. la política
7. el matrimonio
8. la comunicación por teléfono
9. la salud de la gente
10. la esperanza de vida (*life expectancy*)

5.11 **Opiniones diferentes** Trabaja en un grupo de tres o cuatro estudiantes para responder las preguntas. Toma notas para reportarle a la clase después.

1. En tu opinión, ¿quiénes quieren lograr cambios sociales? ¿Por qué?

2. ¿Qué hizo la generación anterior para mejorar la sociedad?

3. ¿Qué crees que vaya a hacer la nueva generación de jóvenes para lograr cambios positivos? ¿Te consideras progresista o conservador? ¿Por qué?

4. ¿Trabajaste alguna vez como voluntario para alguna organización? ¿Crees que es importante? ¿Por qué?

5. ¿Qué sabes sobre el feminismo? ¿y sobre el machismo?

6. ¿Cuáles piensas que son los grandes retos del futuro?

7. En tu opinión, ¿por qué cambia una sociedad?

5.12 **Citas** En parejas lean las siguientes citas sobre la juventud y la sociedad y expresen si están de acuerdo o no. Justifiquen sus opiniones.

- Nuestra sociedad es masculina, y hasta que no entre en ella la mujer no será humana. (Henrik Ibsen, dramaturgo noruego, 1828–1906)

- Las personas debemos el progreso a los insatisfechos *(the dissatisfied)*. (José Ingenieros, físico, filósofo y ensayista argentino, 1877–1925)

- Puede juzgarse *(One can judge)* el grado de civilización de un pueblo por la posición social de la mujer. (Domingo Sarmiento, presidente, escritor e intelectual argentino, 1811–1888)

- El progreso consiste en el cambio. (Miguel de Unamuno, escritor español, 1864–1936)

- El verdadero progreso es el que pone la tecnología al alcance *(in reach)* de todos. (Henry Ford, industrial estadounidense, 1863–1947)

5.13 **Una video-carta para el futuro** En parejas miren las fotos. Después imagínense que están grabando un mensaje para la generación de sus nietos, quienes todavía no nacen. Háblenles de lo bueno y lo malo del mundo que recibieron de sus padres. ¿Cómo es? Después hablen del mundo que desean que sus nietos reciban. Incluyan sus ideas sobre el medio ambiente, los recursos, la tecnología y las ciudades.

A perfeccionar

A analizar ▶

La inmigración sigue transformando a muchas sociedades. Marcos describe a los inmigrantes que han ido a la Argentina durante los últimos 30 años. Depués de ver el video, lee el párrafo y observa los verbos en negrita. Luego contesta las preguntas que siguen.

¿Cómo ha cambiado la inmigración a la Argentina durante los últimos veinte años?

Los Estados Unidos no es el único país que **ha tenido** mucha inmigración. La Argentina también **ha recibido** a muchos inmigrantes desde el siglo XIX. De hecho, **ha contado** con olas (waves) de inmigración de Italia, España y Alemania, entre otras. Hoy en día las cosas están cambiando. Durante los últimos 20 o 30 años han venido muchos hombres de Bolivia para trabajar la tierra en granjas. Se lo ve mucho ahora en las partes rurales. En los últimos cinco años **ha inmigrado** mucha gente de China. Hay un convenio (agreement) que el gobierno argentino tiene con China que les permite a los chinos no pagar impuestos. En realidad siempre **hemos tenido** una relación cercana con los países europeos, pero últimamente estamos tratando de formar una alianza con China.

—Marcos, Argentina

1. Do the verbs in bold refer to the past, present or future?
2. What is the infinitive of each verb? How has it been changed?

A comprobar

El presente perfecto

1. The present perfect is used to express actions that you have or have not done. It combines the present tense of the verb **haber** with the past participle.

haber	
yo	he
tú	has
él, ella, usted	ha
nosotros(as)	hemos
vosotros(as)	habéis
ellos, ellas, ustedes	han

+ past participle

2. To form the regular past participle, you need to drop the verb ending and add -**ado** to the end of the stem of -**ar** verbs, and -**ido** to the stem of -**er** and -**ir** verbs. The past participle of verbs with stem changes in the present tense or the preterite do not have stem changes.

hablar	**hablado**
tener	**tenido**
servir	**servido**

The following verbs have accents in the past participles:

creer	**creído**
leer	**leído**
oír	**oído**
traer	**traído**

El papel de la mujer **ha cambiado.**
*The role of women **has changed.***

Las víctimas **han pedido** justicia.
*The victims **have asked for** justice.*

3. When using the participle with **haber,** it is part of the verb phrase and does not agree with the subject.

La situación **ha empeorado** en los últimos años.

Ellos **han firmado** el contrato.

4. The following are the most common irregular past participles:

abrir	**abierto**	morir	**muerto**
decir	**dicho**	poner	**puesto**
devolver	**devuelto**	romper	**roto**
escribir	**escrito**	ver	**visto**
hacer	**hecho**	volver	**vuelto**

5. Direct object, indirect object, or reflexive pronouns are placed in front of the conjugated form of **haber.**

> No **se** han comprometido todavía.
> *They have not yet made a commitment.*

> Ya **lo** he visto.
> *I have already seen it.*

6. In Spanish, the present perfect is generally used as it is in English to talk about something that has happened or something that someone has done. It is usually either unimportant when it happened or it has some relation to the present. It is not used with specific time expressions, such as **ayer** or **el año pasado.**

> Es la segunda vez que **he participado** en una manifestación.
> *This is the second time I have participated in a protest.*

> Las condiciones **han mejorado.**
> *Conditions have gotten better.*

7. The following expressions are often used with the present perfect.

alguna vez	*ever*
todavía no	*not . . . yet, still . . . not*
nunca	*never*
recientemente	*recently*
ya	*already*

> **Ya** han organizado la marcha.
> *They have **already** organized the march.*

> **Todavía no** han hablado.
> *They have not spoken **yet.***

> ¿**Alguna vez** has participado en una huelga?
> *Have you **ever** participated in a strike?*

> **INVESTIGUEMOS LA GRAMÁTICA**
>
> While in Latin America the preterite is used for all completed actions, in some areas of Spain, it is common to use the present perfect rather than the preterite when referring to completed actions that happened that same day.
>
> **Hemos llegado** a un acuerdo esta mañana.
> *We arrived at an agreement this morning.*

A practicar

5.14 **Los logros** Lee las oraciones y decide cuál de las organizaciones lo ha hecho.

Amnistía Internacional   **Organización de Alimentación y Agricultura**

Comercio Justo *(Fair Trade)*   **UNICEF**

Greenpeace   **World Wildlife Organization**

1. Ha protegido a millones de niños de la violencia y el abuso.
2. Ha conseguido mejores precios para los productos de países en vías de desarrollo *(developing)*.
3. Ha trabajado para reducir el número de personas hambrientas *(starving)* en el mundo.
4. Ha criticado los abusos a los derechos humanos.
5. Ha interferido en actividades que consideran dañinas *(harmful)* para el medio ambiente.
6. Ha luchado por la protección de los animales.

5.15 **El medio ambiente** En los últimos años ha surgido un movimiento para proteger el medio ambiente. Menciona si tú o alguien a quien conoces ha hecho las siguientes actividades.

Modelo (reducir) la cantidad de carne que consume
Mi hermana ha reducido la cantidad de carne que consume.
Mi novia y yo hemos reducido la cantidad de carne que consumimos.

1. (poner) una huerta (jardín con verduras) al lado de su casa
2. (ir) al mercado para comprar frutas y verduras
3. (dejar) de comprar agua en botellas
4. (comprar) un auto que consuma menos gasolina
5. (ver) un documental relacionado con el medio ambiente
6. (hacer) abono *(compost)*
7. (comenzar) a reciclar más
8. (utilizar) el transporte público para usar menos gasolina

5.16 **Sondeo** En grupos de tres o cuatro estudiantes hagan un sondeo para saber si son expertos en tecnología. Túrnense para hacer las preguntas, y después repórtenle los resultados a la clase. ¿Cuál de los grupos es más experto?

Modelo ver una película por Internet
¿Quiénes han visto una película por Internet?

1. bajar música de Internet
2. mandar mensajes
3. subir un video a Internet
4. crear una página en una red social
5. hacer investigación *(research)* en Internet para una clase
6. chatear usando una cámara web
7. abrir una cuenta de correo electrónico
8. leer un libro con un lector electrónico
9. hacer un comentario en un blog o un artículo en Internet
10. hacer compras por Internet

5.17 **En busca de...** Las siguientes actividades son maneras de mejorar la sociedad. Circula por la clase para preguntar quién las ha hecho. Encuentra una persona diferente para cada una y pídeles información adicional.

Modelo firmar una petición (¿para qué?)
Estudiante 1: *¿Has firmado una petición?*
Estudiante 2: *Sí, he firmado una petición.*
Estudiante 1: *¿Para qué?*
Estudiante 2: *Para prohibir el uso de bolsas de plástico.*

1. trabajar como voluntario (¿para qué organización?)
2. participar en una marcha o una protesta (¿por qué?)
3. asistir a un evento para una causa benéfica *(charitable)* (¿cuál?)
4. hacer servicio comunitario (¿qué hiciste?)
5. donar dinero para una causa (¿cuál?)
6. subir información a las redes sociales para promover una causa (¿cuál?)
7. ser una buena influencia en la vida de alguien (¿de quién?)
8. escribirle a un representante del gobierno (¿por qué?)

5.18 **Logros personales** Habla con un compañero sobre los logros que tú, tu familia o tus amigos han realizado en las siguientes áreas.

Modelo   familia
          Estudiante 1: *Mi hermana y su esposo han tenido un hijo.*
          Estudiante 2: *Mis padres han estado casados por 20 años.*

1. educación
2. relaciones personales
3. deportes
4. trabajo
5. comunidad
6. salud
7. dieta
8. ¿?

5.19 **Avancemos** Con un compañero túrnense para describir los dibujos. Incluyan la siguiente información: ¿Quiénes son las personas? ¿Dónde están? ¿Qué están haciendo? ¿Qué ha pasado para causar la situación? ¿Qué va a pasar después?

Conexiones culturales

Los migrantes y las nuevas generaciones

Cultura

A lo largo de la historia ha habido muchos artistas que se han mudado a otros países, en donde su arte ha florecido *(flourished)*. Quizás en la época medieval no se hablaba de que migraran, pero es cierto que buscaron oportunidades en otros países. Por ejemplo, muchos artistas italianos se hicieron famosos en España. El mismo Goya vivió en el exilio en Francia.

La siguiente es una lista de artistas que inmigraron a un país hispano. Elige uno y después preséntale la información a la clase. ¿De dónde era? ¿Qué tipo de arte hacía? ¿Por qué inmigró y a dónde? ¿Qué piensas de su arte y por qué?

Leonora Carrington   Remedios Varo
Patricio Guzmán   Max Ernst
Manu Chao   Max Aub
Miguel Littin   Luis Buñuel

Pablo Picasso, pintor español, vivió muchos años en el exilio.

Conexiones... a la sociología

La inmigración es uno de los aspectos que más influye en los cambios sociales de cualquier país. Se calcula que hay más de 244 millones de inmigrantes en el mundo, alrededor de un 3.3% de la población del planeta.

Los motivos más comunes para emigrar son la búsqueda de mejores oportunidades laborales, educativas o de salud, o huir *(to flee)* de zonas en guerra, y de la persecución racial o religiosa. Sea cual sea *(whatever it is)* la razón por la que una persona deja su país, los inmigrantes traen diversidad cultural a su nueva comunidad y son un factor importante de cambio social. Con la inmigración hay cambios socioculturales como la apertura *(opening)* de restaurantes étnicos y publicaciones en otros idiomas. Sin embargo, adaptarse a un nuevo país es un proceso que toma tiempo, a veces más de una generación.

Los países hispanohablantes han recibido a muchos grupos de inmigrantes a través de su historia. El estado de Chihuahua, en México, por ejemplo, tiene la comunidad menonita más grande del mundo.

Los países hispanos han recibido a millones de personas que han inmigrado en busca de oportunidades, especialmente los que llegaron de Europa. Algunas de las olas *(waves)* de inmigración ocurrieron durante conflictos armados o económicos en Europa. Por ejemplo, millones de inmigrantes llegaron a Argentina durante y después de la Segunda Guerra Mundial. También a causa de la Guerra Civil en España, cientos de miles de españoles buscaron un nuevo hogar, muchos de ellos en Chile y México. Hoy en día hay también un importante número de migrantes dentro de la región hispanoamericana. Por ejemplo, Argentina tiene la mayor colonia de paraguayos viviendo fuera de su país.

1. ¿Cuáles son algunos ejemplos históricos de cambios en una sociedad debido a la migración?
2. La inmigración tiene consecuencias para el lugar adonde llegan los migrantes, pero también para el lugar de donde se van. ¿Cuáles crees que sean algunas de estas consecuencias?

*Datos de la UNFPA, (Fondo de Población de las Naciones Unidas, 2015)

Comparaciones

La tecnología tiene una gran influencia en las sociedades y afecta toda la experiencia humana: nuestra alimentación, nuestro trabajo, y hasta nuestra forma de socializar. Las redes sociales han cambiado las relaciones sociales de los jóvenes. El impacto también es económico y político porque la información recaudada *(gathered)* por las redes sociales se usa para fines de mercadotecnia *(marketing)* y para apoyar y promover causas políticas.

Latinoamérica y España participan plenamente de estos cambios, como se puede ver en las siguientes estadísticas.

- Por tiempo dedicado a redes sociales, 5 de los 10 mercados principales del mundo están en Latinoamérica. Argentina ocupa el primer lugar de la región, pues es la actividad más popular entre 90% de los usuarios *(users)*.

Los cibercafés son muy populares en toda Latinoamérica y hacen el acceso a Internet fácil y barato.

- El 88% de los usuarios de Internet en Latinoamérica usan redes sociales. Argentina, México, Brasil y España están en la lista de países con más usuarios de Google+. En Argentina el uso de las redes sociales es la actividad más popular en Internet para más de 90% de los usuarios.
- En el 2014 México contaba con más de 49 millones de usuarios de Facebook, seguido por Argentina y España, con más de 24 y 18 millones respectivamente. La Ciudad de México es la ciudad con más usuarios de Facebook de todo el mundo.

1. ¿Usan ustedes o sus amigos cercanos redes sociales? ¿Por qué y para qué las usan? ¿Con qué frecuencia? ¿Cuánto tiempo pasan en las redes sociales?

2. Averigua qué porcentaje de personas usa redes sociales en los Estados Unidos y cuánto tiempo pasa en ellas. ¿Cómo se comparan a las estadísticas que se mencionan en este artículo?

Sources: *comScore, El Crecimiento de las Redes Sociales en América Latina* http://www.comscore.com/esl/el-crecimiento-de-redes-sociales-en-america-latina; El economista, 2015, digital-nature.com, la Nación, 2014.

Comunidad

Según algunas estadísticas en España, el 80 por ciento de los negocios tienen una página en redes sociales. Elige un país y un tipo de negocio y búscalo en Internet. Por ejemplo, busca supermercados de Colombia, artistas de Argentina o panaderías en México. De los primeros cinco o diez resultados, ¿cuántos tienen presencia en redes sociales? Presenta tus resultados a la clase.

1

A analizar ▶

España ha sufrido varios cambios durante la crisis económica global. Salvador reacciona a algunas de las consecuencias de esta crisis. Después de ver el video, lee el párrafo y observa los verbos en negrita. Luego contesta las preguntas que siguen.

¿Cómo ha afectado a España la crisis económica?

Recientemente, por la crisis económica, la pobreza ha aumentado en España. No creo que antes **haya habido** tantas personas haciendo cola (*standing in line*) para recibir comida. Tampoco creo que antes **hayan ido** niños al colegio sin haber desayunado. Espero que **se haya creado** en la sociedad española una consciencia de que estamos ante un problema nuevo. Es probable que recientemente **hayamos vivido** una de las crisis más traumáticas, pero es importante que aprendamos a vivir con ella.

—Salvador, España

1. The verbs in bold are in the subjunctive. What phrases trigger the use of subjunctive for each of the verbs?

2. Compare these verbs to the present perfect indicative from the last section. How are they different?

A comprobar

El presente perfecto del subjuntivo

1. Just as there is a present and imperfect form of the subjunctive, there is also a present perfect form of the subjunctive. It consists of using the subjunctive form of the verb **haber** along with the past participle.

haber	
yo	**haya**
tú	**hayas**
él, ella, usted	**haya**
nosotros(as)	**hayamos**
vosotros(as)	**hayáis**
ellos, ellas, ustedes	**hayan**

+ past participle

Me alegra que él **haya aceptado** ayudarnos.
*I am happy that he **has agreed** to help us.*

No creo que **hayan visto** ese documental.
*I doubt that they **have seen** that documentary.*

Es posible que **haya mejorado** la situación.
*It is possible that the situation **has improved.***

2. You have learned to use the subjunctive to indicate doubt or a lack of certainty, to express emotions, desires, and influence, and to indicate that something is indefinite (nonspecific). Remember, the present subjunctive is used to refer to an action that either takes place in the present or in the future.

Busco una organización que **tenga** una buena reputación.
*I am looking for an organization that **has** a good reputation.*

Esperamos que les **guste** el cambio.
*We hope they **will like** the change.*

No creo que todos **voten** este año.
*I don't believe everyone **will vote** this year.*

Me sorprende que **haya** tanta gente en la manifestación.
*It surprises me that **there are** so many people in the demonstration.*

The present perfect subjunctive is used in these same circumstances; however, it is used when the main clause expresses doubt, emotions, desires, opinions, or uncertainty about something that has already happened or that someone has already done. Notice that the verb in the main clause is in the present indicative.

Busco una organización que **haya existido** por más de 5 años.
*I am looking for an organization that **has existed** for more than 5 years.*

Esperamos que **les haya gustado** el cambio.
*We hope that they **liked** the change.*

No creo que todos **hayan votado** este año.
*I don't believe everyone **voted** this year.*

Me sorprende que tanta gente **haya llegado** a la manifestación.
*It surprises me that so many people **came** to the demonstration.*

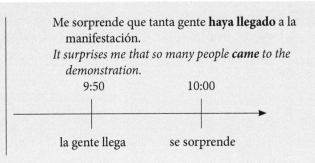

9:50   10:00

la gente llega   se sorprende

A practicar

5.20 **¿Estás de acuerdo?** Lee las siguientes oraciones y di si estás de acuerdo o no. Explica tus respuestas.

1. Es probable que la tecnología haya tenido efectos negativos en la comunicación.
2. No creo que la tecnología haya reducido la cantidad *(quantity)* de trabajo.
3. Me alegra que las redes sociales hayan hecho posible el contacto entre personas en diferentes países.
4. Dudo que la tecnología haya tenido un gran impacto en la educación.
5. Quizás el invento del Internet haya sido uno de los más importantes.

5.21 **¿Es probable?** Eduardo no es muy amante de *(fond of)* la tecnología. Decide si es probable o no que él haya hecho las siguientes actividades y completa las oraciones con la forma necesaria del presente perfecto del subjuntivo.

Es probable que…

1. (no) resistirse a comprar un teléfono inteligente
2. (no) aprender a navegar Internet
3. (no) escribir un blog o una bitácora
4. (no) mantener contacto con sus amigos por teléfono
5. (no) conocer a su mejor amigo en línea
6. (no) conservar su colección de CDs
7. (no) recibir un lector electrónico como regalo
8. (no) mandar tarjetas *(cards)* electrónicas en Navidad

Eduardo no es muy amante de la tecnología.

Drkskmn/Shutterstock.com

5.22 **Chismes** Imagina que ves la siguiente información sobre estas celebridades en Internet. Usando el subjuntivo del presente perfecto y las expresiones de duda o de emoción, expresa tu reacción.

Modelo   Marc Anthony y Jennifer López se casaron otra vez.
No creo que Marc Anthony y Jennifer López se hayan casado otra vez.
Me alegra que Marc Anthony y Jennifer López se hayan casado otra vez.

1. Justin Bieber le propuso matrimonio a Selena Gómez.
2. Bob Esponja se mudó de la piña a un melón.
3. Stephenie Meyer recibió el Premio Nobel de Literatura.
4. La NFL canceló el Super Bowl este año.
5. Ariana Grande perdió su voz *(voice)*.
6. Ronald McDonald ganó *Top Chef.*
7. Santa Claus despidió *(fired)* a todos los enanos *(elves)*.
8. Enrique Iglesias canceló todos sus conciertos.

5.23 **¿Conoces a alguien?** Con un compañero túrnense para hacer y responder las preguntas. Si respondes afirmativamente, identifica a la persona a quien conoces y añade un poco más de información.

Modelo   tener un televisor en blanco y negro
Estudiante 1: *¿Conoces a alguien que haya tenido un televisor en blanco y negro?*
Estudiante 2: *No conozco a nadie que haya tenido un televisor en blanco y negro. /*
Sí, mi abuelo tenía un televisor en blanco y negro cuando era niño.

¿Conoces a alguien que... ?

1. tener problemas por poner información en una red social
2. escribir una bitácora
3. nunca mandar mensajes de texto
4. nunca comprar un teléfono inteligente
5. vender algo por Internet
6. perder un documento porque su computadora falló *(crashed)*
7. no aprender a usar computadoras
8. conocer a un amigo en Internet

5.24 **Este año** Con un compañero usen los temas de abajo para hablar de sus vidas el año pasado. Reaccionen a los comentarios de su compañero.

Modelo   la diversión
Estudiante 1: *No pude ir al concierto de Pitbull.*
Estudiante 2: *Es una lástima que no hayas podido ir al concierto de Pitbull. Yo salí a bailar con mi novia el fin de semana pasado.*
Estudiante 1: *Me alegra que hayas salido con tu novia el fin de semana pasado.*

1. los estudios
2. los viajes
3. las relaciones personales
4. el trabajo
5. la familia
6. ¿?

5.25 **Avancemos** Trabaja con un compañero. Cada uno debe elegir un dibujo diferente para inventar una historia. ¿Quiénes son? ¿Dónde están? ¿Qué problema tuvieron? ¿Cuál es una explicación al problema o una reacción probable?

▶ Video-viaje a...
Costa Rica

Antes de ver

En *Earth University*, en Guácimo, Costa Rica, los ecologistas del futuro estudian técnicas agrícolas sostenibles que podrán implementar en las comunidades pobres de Latinoamérica y África. Según los estudiantes y los administradores de esta universidad el medio ambiente se debe tratar con respeto.

5.26 ¿Ya sabes?

1. Costa Rica está en _____.
   - ☐ Europa   ☐ Sudamérica
   - ☐ El Caribe   ☐ Centroamérica
2. ¿Cierto o falso?
   - **a.** La moneda de Costa Rica es el colón.
   - **b.** Costa Rica se conoce por su diversidad biológica.
3. ¿Qué tradición, imagen o persona asocias con Costa Rica?

5.27 Estrategia

If you have a rough idea of a video segment's content, you can predict what other information it may contain. Think about the topic and ask yourself what vocabulary you associate it with. By organizing your thoughts in advance, you prepare yourself to understand the content more easily. Given the introduction above, and the title "Earth University," try to imagine what the segment is about. Write five vocabulary words in Spanish that you think might relate to the content of the video segment.

Al ver

5.28 **Escoge** Escoge la respuesta correcta según la información del video.

1. En *Earth University* los estudiantes se entrenan para ser los _____ del futuro.

   a. biólogos   **b.** ecologistas   **c.** profesores

2. *Earth University* es _____ de agricultura en Guácimo, Costa Rica.

   a. una escuela   **b.** un laboratorio   **c.** una biblioteca

3. El instituto nació de la idea de proteger _____.

   a. la economía   **b.** los cambios   **c.** el medio ambiente

4. La mayoría de los estudiantes son de _____.

   a. Latinoamérica   **b.** África   **c.** los Estados Unidos

5. Hay _____ en el campus, donde los estudiantes y profesores experimentan con técnicas nuevas.

   a. un laboratorio   **b.** un plantío de bananas   **c.** un mercado

5.29 **Escribe** Completa las oraciones con la respuesta correcta.

1. Los estudiantes en *Earth University* aprenden métodos agrícolas que tienen poco o ningún impacto negativo en el _____.

2. Los estudiantes en *Earth University* aprenden cómo ser _____ con el medio ambiente.

3. Según Robert, los estudiantes tienen que entrenarse para ser agentes del _____.

4. Según el presidente Zaglul, la intención de *Earth University* es formar líderes que puedan transformar a _____.

Vocabulario útil

la destreza *skill*
ensuciarse *to get dirty*
las ganancias *profits*
los ingresos *revenue*
el plantío *field of crops*
la pobreza *poverty*
los recursos naturales *natural resources*
respetuoso *respectful*
sostenible *sustainable*

Después de ver

5.30 **Expansión**

Paso 1   Mira la sección sobre Costa Rica en **Exploraciones del mundo hispano** y lee **Investiga en Internet**. Escoge uno de los temas que te interese.

Paso 2   Busca información en Internet. Usa dos o tres fuentes.

Paso 3   Usando la información que encontraste en Internet, escribe un resumen de 3–5 oraciones en español. Comparte la información con tus compañeros.

A analizar ▶

La tecnología introduce cambios al nivel social tanto como individual. Marcos describe cómo la tecnología ha cambiado su vida. Después de ver el video, lee el párrafo y observa las expresiones en cursiva y los verbos en negrita. Luego contesta las preguntas que siguen.

¿Cómo ha cambiado tu vida la tecnología?

Ahora tengo un teléfono celular, un MP3 y un lector electrónico. Estos aparatos son esenciales *para que* yo ahora **pueda** hacer más cosas en diferentes lugares *siempre y cuando* los **lleve** conmigo. Siempre están en mi mochila. No puedo estar en casa con la familia *sin que* **haya** una computadora o un objeto electrónico encendido. *Antes de que* **llegue** la hora de comer se puede ver en la cocina de mi casa a mis hermanos o a mis padres, o a mí mismo, mirando el correo electrónico o mandando mensajes de texto. Mis padres han decidido eliminar estos objetos del comedor para que **podamos** comer sin interrupciones.

—Marcos, Argentina

1. In what form are the verbs in bold?
2. Look at the phrases in italics. Thinking about what you know of the use of the subjunctive, why do you think the subjunctive is used after these phrases?

A comprobar

El subjuntivo con cláusulas adverbiales

Adverbial clauses are dependent clauses that tell where, when, why, or how, and begin with a conjunction.

1. The following adverbial conjunctions always require the subjunctive. Because they indicate that the action is dependent upon another action, the outcome is unknown.

a fin de que	in order that, so that
a menos que	unless
antes (de) que	before
con tal (de) que	as long as; in order that, so that
en caso de que	in case
mientras que	as long as
para que	in order that, so that
siempre y cuando	as long as, provided that
sin que	without

La situación va a empeorar **a menos que hagamos** algo.
*The situation is going to get worse **unless** we **do** something.*

Firmé la petición **para que** nuestros representantes **supieran** de las injusticias.
*I signed the petition **so that** our representatives **would know** about the injustices.*

2. Note that the expressions **con tal de que, mientras que,** and **siempre y cuando** translate as *as long as* in English, yet their uses differ. While **con tal de que** and **siempre y cuando** both communicate that a condition must be met in order to obtain a positive end result, **con tal de que** generally implies that the subject doesn't really want to do it but is willing to because of the end result. **Mientras que,** however, generally refers to a situation that currently exists.

El señor García va a tener dos empleos **con tal de que** sus hijos puedan estudiar.
*Mr. Garcia is going to have two jobs (although he really doesn't want to) **so that** his children can study.*

El señor García va a continuar con dos empleos **siempre y cuando** sus hijos sigan estudiando.
*Mr. Garcia is going to continue to have two jobs **as long as** his children continue to study.*

El señor García va a seguir trabajando para la compañía **mientras (que)** gane un buen sueldo.
*Mr. Garcia is going to continue working for the company **as long as** he continues to earn a good salary.*

3. With the exception of **a menos que,** the adverbial conjunctions on the previous page are often used with the infinitive if there is no change of subject. The **que** after the preposition is omitted.

> **Antes de votar** debes informarte.
> *Before voting,* you should become informed.

> No podemos simplemente mirar **sin hacer** nada.
> *We can't simply watch **without doing** anything.*

4. These adverbial conjunctions require the indicative because they communicate something that is perceived as a fact.

porque	*because*
puesto que	*since, as*
ya que	*since, as*

> **Ya que** tienes Internet, debes participar en las redes sociales.
> *Since you have Internet, you should participate in social networks.*

> **INVESTIGUEMOS LA GRAMÁTICA**
>
> **Porque** cannot be used to begin a sentence. Instead, use **como.**
>
> **Como** tienes Internet, puedes buscar la información.
> *Because you have Internet, you can search for the information.*

5. The following temporal (time) adverbial conjunctions require the subjunctive when referring to future events or actions that have not yet occurred. When referring to actions that already took place or that are habitual, they require the indicative.

cuando	*when*
después (de) que*	*after*
en cuanto	*as soon as*
hasta que*	*until*
tan pronto (como)	*as soon as*

*If there is no change of subject, it is possible to omit the **que** from the expressions **Después de que** and **hasta que** and use the infinitive.

Indicative

> **Tan pronto como llega** a casa, mi hermano prende su computadora.
> *As soon as he gets home, my brother turns on his computer.*
> **Cuando estábamos** en España, vimos las protestas en contra del desempleo.
> *When we were in Spain, we saw the protests against unemployment.*

Subjunctive

> **En cuanto llegues** a casa puedes mirar tu correo.
> *As soon as you get home, you can check your e-mail.*
> **Cuando vayamos** a Bolivia quiero ver todo.
> *When we go to Bolivia, I want to see everything.*

6. The following adverbial conjunctions require the indicative when referring to something that is known or is definite. However, when referring to something that is unknown or indefinite, they require the subjunctive.

aunque	*although, even though, even if*
como	*as, how, however*
(a)donde	*where, wherever*

> Quiero ir **aunque es** peligroso.
> *I want to go **even though** it **is** dangerous.*

> Quiero ir **aunque sea** peligroso.
> *I want to go **even if** it **may be** dangerous.*

> **Adonde vamos** hay crimen.
> *Where we are going, there is crime.*

> **Adonde vayamos** hay crimen.
> *Wherever we may go, there is crime.*

A practicar

5.31 **¿Lo sabe?** Las siguientes personas hablan sobre dónde quieren vivir. Lee las oraciones y decide si la persona habla de un lugar específico o no.

1. Édgar: Quiero vivir donde haya empleos.
2. Rebeca: Quiero vivir en la comunidad donde tienen un buen sistema de educación.
3. Martín: Quiero vivir donde los derechos humanos sean respetados.
4. Ángel: Quiero vivir donde haya muchos parques.
5. Manuela: Quiero vivir en el estado donde no se pagan impuestos en las compras.

5.32 **Promesas** Durante las elecciones los candidatos siempre hacen promesas de lo que van a hacer para mejorar el país. Completa las promesas de estos candidatos. Elige el adverbio más lógico y conjuga el verbo en la forma apropiada del presente del subjuntivo.

1. Voy a reducir los impuestos (para que / antes de que) la gente _____ (tener) más dinero para gastar.

2. Quiero reforzar el ejército (sin que / en caso de que) _____ (haber) una guerra.

3. Pienso crear nuevas leyes (a menos que / a fin de que) los criminales _____ (pasar) más tiempo en la cárcel.

4. No voy a aumentar los impuestos (sin que / para que) el pueblo _____ (votar) por un aumento.

5. Prometo encontrar una solución al problema de la inmigración (antes de que / con tal de que) el primer año de la presidencia _____ (terminarse).

6. Voy a hacer grandes cambios (en caso de que / a menos que) el congreso no me _____ (apoyar).

5.33 **¿Estás de acuerdo?** Completa las siguientes oraciones con el presente del subjuntivo del verbo entre paréntesis. Luego di si estás de acuerdo o no y explica por qué.

La educación en los Estados Unidos va a ser mejor...

1. cuando el gobierno les (pagar) mejor a los maestros.

2. en cuanto la educación universitaria (ser) gratuita *(free)*.

3. tan pronto como (haber) menos estudiantes en las clases.

4. después de que todos los estudiantes en el país (tener) acceso a la tecnología.

5. cuando los estudiantes (asistir) a clases todo el año.

6. tan pronto como el gobierno (apoyar) más la educación.

5.34 **¿Cuándo?** Con un compañero túrnense para hacer y responder las preguntas. Deben usar uno de los siguientes adverbios en sus respuestas: **antes de que, cuando, después de que, en cuanto, hasta que** y **tan pronto como.** Atención al uso del subjuntivo y del indicativo.

Modelo   **a.** Estudiante 1: *¿Cuándo adoptaste a tu primera mascota?*
                Estudiante 2: *La adopté cuando tenía 6 años.*
            b. Estudiante 1: *¿Cuándo vas a adoptar otra mascota?*
                Estudiante 2: *Voy a adoptar otra mascota cuando tenga mi propio apartamento.*

1. **a.** ¿Cuándo conseguiste tu primer trabajo?

   b. ¿Cuándo vas a buscar un nuevo trabajo?

2. **a.** ¿Cuándo te mudaste a la casa o el apartamento donde vives ahora?

   b. ¿Hasta cuándo vas a vivir allí?

3. **a.** ¿Cuándo compró tu familia el auto que tiene ahora?

   b. ¿Cuándo piensas comprar tu propio *(own)* auto?

4. **a.** ¿Cuándo te hiciste miembro de un club o un equipo deportivo?

   b. ¿Hasta cuándo piensas ser miembro?

5.35 **El futuro** Puedes tener un efecto positivo en el futuro. Completa las oraciones con tus ideas. **¡OJO!** No siempre necesitas usar **que** y el subjuntivo.

1. Voy a votar en cuanto...
2. Quiero donar dinero cuando...
3. Voy a poder trabajar como voluntario a menos que...
4. No voy a firmar una petición sin (que)...
5. Es posible que participe en una marcha siempre y cuando...
6. Me gustaría participar en un evento para una causa a fin de (que)...
7. Es posible que le escriba a mi representante en el gobierno para (que)...
8. El mundo no va a mejorar hasta que...

5.36 **Avancemos** Con un compañero escojan uno de los dibujos y expliquen lo que pasa. Mencionen quiénes son las personas, qué hacen y qué va a pasar más tarde. Usen algunas de las expresiones adverbiales y decidan si se requiere el indicativo o el subjuntivo.

a fin de que	cuando	hasta que	sin que
a menos que	después de que	mientras que	
antes de que	en caso de que	para que	

Lectura

Reading Strategy: Distinguishing the main idea

An informative text (one that attempts to explain something) is usually organized around one central idea. This central idea is the point of the text. In order to establish the main idea, try summarizing the text in one sentence. To help you do this, look for repeated words, phrases or ideas, and then determine what the author wants you to know about that idea.

Antes de leer

¿Por qué cambia una sociedad? Piensa en cómo se lograron los grandes cambios de los últimos dos siglos; por ejemplo, ¿cómo se eliminó la esclavitud? ¿Cómo consiguieron las mujeres el voto? ¿Cómo se derrocó a algún dictador? ¿Quién lo hizo posible y cómo?

A leer

Participación social y evolución de la sociedad

Las sociedades no cambian sin razón. Con frecuencia el deseo de cambiar está motivado por razones económicas, éticas o ideológicas. La tecnología es otra fuerza de cambio, asociada a los aspectos económicos.

Para examinar el tema del cambio social en países de habla hispana, observemos dos ejemplos: uno histórico y uno moderno. Un ejemplo histórico ocurrió durante la colonia española, cuando **se esclavizó** a la mayoría de los indígenas para evangelizarlos. A esta forma de esclavitud se le llamó encomienda, es decir, a **los propietarios** españoles se les **encomendaban** los indígenas para convertirlos al cristianismo. Los españoles **explotaron** el trabajo de los indígenas a cambio de esa conversión religiosa. Había razones económicas **poderosas** para oponerse a la liberación de los indígenas, ya que **proporcionaban** enormes riquezas a los españoles bajo esta organización social.

enslaved

landowners
were entrusted with

exploited

powerful

provided

Monumento a Fray Bartolomé de las Casas en Guatemala

John Mitchell/Alamy Stock Photo

Algunos testigos de los **maltratos** a los indígenas—como Fray Bartolomé de las Casas (1474?–1566)—se opusieron y documentaron los abusos, pero sin muchos resultados en aquella época. Fray Bartolomé luchó fervientemente por defender a la población indígena y, con su ayuda, eventualmente se limitaron los abusos a la población nativa. Desafortunadamente los europeos trajeron de África a millones de esclavos para substituir a los indígenas.

    No todos los cambios sociales son violentos ni tienen oposición. Un cambio puede ser pacífico y bienvenido, particularmente en casos de emergencias. Un ejemplo de participación social **ocurrió** en Chile después del **terremoto** de febrero del 2010, uno de los más fuertes en la historia de la humanidad. En este caso, cientos de jóvenes se organizaron para ayudar a miles de víctimas. Dos jóvenes instalaron **una carpa** de ayuda fuera de una estación del metro. En pocas horas empezaron a recibir comida, **pañales** y otros artículos. Lo anunciaron en Twitter y de allí se hizo un reportaje en la televisión. Con la ayuda de Facebook, en pocos días encontraron a más de 400 voluntarios para ayudar. Se probó el viejo **dicho** de que "en la unión está **la fuerza**". Cuando el gobierno de una nación no está preparado para **hacer frente** a una emergencia, la participación social es la única solución. Para bien o para mal, los medios de comunicación y las redes sociales de hoy en día facilitan una gran participación de las masas.

mistreatment

happened
earthquake

tent

diapers

saying
strength
to face

Comprensión

1. Según el texto, ¿qué hace que una sociedad cambie?
2. ¿Qué hizo Fray Bartolomé de Las Casas? ¿A qué se oponía? ¿Tuvo éxito?
3. ¿Por qué las catástrofes pueden ocasionar participación y cambio social?
4. ¿Cuál crees que sea el mensaje del artículo?

Después de leer

1. ¿Participas tú en tu comunidad? ¿Por qué? ¿Cómo?
2. ¿Has participado en algún movimiento de ayuda después de una catástrofe? ¿Cómo? ¿Hubo resultados?
3. En tu opinión, ¿qué cambios se necesitan todavía en el mundo?

5.37 ¿Por qué? Explica qué ha ocurrido para causar estas circunstancias. Usen el presente perfecto.

Modelo   Miguel ya no compra libros de papel.
Sus padres le han comprado un lector electrónico.

1. Julio está en la cárcel.
2. Los estudiantes están protestando.
3. Verónica ya no tiene empleo.
4. Rafael no puede entrar en su cuenta de correo electrónico.
5. Mis padres tienen que pagar muchos impuestos este año.
6. Mis mejores amigos no se hablan desde la semana pasada.

5.38 Un organizador Enrique habla sobre sus experiencias como organizador de eventos para la comunidad. Completa el texto usando la forma apropiada del presente perfecto (subjuntivo o indicativo) de los verbos entre paréntesis.

Yo (1) _____ (encontrar) un trabajo que me encanta: soy organizador. Es increíble que (2) _____ (trabajar) tanto tiempo en esto porque el sueldo *(salary)* no es mucho, pero (3) _____ (aprender) que el dinero no lo es todo. Las personas de mi comunidad con quienes trabajo me (4) _____ (enseñar) que es posible lograr cambios necesarios. Me alegro de que nosotros (5) _____ (tener) varias oportunidades de efectuar cambios positivos en nuestra comunidad. Por ejemplo, nosotros (6) _____ (organizar) unas clases de computación en la biblioteca. Me encanta que mis vecinos ancianos (7) _____ (conectarse) con el mundo por medio del Internet. Esta (8) _____ (ser) una de mis experiencias favoritas.

Nuestro próximo proyecto es una guardería *(child care center)*. No creo que se (9) _____ (establecer) una segura, moderna y de precio razonable en esta comunidad. Conozco a varias persona que no (10) _____ (poder) encontrar un lugar adecuado para cuidar a sus hijos mientras trabajan. ¡Es bueno saber que yo (11) _____ (hacer) una diferencia en mi comunidad!

5.39 Nuevos proyectos Enrique y los miembros de su comunidad han contemplado varios proyectos. Completa sus ideas. Atención al uso del subjuntivo y del indicativo.

1. Podemos organizar algunas actividades por la tarde para los niños de la escuela primaria en caso de que...
2. No podemos ofrecer clases de natación para los niños menores de 5 años sin que...
3. Podemos ofrecer programas culturales para que...
4. Es una buena idea ofrecer clases de lenguas porque...
5. Quiero comenzar un programa de reciclaje antes de que...
6. Es necesario plantar más árboles en los parques aunque...

5.40 **Mis experiencias** Lee la siguiente lista de actividades y elige una que hayas hecho. Cuéntale los detalles de la experiencia a un compañero. ¡OJO! Vas a usar el pretérito y el imperfecto para contar los detalles.

Modelo Le he escrito a un representante del gobierno.
El semestre pasado en mi clase de historia tuvimos que escribirle a un representante del gobierno como tarea. Yo decidí escribirle a nuestro senador. Iban a votar para subir los impuestos. Le escribí un correo electrónico y le dije que no estaba de acuerdo.

1. He ayudado a conservar el medio ambiente.
2. He protestado contra algo.
3. He ayudado a resolver un conflicto.
4. He tenido problemas con la tecnología.
5. He ayudado a otra persona con la tecnología.

5.41 **En el futuro** Túrnense para preguntarse y responder si van a hacer las siguientes actividades. Expliquen las circunstancias y usen las expresiones adverbiales **a menos que, con tal de que, mientras que** y **siempre y cuando** en sus explicaciones.

Modelo salir este fin de semana
Estudiante 1: *¿Vas a salir este fin de semana?*
Estudiante 2: *Voy a salir este fin de semana siempre y cuando mis padres me den permiso. ¿Y tú?*
Estudiante 1: *No voy a salir este fin de semana hasta que no termine mi proyecto.*

1. estudiar esta noche
2. tomar otra clase de español
3. trabajar este verano
4. conseguir un coche
5. viajar a otro país
6. asistir a la universidad

5.42 **El invento más importante** En un grupo de tres o cuatro estudiantes van a decidir cuál ha sido uno de los inventos más importantes.

Paso 1 Escribe una lista de 8 inventos que consideres muy importantes para la sociedad. ¡Sé específico! Luego compara tu lista con las de tus compañeros. ¿Hay algunos inventos que todos hayan escrito en sus listas?

Paso 2 Cada uno debe escoger un invento en su lista que crea que ha sido el más importante o el más impactante y explicarles a los otros sus razones. Luego pónganse de acuerdo sobre cuál es el evento más importante.

Paso 3 Repórtenle a la clase el invento que escogieron y por qué.

En vivo 🔊

Entrando en materia

👥 Habla con un compañero de clase sobre las siguientes preguntas.

1. ¿Hay muchos inmigrantes en el lugar donde vives? ¿Por qué piensas que vinieron al lugar donde viven ahora?

2. ¿Los grupos inmigrantes han abierto tiendas o restaurantes diferentes a los que había? ¿Hay eventos o celebraciones culturales que antes no se celebraban?

3. Los Estados Unidos se conocen como un país de inmigrantes. ¿Sabes algo de las diferentes olas (waves) de inmigrantes a los EE.UU.?

🔊 La inmigración a la Argentina

Marcos va a hablar de tres olas de inmigrantes que han llegado a la Argentina durante los siglos XX y XXI. Antes de escuchar, consulta la sección de **Vocabulario útil**. Mientras escuchas, toma apuntes. Después compara tus apuntes con los de un compañero y contesta las siguientes preguntas.

Vocabulario útil

el convenio	agreement	**la industria (pesquera)**	(fishing) industry
estratégico	strategic	**el patrón**	pattern
la granja	farm	**la Segunda Guerra**	World War II
el impuesto	tax	**Mundial**	

Hay ventajas y desventajas de inmigrar a otro país.

Comprensión

1. ¿Cuándo y por qué vino la ola más grande de inmigrantes? ¿De dónde vino la mayoría?

2. ¿Qué impacto tuvo este grupo de inmigrantes en el país? ¿Por qué?

3. ¿De dónde vienen las dos olas de inmigrantes hoy en día?

4. ¿En qué trabajan los inmigrantes bolivianos?

5. ¿Cuál es el convenio entre Argentina y China?

6. ¿A cuál de estas olas pertenence (belong) la familia de Marcos?

Más allá

Busca información en Internet sobre un hispano famoso que haya inmigrado a los Estados Unidos. ¿Cómo ha contribuido al país? Comparte la información con la clase.

La sociedad moderna

la cárcel	*jail*
la causa	*cause*
la clase baja/media/alta	*lower/middle/upper class*
el conflicto	*conflict*
el empleo	*job, employment*
el feminismo	*feminism*
la globalización	*globalization*
la guerra	*war*
la huelga (de hambre)	*(hunger) strike*
los impuestos	*taxes*
la innovación	*innovation*
la libertad (de prensa)	*freedom (of press)*
la manifestación	*demonstration*
el machismo	*chauvinism*
la marcha	*march (protest)*
la migración	*migration*
la modernidad	*modernity*
la muchedumbre	*crowd*
la opinión pública	*public opinion*
la participación	*participation, involvement*
la petición	*petition*
el progreso	*progress*

La tecnología

el archivo	*file*
el blog / la bitácora	*blog*
la computadora portátil	*laptop*
la contraseña	*password*
el correo electrónico	*e-mail*
el lector electrónico	*e-book reader*
las redes sociales	*social networks*
la transmisión por demanda	*streaming*

Adjetivos

actual	*current*
contemporáneo(a)	*contemporary*
convencional	*conventional*
igualitario(a)	*egalitarian*

Verbos

adjuntar	*to attach*
bajar/descargar (archivos)	*to download (files)*
borrar	*to delete, to erase*
chatear	*to chat online*
comprometerse,	*to make a commitment, to agree formally, to promise*
conseguir (i)	*to get, to obtain*
donar	*to donate*
ejercer	*to exercise (a right, an influence), to practice (a profession)*
empeorar	*to get worse, to deteriorate*
enterarse	*to find out*
firmar	*to sign*
grabar	*to record, to burn (a DVD or CD)*
hacer clic (en)	*to click (on)*
involucrarse (en)	*to get involved (in)*
mejorar	*to improve*
subir (archivos)	*to upload (files)*
valorar	*to value*

Adverbios

a fin de que	*in order that, so that*
a menos que	*unless*
alguna vez	*ever*
antes (de) que	*before*
con tal (de) que	*as long as; in order that, so that*
cuando	*when*
después (de) que	*after*
en caso de que	*in case*
en cuanto	*as soon as*
hasta que	*until*
mientras que	*as long as*
nunca	*never*
para que	*in order that, so that*
porque	*because*
puesto que	*since, as*
recientemente	*recently*
siempre y cuando	*as long as, provided that*
sin que	*without*
tan pronto (como)	*as soon as*
todavía	*still*
todavía no	*not yet*
ya	*already*
ya que	*since, as*

Literatura

Courtesy of Marjorie Agosín

Marjorie Agosín

Biografía

Marjorie Agosín (1955–) nació en Maryland, Estados Unidos, de padres chilenos. Tres meses después su familia regresó a Chile, donde vivió hasta 1970. Ese año escucharon rumores de un golpe de estado y sus padres decidieron volver a los Estados Unidos, donde ella estudió el bachillerato e hizo sus estudios universitarios. Escribe poesía, ficción y crítica literaria y los temas predominantes en sus obras son el feminismo, la justicia social y el acto del recuerdo (*remembrance*). Ha recibido premios (*awards*) tanto por su literatura como por su trabajo por los derechos humanos. Entre los premios que ha ganado están el Premio de Liderazgo en Derechos Humanos de las Naciones Unidas y la Medalla Gabriela Mistral por su trabajo literario e intelectual. Actualmente Agosín enseña en la Universidad de Wellesley.

Investiguemos la literatura: La repetición

Repetition is a literary device in which an author will repeat a word or phrase in order to produce emphasis, clarity or an emotional effect.

Antes de leer

1. ¿Subes muchas fotos a las redes sociales? ¿Por qué?

2. ¿Tiene tu familia álbumes de fotografías? ¿Qué tipo de fotos hay en sus álbumes? ¿Por qué los tienen?

Álbum de fotografías

Dragon Images/Shutterstock.com

1 Aquí están nuestros álbumes;
 éstas son las fotografías
 faces de los **rostros**
 come close **acérquese**, no tenga
5 miedo.

 ¿Es verdad que son muy jóvenes? Es mi hija;
 mire, ésta es
 Andrea y ésta
 es mi hija Paola;
10 Somos las madres de los
 desaparecidos.

 Coleccionamos
 sus rostros
 en estas fotografías;
15 muchas veces hablamos con ellos,

	y nos preguntamos:
will caress	¿quién **acariciará**
	el pelo de Graciela?
	¿Qué habrán hecho con el cuerpecito
20	de Andrés?
Notice	**Fíjese** que tenían nombres,
	les gustaba leer,
	eran muy jóvenes;
was able	ninguno de ellos **alcanzó** a celebrar
25	sus dieciocho años;
	aquí están sus fotografías,
	estos inmensos álbumes;
	acérquese
	ayúdeme,
30	a lo mejor usted
	lo ha visto,
abroad	y cuando se vaya al **extranjero**
	lleve una de estas fotografías.

Marjorie Agosín "Álbum de fotografías." Reprinted by permission.

Después de leer

A. Comprensión

1. ¿Quién es Paola?

2. ¿Qué quiere la voz poética que el lector *(reader)* sepa de Paola y los otros jóvenes como ella?

3. Al final del poema, ¿qué le da la voz poética a la persona con quien habla? ¿Por qué?

4. ¿Qué repetición hay en el poema? ¿Por qué piensas que se repiten esas palabras?

B. Conversemos

 Piensa en una persona muy especial para ti. Descríbele esa persona a un compañero de clase. Da muchos detalles.

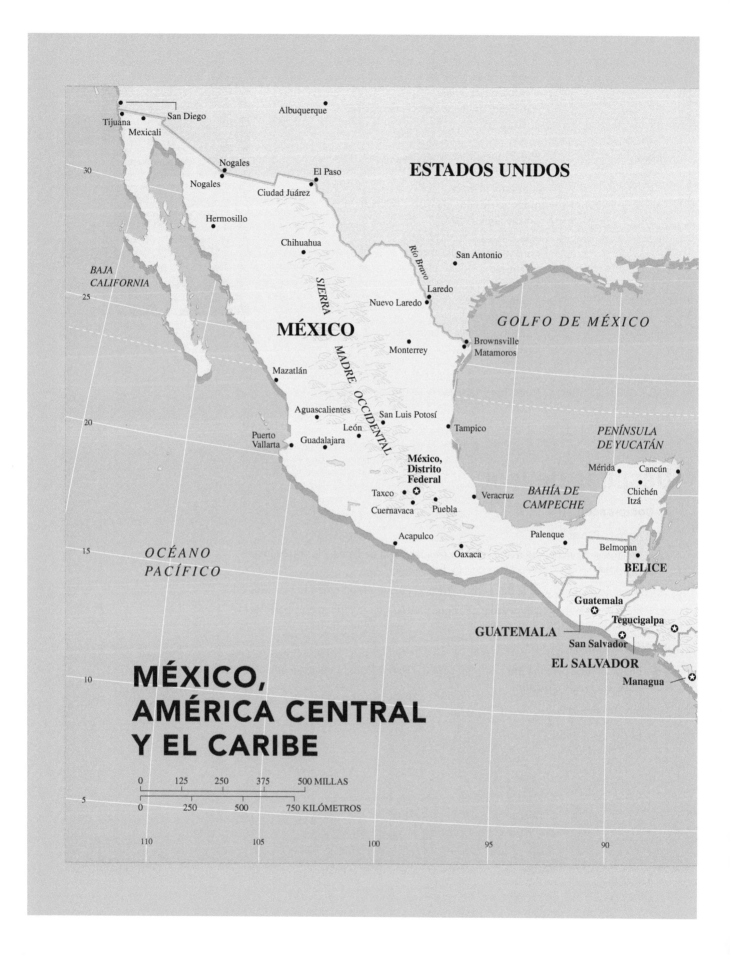

ESTADOS UNIDOS

Albuquerque

San Diego
Tijuana
Mexicali

Nogales

Nogales

El Paso
Ciudad Juárez

Hermosillo

Chihuahua

San Antonio

Río Bravo

BAJA
CALIFORNIA

Laredo
Nuevo Laredo

GOLFO DE MÉXICO

MÉXICO

SIERRA

Monterrey

Brownsville
Matamoros

Mazatlán

MADRE   OCCIDENTAL

Aguascalientes
León
Puerto
Vallarta   Guadalajara

San Luis Potosí

Tampico

PENÍNSULA
DE YUCATÁN

México,
Distrito
Federal

Mérida   Cancún

Chichén
Itzá

Taxco
Cuernavaca   Puebla

Veracruz

BAHÍA DE
CAMPECHE

OCÉANO
PACÍFICO

Acapulco

Oaxaca

Palenque

Belmopan

BELICE

Guatemala

Tegucigalpa

GUATEMALA

San Salvador

EL SALVADOR

Managua

MÉXICO,
AMÉRICA CENTRAL
Y EL CARIBE

0	125	250	375	500 MILLAS

0	250	500	750 KILÓMETROS

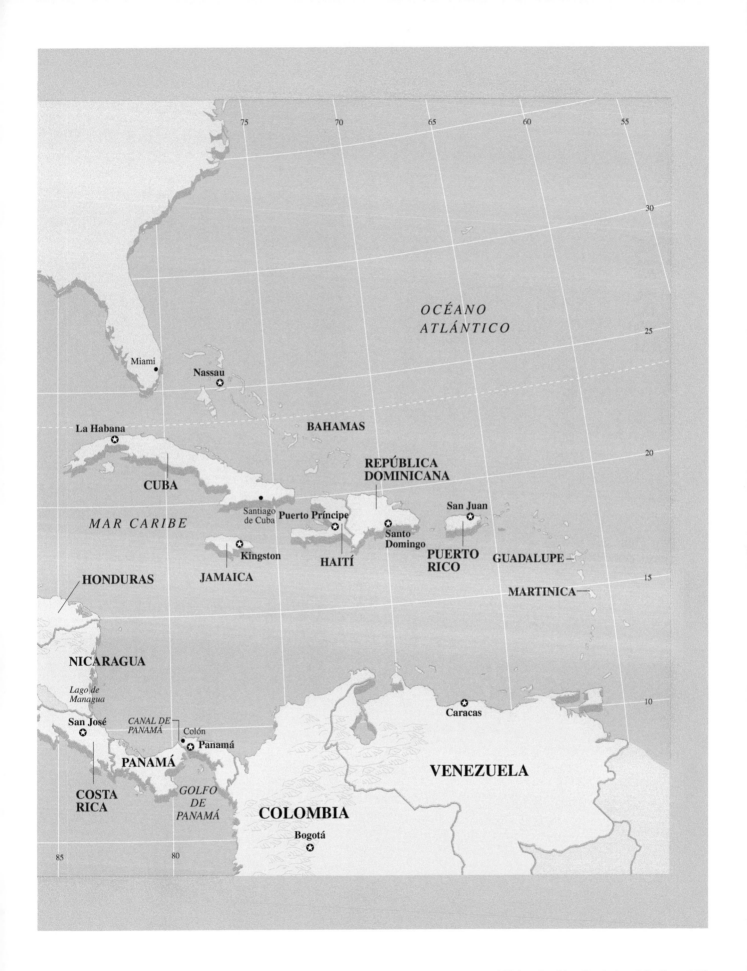

75
70
65
60
55

30

OCÉANO
ATLÁNTICO

25

Miami
•
Nassau
⬦

La Habana
⬦

BAHAMAS

20

CUBA

REPÚBLICA
DOMINICANA

San Juan
⬦

MAR CARIBE

Santiago
de Cuba
•
Puerto Príncipe
⬦

Santo
Domingo
⬦

PUERTO
RICO

GUADALUPE —

Kingston
⬦

HAITÍ

MARTINICA —

15

HONDURAS

JAMAICA

NICARAGUA

Lago de
Managua

10

San José
⬦

CANAL DE
PANAMÁ

Colón
•
Panamá
⬦

Caracas
⬦

PANAMÁ

VENEZUELA

COSTA
RICA

GOLFO
DE
PANAMÁ

COLOMBIA

Bogotá
⬦

85
80

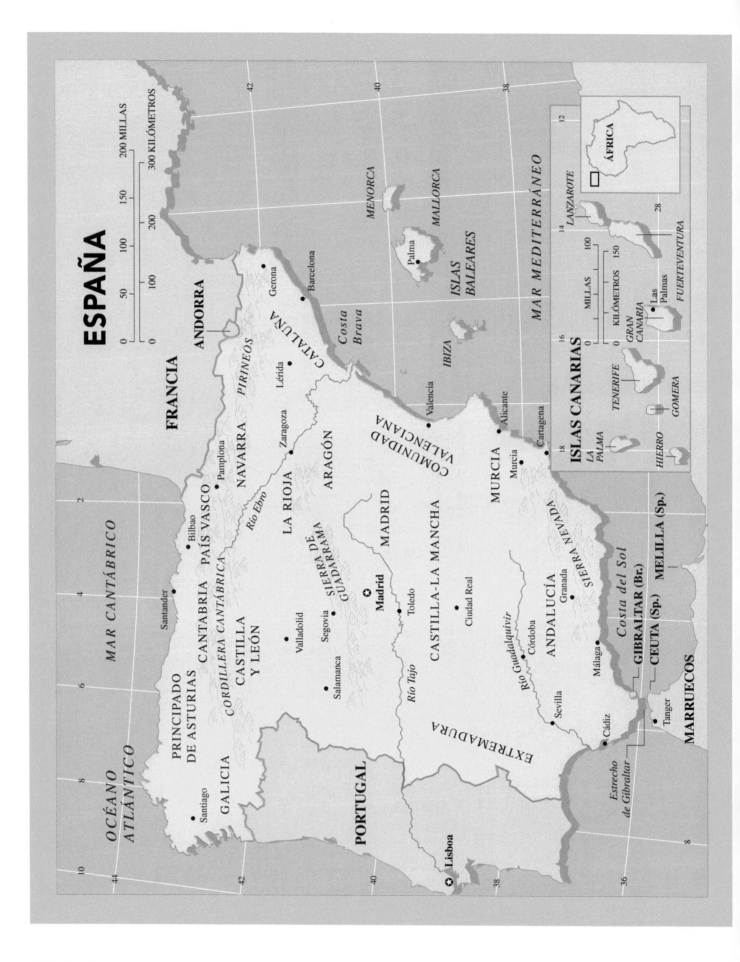

ESPAÑA

FRANCIA

ANDORRA

OCÉANO
ATLÁNTICO

MAR CANTÁBRICO

MAR MEDITERRÁNEO

200 MILLAS
300 KILÓMETROS

PRINCIPADO
DE ASTURIAS

GALICIA

CANTABRIA

PAÍS VASCO

CORDILLERA CANTÁBRICA

NAVARRA

PIRINEOS

CATALUÑA

ANDORRA

Santander

Bilbao

Pamplona

Río Ebro

LA RIOJA

ARAGÓN

Zaragoza

Lérida

Gerona

Barcelona

Costa
Brava

Santiago

CASTILLA
Y LEÓN

Valladolid

Salamanca

Segovia

SIERRA DE
GUADARRAMA

Madrid

MADRID

Toledo

CASTILLA-LA MANCHA

Ciudad Real

COMUNIDAD
VALENCIANA

Valencia

Alicante

MURCIA

Murcia

Cartagena

PORTUGAL

Lisboa

EXTREMADURA

Río Tajo

ANDALUCÍA

Río Guadalquivir

Córdoba

Sevilla

Cádiz

Granada

SIERRA NEVADA

Málaga

Costa del Sol

GIBRALTAR (Br.)

CEUTA (Sp.)

MELILLA (Sp.)

Estrecho
de Gibraltar

Tanger

MARRUECOS

MENORCA

MALLORCA

Palma

ISLAS
BALEARES

IBIZA

ÁFRICA

ISLAS CANARIAS

LANZAROTE

FUERTEVENTURA

GRAN
CANARIA

Las
Palmas

TENERIFE

GOMERA

LA
PALMA

HIERRO

MILLAS
KILÓMETROS

164   España

AMÉRICA DEL SUR

INFORMACIÓN GENERAL

Nombre oficial: República Argentina

Nacionalidad: argentino(a)

Área: 2 780 400 km² (el país de habla hispana más grande del mundo, aproximadamente 2 veces el tamaño de Alaska)

Población: 43 432 000

Capital: Buenos Aires (f. 1580) (15 180 000 hab.)

Otras ciudades importantes: Córdoba, Rosario, Mendoza, Mar del Plata, San Miguel de Tucumán

Moneda: peso (argentino)

Idiomas: español (oficial), árabe, italiano, alemán

DEMOGRAFÍA

Alfabetismo: 97,2%

Religiones: católicos (92%), protestantes (2%), judíos (2%), otros (4%)

ARGENTINOS CÉLEBRES

Jorge Luis Borges
escritor, poeta (1899–1986)

Julio Cortázar
escritor (1914–1984)

Charly García
músico (1951–)

Ernesto "Che" Guevara
revolucionario (1928–1967)

Cristina Fernández
primera mujer presidente (1953–)

Lionel Messi
futbolista (1987–)

Adolfo Pérez Esquivel
activista, Premio Nobel de la Paz (1931–)

Eva Perón
primera dama (1919–1952)

Joaquín "Quino" Salvador Lavado
caricaturista (1932–)

© Pablo H Caridad/Shutterstock

Puerto Madero es el antiguo puerto de Buenos Aires. Fue remodelado y ahora es un barrio (*neighborhood*) moderno y popular entre los porteños (los habitantes de Buenos Aires).

Investiga en Internet

La geografía: las cataratas del Iguazú, Parque Nacional Los Glaciares, la Patagonia, las islas Malvinas, las pampas

La historia: la inmigración, los gauchos, la Guerra Sucia, la Guerra de las Islas Malvinas, José de San Martín

Películas: *Valentín, La historia oficial, Golpes a mi puerta, El secreto de sus ojos, Cinco amigas*

Música: el tango, la milonga, la zamba, la chacarera, Fito Páez, Soda Stereo, Carlos Gardel, Mercedes Sosa

Comidas y bebidas: el asado, los alfajores, las empanadas, el mate, los vinos cuyanos

Fiestas: Día de la Revolución (25 de mayo), Día de la Independencia (9 de julio)

El Obelisco, símbolo de la ciudad de Buenos Aires

El Glaciar Perito Moreno, en la Patagonia argentina, es el más visitado del país.

CURIOSIDADES

- Argentina es un país *(country)* de inmigrantes europeos. A finales del siglo *(century)* XIX hubo una fuerte inmigración, especialmente de Italia, España e Inglaterra. Estas culturas se mezclaron *(mixed)* y ayudaron a crear la identidad argentina.

- Argentina se caracteriza por la calidad de su carne vacuna *(beef)* y por ser uno de los principales exportadores de carne en el mundo *(world)*.

- El instrumento musical característico del tango, la música tradicional argentina, se llama *bandoneón* y es de origen alemán.

Bolivia ▶

INFORMACIÓN GENERAL

Nombre oficial: Estado Plurinacional de Bolivia

Nacionalidad: boliviano(a)

Área: 1 098 581 km² (aproximadamente 4 veces el área de Wyoming, o la mitad de México)

Población: 10 800 000

Capital: Sucre (poder judicial) (372 000 hab.) y La Paz (sede del gobierno) (f. 1548) (1 816 000 hab.)

Otras ciudades importantes: Santa Cruz de la Sierra, Cochabamba, El Alto

Moneda: peso (boliviano)

Idiomas: español, quechua, aymará (El español y las 36 lenguas indígenas son oficiales en Bolivia, según la Constitución de 2009.)

DEMOGRAFÍA

Alfabetismo: 86,7%

Religiones: católicos (95%), protestantes (5%)

BOLIVIANOS CÉLEBRES

Jaime Escalante
ingeniero, profesor de
matemáticas (1930–2010)

Evo Morales
primer indígena elegido
presidente de Bolivia (1959–)

María Luisa Pacheco
pintora (1919–1982)

Edmundo Paz Soldán
escritor (1967–)

© MP cz/Shutterstock

El Altiplano de Bolivia

Investiga en Internet

La geografía: el lago Titicaca, Tiahuanaco, el salar de Uyuni

La historia: los incas, los aymará, la hoja de coca, Simón Bolívar

Música: la música andina, las peñas, la lambada, Los Kjarkas, Ana Cristina Céspedes

Comidas y bebidas: las llauchas, la papa (más de dos mil variedades), la chicha

Fiestas: Día de la Independencia (6 de agosto), Carnaval de Oruro (febrero o marzo), Festival de la Virgen de Urkupiña (14 de agosto)

La ciudad de La Paz, una de las dos capitales

El Salar de Uyuni

CURIOSIDADES

- Bolivia tiene dos capitales. Una de ellas, La Paz, es la más alta del mundo a 3640 metros (11 900 pies) sobre el nivel del mar (sea).

- El lago Titicaca es el lago (lake) navegable más alto del mundo con una altura de más de 3800 metros (12 500 pies) sobre el nivel del mar.

- El Salar de Uyuni es el desierto de sal más grande del mundo.

- En Bolivia se consumen las hojas secas (dried leaves) de la coca para soportar mejor los efectos de la altura extrema.

- Bolivia es uno de los dos países de Sudamérica que no tienen costa marina.

Chile ▶

INFORMACIÓN GENERAL

Nombre oficial: República de Chile

Nacionalidad: chileno(a)

Área: 756 102 km² (un poco más grande que Texas)

Población: 17 508 000

Capital: Santiago (f. 1541) (6 507 000 hab.)

Otras ciudades importantes: Valparaíso, Viña del Mar, Concepción

Moneda: peso (chileno)

Idiomas: español (oficial), mapuche, mapudungun, inglés

DEMOGRAFÍA

Alfabetismo: 95,7%

Religiones: católicos (70%), evangélicos (15%), testigos de Jehová (1%), otros (14%)

CHILENOS CÉLEBRES

Isabel Allende
escritora (1942–)

Michelle Bachelet
primera mujer presidente de Chile
(1951–)

Gabriela Mistral
poetisa, Premio Nobel de Literatura
(1889–1957)

Pablo Neruda
poeta, Premio Nobel de Literatura
(1904–1973)

Violeta Parra
poetisa, cantautora (1917–1967)

Ana Tijoux
cantante (1977–)

Santiago está situada muy cerca de los Andes.

Investiga en Internet

La geografía: Antofagasta, el desierto de Atacama, la isla de Pascua, Parque Nacional Torres del Paine, Tierra del Fuego, el estrecho de Magallanes, los pasos andinos

La historia: los indígenas mapuches, Salvador Allende, Augusto Pinochet, Bernardo O'Higgins, Pedro de Valdivia

Películas: *Obstinate Memory, La nana*

Música: el Festival de Viña del Mar, Víctor Jara, Quilapayún, La Ley, Inti Illimani, Francisca Valenzuela

Comidas y bebidas: las empanadas, los pescados y mariscos, el pastel de choclo, los vinos chilenos

Fiestas: Día de la Independencia (18 de septiembre), Carnaval andino con la fuerza del sol (enero o febrero)

© jorisvo/Shutterstock

La pintoresca ciudad de Valparaíso es Patrimonio de la Humanidad.

© Tomaz Kunst/Shutterstock

Los famosos moais de la isla de Pascua

CURIOSIDADES

- Chile es uno de los países más largos del mundo, pero también es muy angosto *(narrow)*. Gracias a su longitud, en el sur de Chile hay glaciares y fiordos, mientras que en el norte está el desierto más seco *(dry)* del mundo: el desierto de Atacama. La cordillera *(mountain range)* de los Andes también contribuye a la gran variedad de zonas climáticas y geográficas de este país.

- Es un país muy rico en minerales, en particular el cobre *(copper)*, que se exporta a nivel mundial.

- En febrero del 2010 Chile sufrió uno de los terremotos *(earthquakes)* más fuertes registrados en el mundo, con una magnitud de 8,8. En 1960 Chile también sufrió el terremoto más violento en la historia del planeta, con una magnitud de 9,4.

Colombia ▶

INFORMACIÓN GENERAL

Nombre oficial: República de Colombia

Nacionalidad: colombiano(a)

Área: 1 139 914 km² (aproximadamente 4 veces el área de Arizona)

Población: 46 737 700

Capital: Bogotá D.C. (f. 1538) (9 765 000 hab.)

Otras ciudades importantes: Medellín, Cali, Barranquilla, Bucaramanga

Moneda: peso (colombiano)

Idiomas: español (oficial), chibcha, guajiro y aproximadamente 90 lenguas indígenas

DEMOGRAFÍA

Alfabetismo: 90,4%

Religiones: católicos (90%), otros (10%)

COLOMBIANOS CÉLEBRES

Fernando Botero
pintor, escultor (1932–)

Tatiana Calderón Noguera
automovilista (1994–)

Gabriel García Márquez
escritor, Premio Nobel de Literatura
(1928–2014)

Lucho Herrera
ciclista, ganador del Tour de Francia y la
Vuelta de España (1961–)

Shakira
cantante, benefactora (1977–)

Sofía Vergara
actriz (1972–)

© rm/Shutterstock

Colombia tiene playas en el Caribe y en el océano Pacífico.

Investiga en Internet

La geografía: los Andes, el Amazonas, Parque Nacional el Cocuy, las playas de Santa Marta y Cartagena

La historia: los araucanos, Simón Bolívar, la leyenda de El Dorado, el Museo del Oro, las FARC

Películas: *Mi abuelo, mi papá y yo*

Música: la cumbia, el vallenato, Juanes, Carlos Vives, Aterciopelados

Comidas y bebidas: el ajiaco, las arepas, la picada, el arequipe, las cocadas, el café

Fiestas: Día de la Independencia (20 de julio), Carnaval de Blancos y Negros en Pasto (enero), Carnaval del Diablo en Riosucio (enero, cada año impar)

© Gerardo Borbolla/Shutterstock

Cartagena es una de las ciudades con más historia en Colombia.

© Marinko Tarlac/Shutterstock

Bogotá, capital de Colombia

CURIOSIDADES

- El 95% de la producción mundial de esmeraldas viene del subsuelo *(subsoil)* colombiano. Sin embargo *(However)*, la mayor riqueza *(wealth)* del país es su diversidad, ya que incluye culturas del Caribe, del Pacífico, del Amazonas y de los Andes.
- Colombia, junto con Costa Rica y Brasil, es uno de los principales productores de café en Latinoamérica.
- Colombia tiene una gran diversidad de especies de flores. Es el primer *(first)* productor de claveles *(carnations)* y el segundo exportador mundial de flores después de Holanda.
- Colombia es uno de los países con mayor biodiversidad del mundo.

Costa Rica ▶

INFORMACIÓN GENERAL

Nombre oficial: República de Costa Rica

Nacionalidad: costarricense

Área: 51 100 km² (aproximadamente 2 veces el área de Vermont)

Población: 4 814 100

Capital: San José (f. 1521) (1 170 000 hab.)

Otras ciudades importantes: Alajuela, Cartago

Moneda: colón

Idiomas: español (oficial)

DEMOGRAFÍA

Alfabetismo: 96,3%

Religiones: católicos (76,3%), evangélicos y otros protestantes (15,7%), otros (4,8%), ninguna (3,2%)

COSTARRICENCES CÉLEBRES

Óscar Arias
político y presidente, Premio Nobel de la Paz (1949–)

Franklin Chang Díaz
astronauta (1950–)

Laura Chinchilla
primera mujer presidente (1959–)

Carmen Naranjo
escritora (1928–2012)

Claudia Poll
atleta olímpica (1972–)

El Teatro Nacional en San José es uno de los edificios más famosos de la capital.

© Joe Ferrer/Shutterstock

Investiga en Internet

La geografía: Monteverde, Tortuguero, el Bosque de los Niños, el volcán Poás, los Parques Nacionales

La historia: las plantaciones de café, Juan Mora Fernández, Juan Santamaría

Música: El Café Chorale, Escats, Akasha

Comidas y bebidas: el gallo pinto, el casado, el café

Fiestas: Día de la Independencia (15 de septiembre), Fiesta de los Diablitos (febrero)

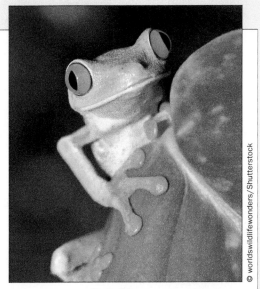

Costa Rica se conoce por su biodiversidad y respeto al medio ambiente.

El Volcán Poás es un volcán activo de fácil acceso para el visitante.

CURIOSIDADES

- Costa Rica es uno de los pocos países del mundo que no tiene ejército *(army)*. En noviembre de 1949, 18 meses después de la Guerra *(War)* Civil, abolieron el ejército en la nueva constitución.

- Se conoce como un país progresista gracias a su apoyo *(support)* a la democracia, el alto nivel de vida de los costarricenses y la protección de su medio ambiente *(environment)*.

- Costa Rica posee una fauna y flora sumamente ricas. Aproximadamente una cuarta parte del territorio costarricense está protegido como reserva o parque natural.

- Costa Rica produce y exporta cantidades importantes de café, por lo que este producto es muy importante para su economía. Además, el café costarricense es de calidad reconocida *(recognized)* en todo el mundo.

Cuba ▶

INFORMACIÓN GENERAL

Nombre oficial: República de Cuba

Nacionalidad: cubano(a)

Área: 110 860 km² (aproximadamente el área de Tennessee)

Población: 11 031 400

Capital: La Habana (f. 1511) (2 137 000 hab.)

Otras ciudades importantes: Santiago, Camagüey

Moneda: peso (cubano)

Idiomas: español (oficial)

DEMOGRAFÍA

Alfabetismo: 99,8%

Religiones: católicos (85%), santería y otras religiones (15%)

CUBANOS CÉLEBRES

Alicia Alonso
bailarina, fundadora del Ballet
Nacional de Cuba (1920–)

Alejo Carpentier
escritor (1904–1980)

Nicolás Guillén
poeta (1902–1989)

Wifredo Lam
pintor (1902–1982)

José Martí
político, periodista, poeta (1853–1895)

Silvio Rodríguez
poeta, cantautor (1946–)

Juan Carlos Tabío
director de cine (1942–)

© Kamira/Shutterstock

Catedral de la Habana

Investiga en Internet

La geografía: las cavernas de Bellamar, la Ciénaga de Zapata, la península de Guanahacabibes

La historia: los taínos, los ciboneyes, Fulgencio Batista, Bahía de Cochinos, la Revolución cubana, Fidel Castro

Películas: *Vampiros en La Habana, Fresa y chocolate, La última espera, Azúcar amargo*

Música: el son, Buena Vista Social Club, Celia Cruz, Pablo Milanés, Santiago Feliú, Alex Cuba

Comidas y bebidas: la ropa vieja, los moros y cristianos, el congrí, el café cubano

Fiestas: Día de la Independencia (10 de diciembre), Día de la Revolución (1° de enero)

© Peeter Viisimaa/iStockphotos

Los autos viejos son una vista típica en toda la isla.

© Kamira/Shutterstock

El Morro, construído en 1589, para proteger la isla de invasores

CURIOSIDADES

- Cuba se distingue por tener uno de los mejores sistemas de educación del mundo, por su sistema de salud *(health)* y por su apoyo *(support)* a las artes.

- La población de la isla es una mezcla *(mix)* de los habitantes nativos (taínos), de descendientes de esclavos africanos y de europeos, mezcla que produce una cultura única.

- A principios *(beginning)* de la década de 1980, la nueva trova cubana (un movimiento musical) presentó al mundo entero la música testimonial.

- La santería es una religión que se originó en las islas del Caribe, especialmente en Cuba, y mezcla elementos de la religión yorubá de los esclavos de África, y elementos de la religión católica. El nombre de "santería" viene de un truco *(trick)* que los esclavos usaron para continuar adorando a los dioses *(gods)* en los que creían, burlando *(outsmarting)* la prohibición de los españoles. Así los esclavos fingían *(pretended)* que adoraban a los santos *(saints)* católicos, pero en realidad les rezaban *(prayed)* a los dioses africanos.

Ecuador ▶

INFORMACIÓN GENERAL

Nombre oficial: República del Ecuador

Nacionalidad: ecuatoriano(a)

Área: 283 561 km² (aproximadamente el área de Colorado)

Población: 15 868 400

Capital: Quito (f. 1556) (1 726 000 hab.)

Otras ciudades importantes: Guayaquil, Cuenca

Moneda: dólar (estadounidense)

Idiomas: español (oficial), quechua y otros idiomas indígenas

DEMOGRAFÍA

Alfabetismo: 91%

Religiones: católicos (95%), otros (5%)

ECUATORIANOS CÉLEBRES

Rosalía Arteaga
abogada, política, ex vicepresidenta (1956–)

Oswaldo Guayasamín
pintor (1919–1999)

Jorge Carrera Andrade
escritor (1903–1978)

Jorge Icaza
escritor (1906–1978)

Sebastián Cordero
cineasta (1972–)

Iván Vallejo
escalador (1959–)

© Marcos Aspiazu/Shutterstock

Las Peñas es un barrio muy conocido *(well-known)* de la ciudad de Guayaquil.

Investiga en Internet

La geografía: La selva amazónica, las islas Galápagos, Parque Nacional Cotopaxi

La historia: José de Sucre, la Gran Colombia, los indígenas tagaeri, los incas

Música: música andina, la quena, la zampoña, Fausto Miño, Daniel Betancourt, Michelle Cordero

Comida: la papa, el plátano frito, el ceviche, la fanesca

Fiestas: Día de la Independencia (10 de agosto), Fiestas de Quito (6 de diciembre)

El parque nacional más famoso de Ecuador es el de las Islas Galápagos.

La Basílica en Quito

CURIOSIDADES

- Este país tiene una gran diversidad de zonas geográficas como costas, montañas y selva (*jungle*). Las famosas islas Galápagos son parte de Ecuador y presentan una gran diversidad biológica. A principios (*At the beginning*) del siglo XX, estas islas fueron usadas como prisión.

- Ecuador toma su nombre de la línea ecuatorial que divide el planeta en dos hemisferios: norte y sur.

- La música andina es tradicional en Ecuador, con instrumentos indígenas como el charango, el rondador y el bombo.

- Ecuador es famoso por sus tejidos (*weavings*) de lana (*wool*) de llama y alpaca, dos animales de la región andina.

El Salvador ▶

INFORMACIÓN GENERAL

Nombre oficial: República de El Salvador

Nacionalidad: salvadoreño(a)

Área: 21 041 km² (un poco más grande que Nueva Jersey)

Población: 6 141 400

Capital: San Salvador (f. 1524) (1 098 000 hab.)

Otras ciudades importantes: San Miguel, Santa Ana

Moneda: dólar (estadounidense)

Idiomas: español (oficial)

DEMOGRAFÍA

Alfabetismo: 84,5%

Religiones: católicos (57,1%), protestantes (21%), otros (22%)

SALVADOREÑOS CÉLEBRES

Claribel Alegría
escritora (nació en Nicaragua pero se
considera salvadoreña) (1924–)

Óscar Arnulfo Romero
arzobispo, defensor de los derechos
humanos (1917–1980)

Alfredo Espino
poeta (1900–1928)

Cristina López
atleta, medallista olímpica (1982–)

Salvador Salazar Arrué
artista, escritor (1899–1975)

El volcán de San Vicente

© moxelotle/iStockphoto

Investiga en Internet

La geografía: el bosque lluvioso (Parque Nacional Montecristo), el puerto de Acajutla, el volcán Izalco, los planes de Renderos

La historia: Tazumal, Acuerdos de Paz de Chapultepec, José Matías Delgado, FMLN, Ana María

Películas: *Romero, Voces inocentes*

Música: Taltipac, la salsa y la cumbia (fusión), Shaka y Dres

Comidas y bebidas: las pupusas, los tamales, la semita, el atole, la quesadilla

Fiestas: Día del Divino Salvador del Mundo (6 de agosto), Día de la Independencia (15 de septiembre)

Una de las numerosas cascadas en el área de Juayua

La catedral en San Salvador

CURIOSIDADES

- El Salvador es el país más pequeño de Centroamérica pero el más denso en población.

- Hay más de veinte volcanes y algunos están activos.

- El Salvador está en una zona sísmica, por eso ocurren terremotos *(earthquakes)* con frecuencia. Varios sismos han causado *(have caused)* muchos daños *(damage)* al país.

- Entre 1979 y 1992 El Salvador vivió una guerra *(war)* civil. Durante esos años muchos salvadoreños emigraron a los Estados Unidos.

- La canción de U2 "Bullet the Blue Sky" fue inspirada por el viaje a El Salvador que hizo el cantante Bono en los tiempos de la Guerra Civil.

España ▶

INFORMACIÓN GENERAL

Nombre oficial: Reino de España

Nacionalidad: español(a)

Área: 505 992 km² (aproximadamente 2 veces el área de Oregón)

Población: 48 146 100

Capital: Madrid (f. siglo X) (6 199 000 hab.)

Otras ciudades importantes: Barcelona, Valencia, Sevilla, Toledo, Zaragoza

Moneda: euro

Idiomas: español (oficial), catalán, vasco, gallego

DEMOGRAFÍA

Alfabetismo: 97,7%

Religiones: católicos (94%), otros (6%)

ESPAÑOLES CÉLEBRES

Pedro Almodóvar
director de cine (1949–)

Rosalía de Castro
escritora (1837–1885)

Miguel de Cervantes Saavedra
escritor (1547–1616)

Penélope Cruz
actriz (1974–)

Lola Flores
cantante, bailarina de flamenco (1923–1995)

Federico García Lorca
poeta (1898–1936)

Antonio Gaudí
arquitecto (1852–1926)

Rafael Nadal
tenista (1986–)

Pablo Picasso
pintor, escultor (1881–1973)

La Plaza Mayor es un lugar con mucha historia en el centro de Madrid.

Vinicius Tupinamba/Shutterstock.com

![globe icon] **Investiga en Internet**

La geografía: las islas Canarias, las islas Baleares, Ceuta y Melilla (África)

La historia: la conquista de América, la Guerra Civil, el rey Fernando y la reina Isabel, la Guerra de la Independencia Española, Carlos V, Francisco Franco

Películas: *Ay, Carmela, Mala educación, Hable con ella, Mar adentro, Volver, El orfanato*

Música: las tunas, el flamenco, Paco de Lucía, Mecano, David Bisbal, Joaquín Sabina, Ana Belén, La Oreja de Van Gogh, Plácido Domingo

Comidas y bebidas: la paella valenciana, las tapas, la tortilla española, la crema catalana, la horchata

Fiestas: Festival de la Tomatina (agosto), San Fermín (7 de julio), Semana Santa (marzo o abril)

Arquitectura gótica en Barcelona

El Alcázar en la ciudad de Toledo

CURIOSIDADES

- España se distingue por tener una gran cantidad de pintores y escritores. En el siglo XX se destacaron *(stood out)* los pintores Pablo Picasso, Salvador Dalí y Joan Miró. Entre los clásicos figuran Velázquez, El Greco y Goya.

- El Palacio Real de Madrid presenta una arquitectura hermosa *(beautiful)*. Contiene pinturas de algunos de los artistas mencionados arriba. Originalmente fue un fuerte *(fort)* construido por los musulmanes en el siglo IX. Más tarde los reyes de Castilla construyeron allí el Alcázar *(Castle)*. En 1738 el rey Felipe V ordenó la construcción del Palacio Real, que fue la residencia de la familia real hasta 1941.

- En Andalucía, una región al sur de España, se ve una gran influencia árabe porque los moros la habitaron de 711 a 1492, año en el que los reyes Católicos los expulsaron durante la Reconquista.

- Aunque *(Although)* el español se habla en todo el país, varias regiones de España mantienen viva su propia *(own)* lengua. De todos, el más interesante quizás sea el vasco, que es la única lengua de España que no deriva del latín y cuyo *(whose)* origen no se conoce.

- En la ciudad de Toledo se fundó la primera escuela de traductores *(translators)* en el año 1126.

Guatemala ▶

INFORMACIÓN GENERAL

Nombre oficial: República de Guatemala

Nacionalidad: guatemalteco(a)

Área: 108 890 km² (un poco más grande que el área de Ohio)

Población: 14 919 000

Capital: Ciudad de Guatemala (f. 1524) (2 918 000 hab.)

Otras ciudades importantes: Mixco, Villa Nueva Quetzaltenango, Puerto Barrios

Moneda: quetzal

Idiomas: español (oficial), K'iche', Mam, Q'eqchi' (idiomas mayas)

DEMOGRAFÍA

Alfabetismo: 75,9%

Religiones: católicos (94%), protestantes (2%), otros (4%)

GUATEMALTECOS CÉLEBRES

Ricardo Arjona
cantautor (1964–)

Miguel Ángel Asturias
escritor (1899–1974)

Rigoberta Menchú
activista por los derechos humanos,
Premio Nobel de la Paz (1959–)

Carlos Mérida
pintor (1891–1984)

Augusto Monterroso
escritor (1921–2003)

© SUETONE Emilio/age fotostock

Mujer tejiendo *(weaving)* en la región del departamento de **Sololá**

© Zai Aragon/Shutterstock

Tikal, ciudad construida por los mayas

 Investiga en Internet

La geografía: el lago Atitlán, Antigua

La historia: los mayas, Efraín Ríos Mont, la matanza de indígenas durante la dictadura, quiché, el Popul Vuh, Tecun Uman

Películas: *El norte*

Música: punta, Gaby Moreno

Comida: los tamales, la sopa de pepino, el fiambre, pipián

Fiestas: Día de la Independencia (15 de septiembre), Semana Santa (marzo o abril), Día de los Muertos (1ero de noviembre)

© VanHart/Shutterstock

Vista del lago Atitlán

CURIOSIDADES

- Guatemala es famosa por la gran cantidad de ruinas mayas y por las tradiciones indígenas, especialmente los tejidos *(weavings)* de vivos colores.

- Guatemala es el quinto exportador de plátanos en el mundo.

- Antigua es una famosa ciudad que sirvió como la tercera capital de Guatemala. Es reconocida *(recognized)* mundialmente por su bien preservada arquitectura renacentista *(Renaissance)* y barroca. También es reconocida como un lugar excelente para ir a estudiar español.

- En Guatemala se encuentra Tikal, uno de los más importantes conjuntos *(ensembles)* arqueológicos mayas.

Guinea Ecuatorial ▶

INFORMACIÓN GENERAL

Nombre oficial: República de Guinea Ecuatorial

Nacionalidad: ecuatoguineano(a)

Área: 28 051 km² (aproximadamente el área de Maryland)

Población: 740 740

Capital: Malabo (f. 1827) (145 000 hab.)

Otras ciudades importantes: Bata, Ebebiyín

Moneda: franco CFA

Idiomas: español y francés (oficiales), fang, bubi

DEMOGRAFÍA

Alfabetismo: 94,2

Religiones: católicos y otros cristianos (95%), prácticas paganas (5%)

ECUATOGUINEANOS CÉLEBRES

Leoncio Evita
escritor (1929–1996)

Leandro Mbomio Nsue
escultor (1938–2012)

Eric Moussambani
nadador olímpico (1978–)

Donato Ndongo-Bidyogo
escritor (1950–)

María Nsué Angüe
escritora (1945–)

Niños jugando frente a una iglesia en Malabo

© Christine Nesbitt/AP Images

Investiga en Internet

La geografía: la isla de Bioko, el río Muni

La historia: los bantúes, los igbo, los fang

Música: Las Hijas del Sol, Betty Akna, Anfibio

Comidas y bebidas: la sopa banga, el pescado a la plancha, el puercoespín, el antílope, la malamba

Fiestas: Día de la Independencia (12 de octubre)

El bosque *(forest)* de la isla de Bioko

CURIOSIDADES

- Se cree que los primeros habitantes de esta región fueron pigmeos.
- Guinea Ecuatorial obtuvo su independencia de España en 1968 y es el único país en África en donde el español es un idioma oficial.
- Parte de su territorio fue colonizado por los portugueses y por los ingleses.
- Macías Nguema fue dictador de Guinea Ecuatorial hasta 1979.
- El país tiene una universidad, la Universidad Nacional de Guinea Ecuatorial, situada en la capital.
- Con el descubrimiento de reservas de petróleo y gas en la década de los años 90 se fortaleció *(strengthened)* considerablemente la economía.
- Guinea Ecuatorial tiene el más alto ingreso per cápita en África: 19,998 dólares. Sin embargo *(However)*, la distribución del dinero se concentra en unas pocas familias.

Honduras ▶

INFORMACIÓN GENERAL

Nombre oficial: República de Honduras

Nacionalidad: hondureño(a)

Área: 112 090 km² (aproximadamente el área de Pennsylvania)

Población: 8 746 700

Capital: Tegucigalpa (f. 1762) (1 123 000 hab.)

Otras ciudades importantes: San Pedro Sula, El Progreso

Moneda: lempira

Idiomas: español (oficial), garífuna

DEMOGRAFÍA

Alfabetismo: 85,1%

Religiones: católicos (97%), protestantes (3%)

HONDUREÑOS CÉLEBRES

Ramón Amaya Amador
escritor (1916–1966)

Lempira
héroe indígena (1499–1537)

Maribel Lieberman
empresaria

Carlos Mencia
comediante (1967–)

David Suazo
futbolista (1979–)

José Antonio Velásquez
pintor (1906–1983)

© Dave Rock/Shutterstock

Copán, declarado Patrimonio de la Humanidad *(World Heritage)* por la UNESCO

Investiga en Internet

La geografía: islas de la Bahía, Copán

La historia: los mayas, los garífunas, los misquitos, Ramón Villedas Morales, José Trinidad Cabañas

Música: punta, Café Guancasco, Delirium, Yerbaklan

Comidas y bebidas: el arroz con leche, los tamales, las pupusas, el atol de elote, la chicha, el ponche de leche

Fiestas: Día de la Independencia (15 de septiembre)

El esnórquel es popular en Honduras.

Vista aérea de la isla Roatán en el Caribe hondureño

CURIOSIDADES

- Los hondureños reciben el apodo *(nickname)* de "catrachos", palabra derivada del apellido Xatruch, un famoso general que combatió en Nicaragua contra el filibustero William Walker.
- El nombre original del país fue Comayagua, el mismo nombre que su capital. A mediados del siglo XIX adoptó el nombre República de Honduras, y en 1880 la capital se trasladó *(moved)* a Tegucigalpa.
- Honduras basa su economía en la agricultura, especialmente en las plantaciones de banana, cuya comercialización empezó en 1889 con la fundación de la Standard Fruit Company.
- Se dice que *(It is said that)* en la región de Yoro ocurre el fenómeno de la lluvia *(rain)* de peces, es decir que, literalmente, los peces caen del cielo *(fall from the sky)*. Por esta razón, desde 1998 se celebra en el Yoro el Festival de Lluvia de Peces.
- En 1998 el huracán Mitch golpeó *(hit)* severamente la economía nacional, destruyendo gran parte de la infraestructura del país y de los cultivos. Se calcula que el país retrocedió 25 años a causa del huracán.

México ▶

INFORMACIÓN GENERAL

Nombre oficial: Estados Unidos Mexicanos

Nacionalidad: mexicano(a)

Área: 1 964 375 km² (aproximadamente 4 1/2 veces el área de California)

Población: 121 736 800

Capital: Ciudad de México (f. 1521) (20 999 000 hab.)

Otras ciudades importantes: Guadalajara, Monterrey, Puebla, Tijuana

Moneda: peso (mexicano)

Idiomas: español (oficial), aproximadamente 280 otras lenguas amerindias

DEMOGRAFÍA

Alfabetismo: 93,5%

Religiones: católicos (90,4%), protestantes (3,8%), otros (5,8%)

MEXICANOS CÉLEBRES

Carmen Aristegui
periodista (1964–)

Gael García Bernal
actor (1978–)

Alejandro González Iñárritu
director de cine (1963–)

Frida Kahlo
pintora (1907–1954)

Armando Manzanero
cantautor (1935–)

Rafa Márquez
futbolista (1979–)

Octavio Paz
escritor, Premio Nobel de
Literatura (1914–1998)

Elena Poniatowska
periodista, escritora (1932–)

Diego Rivera
pintor (1886–1957)

Guillermo del Toro
cineasta (1964–)

Emiliano Zapata
revolucionario (1879–1919)

© f9photos/Shutterstock

Teotihuacán, ciudad precolombina declarada Patrimonio de la Humanidad *(World Heritage)* por la UNESCO.

Investiga en Internet

La geografía: el cañón del Cobre, el volcán Popocatépetl, las lagunas de Montebello, Parque Nacional Cañón del Sumidero, la sierra Tarahumara, Acapulco

La historia: los mayas, los aztecas, los toltecas, la Conquista, la Colonia, Pancho Villa, Porfirio Díaz, Hernán Cortés, Miguel Hidalgo, los zapatistas

Películas: *Amores perros, Frida, Y tu mamá también, Babel, El laberinto del fauno, La misma luna*

Música: los mariachis, música ranchera, Pedro Infante, Vicente Fernández, Luis Miguel, Maná, Jaguares, Juan Gabriel, Thalía, Lucero, Julieta Venegas, Antonio Aguilar

Comidas y bebidas: los chiles en nogada, el mole poblano, el pozole, los huevos rancheros, (alimentos originarios de México: chocolate, tomate, vainilla)

Fiestas: Día de la Independencia (16 de septiembre), Día de los Muertos (1ero y 2 de noviembre)

© Colman Lerner Gerardo/Shutterstock

La Torre Latinoamericana, en la Ciudad de México, fue el primer rascacielos *(skyscraper)* del mundo construido exitosamente en una zona sísmica.

© karamysh/Shutterstock

Puerto Vallarta

CURIOSIDADES

- La Ciudad de México es una de las ciudades más pobladas *(populated)* del mundo. Los predecesores de los aztecas fundaron la Ciudad sobre el lago *(lake)* de Texcoco. La ciudad recibió el nombre de Tenochtitlán, y era más grande que cualquier *(any)* capital europea cuando ocurrió la Conquista.

- Millones de mariposas *(butterflies)* monarcas migran todos los años a los estados de Michoacán y México de los Estados Unidos y Canadá.

- La Pirámide de Chichén Itzá fue nombrada una de las siete maravillas del mundo moderno.

- Los olmecas (1200 a.C–400 a.C) desarrollaron *(developed)* el primer sistema de escritura en las Américas.

Nicaragua ▶

INFORMACIÓN GENERAL

Nombre oficial: República de Nicaragua

Nacionalidad: nicaragüense

Área: 130 370 km² (aproximadamente el área del estado de Nueva York)

Población: 5 907 900

Capital: Managua (f. 1522) (1 480 000 hab.)

Otras ciudades importantes: León, Chinandega

Moneda: córdoba

Idiomas: español (oficial), misquito

DEMOGRAFÍA

Alfabetismo: 78%

Religiones: católicos (58%), evangélicos (22%), otros (20%)

NICARAGÜENSES CÉLEBRES

Ernesto Cardenal
sacerdote, poeta (1925–)

Violeta Chamorro
periodista, presidente (1929–)

Rubén Darío
poeta, padre del Modernismo (1867–1916)

Bianca Jagger
activista de derechos humanos (1945–)

© rchphoto/iStockphoto

Ometepe, isla formada por dos volcanes

Investiga en Internet

La geografía: el lago Nicaragua, la isla Ometepe

La historia: los misquitos, Anastasio Somoza, Augusto Sandino, Revolución sandinista, José Dolores Estrada

Películas: *Ernesto Cardenal*

Música: la polca, la mazurca, Camilo Zapata, Carlos Mejía Godoy, Salvador Cardenal, Luis Enrique Mejía Godoy, Perrozompopo

Comidas y bebidas: los tamales, la sopa de pepino, el triste, el tibio, la chicha

Fiestas: Día de la Independencia (15 de septiembre)

Catedral de Granada

Isla del Maíz

CURIOSIDADES

- Nicaragua se conoce como tierra *(land)* de poetas y volcanes.
- La capital, Managua, fue destruída por un terremoto *(earthquake)* en 1972. A causa de la actividad sísmica no se construyen edificios altos.
- Las ruinas de León Viejo fueron declaradas Patrimonio de la Humanidad *(World Heritage)* en el año 2000. Es la ciudad más antigua de América Central.
- Es el país más grande de Centroamérica y tiene el lago más grande de la región, el lago Nicaragua, con más de 370 islas. La isla más grande, Ometepe, tiene dos volcanes.

Panamá ▶

INFORMACIÓN GENERAL

Nombre oficial: República de Panamá

Nacionalidad: panameño(a)

Área: 75 420 km² (aproximadamente la mitad del área de Florida)

Población: 3 657 000

Capital: Panamá (f. 1519) (1 673 000 hab.)

Otras ciudades importantes: San Miguelito, David

Moneda: balboa, dólar (estadounidense)

Idiomas: español (oficial), inglés

DEMOGRAFÍA

Alfabetismo: 94,1%

Religiones: católicos (85%), protestantes (15%)

PANAMEÑOS CÉLEBRES

Joaquín Beleño
escritor y periodista (1922–1988)

Rubén Blades
cantautor, actor, abogado, político (1948–)

Ana María Britton
novelista (1936–)

Ricardo Miró
escritor (1883–1940)

Olga Sinclair
pintora (1957–)

Omar Torrijos
militar, presidente (1929–1981)

© Manja/Shutterstock

El canal de Panamá es una de las principales fuentes *(sources)* de ingresos para el país.

Investiga en Internet

La geografía: el canal de Panamá

La historia: los Kuna Yala, la construcción del canal de Panamá, la dictadura de Manuel Noriega, Parque Nacional Soberanía, Victoriano Lorenzo

Películas: *El plomero, Los puños de una nación*

Música: salsa, Danilo Pérez, Edgardo Franco "El General", Nando Boom

Comidas y bebidas: el chocao panameño, el sancocho de gallina, las carimaolas, la ropa vieja, los jugos de fruta, el chicheme

Fiestas: Día de la Independencia (3 de noviembre)

© Courtesy of Margarita Casas

Una isla en el archipiélago de San Blas, lugar donde habitan los Kuna Yala

© Alfredo Maiquez/Shutterstock

La Ciudad de Panamá es famosa por sus rascacielos (*skyscrapers*).

CURIOSIDADES

- El canal de Panamá se construyó entre 1904 y 1914. Mide (*It measures*) 84 kilómetros de longitud y funciona con un sistema de esclusas (*locks*) que elevan y bajan los barcos (*boats*) porque los océanos Atlántico y Pacífico tienen diferentes elevaciones. Cada año cruzan unos 14 000 barcos o botes por el canal, el cual estuvo bajo control de los Estados Unidos hasta el 31 de diciembre de 1999. En promedio (*On average*), cada embarcación paga 54 000 dólares por cruzar el canal. La tarifa más baja la pagó un aventurero estadounidense, quien pagó 36 centavos por cruzar nadando en 1928.

- En junio del 2016 se inauguró una ampliación al canal que permite que transiten por él barcos hasta tres veces más grandes que la máxima capacidad del canal original.

- El territorio de los Kuna Yala se considera independiente. Para entrar a su territorio es necesario pagar una cuota (*fee*) y mostrar su pasaporte.

Paraguay ▷

INFORMACIÓN GENERAL

Nombre oficial: República del Paraguay

Nacionalidad: paraguayo(a)

Área: 406 750 km² (aproximadamente el área de California)

Población: 6 783 300

Capital: Asunción (f. 1537) (2 356 000 hab.)

Otras ciudades importantes: Ciudad del Este, San Lorenzo

Moneda: guaraní

Idiomas: español y guaraní (oficiales)

DEMOGRAFÍA

Alfabetismo: 93,9%

Religiones: católicos (90%), protestantes (6%), otros (4%)

PARAGUAYOS CÉLEBRES

Olga Blinder
pintora (1921–2008)

Arsenio Erico
futbolista (1915–1977)

Augusto Roa Bastos
escritor, Premio Cervantes de Literatura (1917–2005)

Berta Rojas
guitarrista (1966–)

© Lukasz Kurbiel/Shutterstock

Ruinas de Misiones Jesuitas en Trinidad

Investiga en Internet

La geografía: los ríos Paraguay y Paraná, Parque Nacional Cerro Corá, la presa Itaipú, el Chaco

La historia: guaraníes, misiones jesuitas, la Guerra de la Triple Alianza, Alfredo Stroessner, Carlos Antonio López, José Félix Estigarribia

Películas: *Nosotros*, *Hamacas paraguayas*, *7 cajas*

Música: la polca, el baile de la botella, el arpa paraguaya, Perla, Celso Duarte

Comidas y bebidas: el chipá paraguayo, el surubí, las empanadas, la sopa paraguaya, el mate, el tereré

Fiestas: Día de la Independencia (14 de mayo), Verbena de San Juan (24 de junio)

El palacio presidencial en Asunción

© Gunter Fischer/iStockphoto

Mykola Gomeniuk/Shutterstock.com

La presa de Itaipú es la central hidroeléctrica más grande del mundo.

CURIOSIDADES

- Por diversas razones históricas, Paraguay es un país bilingüe. Se calcula que el 90% de sus habitantes hablan español y guaraní, el idioma de sus habitantes antes de la llegada de los españoles. En particular, la llegada de los jesuitas tuvo importancia en la preservación del idioma guaraní. Actualmente se producen novelas y programas de radio en guaraní. Por otra parte, el guaraní ha influenciado notablemente el español de la región.

- Paraguay, igual que Bolivia, no tiene salida al mar *(sea)*.

- La presa *(dam)* de Itaipú es la mayor del mundo en cuanto a producción de energía. Está sobre el río Paraná y abastace *(provides)* el 90% del consumo de energía eléctrica de Paraguay y el 19% de Brasil.

Perú ▶

INFORMACIÓN GENERAL

Nombre oficial: República del Perú

Nacionalidad: peruano(a)

Área: 1 285 216 km² (aproximadamente 2 veces el área de Texas)

Población: 30 445 000

Capital: Lima (f. 1535) (9 897 000 hab.)

Otras ciudades importantes: Callao, Arequipa, Trujillo

Moneda: nuevo sol

Idiomas: español, quechua y aymará (oficiales), otras lenguas indígenas

DEMOGRAFÍA

Alfabetismo: 92,9%

Religiones: católicos (81,3%), evangélicos (12,5%), otros (3,3%)

PERUANOS CÉLEBRES

Gastón Acurio
chef (1967–)

Alberto Fujimori
político y presidente (1938–)

Tania Libertad
cantante (1952–)

Claudia Llosa
directora de cine (1976–)

María Julia Mantilla
empresaria y presentadora de
TV, ex Miss Universo (1984–)

Javier Pérez de Cuellar
secretario general de las
Naciones Unidas (1920–)

Fernando de Szyszlo
pintor (1925–)

Mario Testino
fotógrafo (1954–)

César Vallejo
poeta (1892–1938)

Mario Vargas Llosa
escritor, político, Premio
Nobel de Literatura (1936–)

© Mark Skalny/Shutterstock

Machu Picchu

Investiga en Internet

La geografía: los Andes, el Amazonas, el lago Titicaca

La historia: los incas, los aymará, el Inti Raymi, los uros, José de San Martín, Machu Picchu, Nazca

Películas: *Todos somos estrellas, Madeinusa*

Música: música andina, los valses peruanos, las jaranas, Gian Marco

Comidas y bebidas: la papa (más de 2000 variedades), la yuca, la quinoa, el ceviche, el pisco, anticuchos

Fiestas: Día de la Independencia (28 de julio)

Las calles de Cuzco

La Plaza de Armas en Lima

CURIOSIDADES

- En Perú vivieron muchas civilizaciones diferentes que se desarrollaron *(developed)* entre el año 4000 a.C hasta principios *(beginning)* del siglo XVI. La más importante fue la civilización de los incas, que dominaba la región a la llegada de los españoles.

- Otra civilización importante fueron los nazcas, quienes trazaron figuras de animales que solo se pueden ver desde el aire. Hay más de 2000 km de líneas. Su origen es un misterio y no se sabe por qué las hicieron *(made)*.

- Probablemente la canción folclórica más famosa del Perú es "El Cóndor Pasa".

Puerto Rico ▶

INFORMACIÓN GENERAL

Nombre oficial: Estado Libre Asociado de Puerto Rico (*Commonwealth of Puerto Rico*)

Nacionalidad: puertorriqueño(a)

Área: 13.790 km² (un poco menos que el área de Connecticut)

Población: 3 598 400

Capital: San Juan (f. 1521) (2 463 000 hab.)

Otras ciudades importantes: Ponce, Caguas

Moneda: dólar (estadounidense)

Idiomas: español, inglés (oficiales)

DEMOGRAFÍA

Alfabetismo: 94,1%

Religiones: católicos (85%), protestantes y otros (15%)

PUERTORRIQUEÑOS CÉLEBRES

Roberto Clemente
beisbolista (1934–1972)

Rosario Ferré
escritora (1938–2016)

Raúl Juliá
actor (1940–1994)

Ricky Martin
cantante, benefactor (1971–)

Rita Moreno
actriz (1931–)

Francisco Oller y Cestero
pintor (1833–1917)

Esmeralda Santiago
escritora (1948–)

Una calle en el Viejo San Juan

© Lori Froeb/Shutterstock

Investiga en Internet

La geografía: el Yunque, Vieques, El Morro, Parque Nacional Cavernas del Río Camuy

La historia: los taínos, Juan Ponce de León, la Guerra Hispanoamericana, Pedro Albizu Campos

Películas: *Lo que le pasó a Santiago, 12 horas, Talento de barrio*

Música: la salsa, la bomba y plena, Gilberto Santa Rosa, Olga Tañón, Daddy Yankee, Tito Puente, Calle 13, Carlos Ponce, Ivy Queen

Comidas y bebidas: el lechón asado, el arroz con gandules, el mofongo, los bacalaítos, la champola de guayaba, el coquito, la horchata de ajonjolí

Fiestas: Día de la Independencia de EE.UU. (4 de julio), Día de la Constitución de Puerto Rico (25 de julio)

La cascada de La Mina en el Bosque Nacional El Yunque

Una playa en Fajardo

CURIOSIDADES

- A los puertorriqueños también se los conoce como *(known as)* "boricuas", ya que antes de *(before)* la llegada de los europeos la isla se llamaba Borinquen.

- A diferencia de otros países, los puertorriqueños también son ciudadanos *(citizens)* estadounidenses, pero no pueden votar en elecciones presidenciales de los Estados Unidos si no son residentes de un estado.

- El gobierno de Puerto Rico está encabezado por *(headed by)* un gobernador.

- El fuerte *(fort)* de El Morro fue construido en el siglo XVI para defender el puerto de los piratas. Gracias a esta construcción, San Juan fue el lugar mejor defendido del Caribe.

República Dominicana ▶

INFORMACIÓN GENERAL

Nombre oficial: República Dominicana

Nacionalidad: dominicano(a)

Área: 48 670 km^2 (aproximadamente 2 veces el área de Vermont)

Población: 10 478 800

Capital: Santo Domingo (f. 1492) (2 945 000 hab.)

Otras ciudades importantes: Santiago de los Caballeros, La Romana

Moneda: peso (dominicano)

Idiomas: español

DEMOGRAFÍA

Alfabetismo: 90,1%

Religiones: católicos (95%), otros (5%)

DOMINICANOS CÉLEBRES

Juan Bosch
escritor (1909–2001)

Charytín
cantante y presentadora (1949–)

Juan Pablo Duarte
héroe de la independencia (1808–1876)

Juan Luis Guerra
músico (1957–)

Óscar de la Renta
diseñador (1932–2014)

David Ortiz
beisbolista (1975–)

© e2dan/Shutterstock

La plaza principal en Santo Domingo

Investiga en Internet

La geografía: Puerto Plata, Pico Duarte, Sierra de Samaná

La historia: los taínos, los arawak, la dictadura de Trujillo, las hermanas Mirabal, Juan Pablo Duarte

Películas: *Nueba Yol, Cuatro hombres y un ataúd*

Música: el merengue, la bachata, Wilfrido Vargas, Johnny Ventura, Milly Quezada

Comidas y bebidas: el mangú, el sancocho, el asopao, el refresco rojo

Fiestas: Día de la Independencia (27 de febrero), Día de la Señora de la Altagracia (21 de enero)

Un vendedor de cocos en Boca Chica

Construido en 1976, Altos de Chavón es una recreación de un pueblo medieval de Europa.

CURIOSIDADES

- La isla que comparten *(share)* la República Dominicana y Haití, La Española, estuvo bajo control español hasta 1697, cuando la parte oeste *(western)* pasó a ser territorio francés.

- La República Dominicana tiene algunas de las construcciones más antiguas dejadas *(left)* por los españoles.

- Se cree que los restos de Cristóbal Colón están enterrados *(buried)* en Santo Domingo, pero Colón también tiene una tumba en Sevilla, España.

- En Santo Domingo se construyeron la primera catedral, el primer hospital, la primera aduana *(customs office)* y la primera universidad del Nuevo Mundo.

- Santo Domingo fue declarada Patrimonio de la Humanidad *(World Heritage)* por la UNESCO.

Uruguay ▶

INFORMACIÓN GENERAL

Nombre oficial: República Oriental del Uruguay

Nacionalidad: uruguayo(a)

Área: 176 215 km² (casi exactamente igual al estado de Washington)

Población: 3 341 900

Capital: Montevideo (f. 1726) (1 703 000 hab.)

Otras ciudades importantes: Salto, Paysandú, Punta del Este

Moneda: peso (uruguayo)

Idiomas: español (oficial)

DEMOGRAFÍA

Alfabetismo: 98%

Religiones: católicos (47,1%), protestantes (11%), otros (42%)

URUGUAYOS CÉLEBRES

Delmira Agustini
poetisa (1886–1914)

Mario Benedetti
escritor (1920–2009)

Jorge Drexler
músico, actor, médico (1964–)

Amalia Dutra
científica (1958–)

Diego Forlán
futbolista (1979–)

José "Pepe" Mujica
presidente (1935–)

Julio Sosa
cantor de tango (1926–1964)

Horacio Quiroga
escritor (1878–1937)

Alfredo Zitarrosa
compositor (1936–1989)

Plaza Independencia, Montevideo (Palacio Salvo)

© VojtechVlk/Shutterstock

Investiga en Internet

La geografía: Punta del Este, Colonia

La historia: el Carnaval de Montevideo, los tablados, José Artigas

Películas: *Whisky, 25 Watts, Una forma de bailar, Joya, El baño del Papa, El Chevrolé, El viaje hacia el mar*

Música: el tango, la milonga, el candombe, Jorge Drexler, Rubén Rada, La vela puerca

Comidas y bebidas: el asado, el dulce de leche, la faina, el chivito, el mate

Fiestas: Día de la Independencia (25 de agosto), Carnaval (febrero)

© Kobby Dagan/Shutterstock

Carnaval de Montevideo

© Bertrandb/Dreamstime.com

Colonia del Sacramento

CURIOSIDADES

- En guaraní, "Uruguay" significa "río *(river)* de las gallinetas". La gallineta es un pájaro de esta región.

- La industria ganadera *(cattle)* es una de las más importantes del país. La bebida más popular es el mate. Es muy común ver a los uruguayos caminando con el termo *(thermos)* bajo el brazo, listo para tomar mate en cualquier lugar *(anywhere)*.

- Los descendientes de esclavos africanos que vivieron en esa zona dieron origen a *(gave rise to)* la música típica de Uruguay: el candombe.

- Uruguay fue el anfitrión *(host)* y el primer campeón de la Copa Mundial de Fútbol en 1930.

Venezuela ▶

INFORMACIÓN GENERAL

Nombre oficial: República Bolivariana de Venezuela

Nacionalidad: venezolano(a)

Área: 912 050 km² (2800 km de costas) (aproximadamente 6 veces el área de Florida)

Población: 29 275 500

Capital: Caracas (f. 1567) (2 916 000 hab.)

Otras ciudades importantes: Maracaibo, Valencia, Maracay Barquisimeto

Moneda: bolívar

Idiomas: español (oficial), guajiro, wayuu y otras lenguas amerindias

DEMOGRAFÍA

Alfabetismo: 95,5%

Religiones: católicos (96%), protestantes (2%), otros (2%)

VENEZOLANOS CÉLEBRES

Andrés Eloy Blanco
escritor (1897–1955)

Simón Bolívar
libertador (1783–1830)

Hugo Chávez
militar, presidente (1954–2013)

María Conchita Alonso
actriz, cantante (1957–)

Gustavo Dudamel
músico, director de
orquesta (1981–)

Lupita Ferrer
actriz (1947–)

Rómulo Gallegos
escritor (1884–1969)

Carolina Herrera
diseñadora (1939–)

El Salto Ángel, la catarata *(waterfall)* más alta del mundo

© Vadim Petrakov/Shutterstock

Investiga en Internet

La geografía: El Salto Ángel, la isla Margarita, el Amazonas, Parque Nacional Canaima

La historia: los yanomami, el petróleo, Simón Bolívar, Francisco de la Miranda

Películas: *Punto y Raya*, *Secuestro Express*

Música: el joropo, Ricardo Montaner, Franco de Vita, Chino y Nacho, Carlos Baute, Óscar de León

Comidas y bebidas: el ceviche, las hallacas, las arepas, el carato de guanábana, el guarapo de papelón

Fiestas: Día de la Independencia (5 de julio), Nuestra Señora de la Candelaria (2 de febrero)

El Obelisco, en el centro de Plaza Francia en la ciudad de Caracas, fue en su momento la construcción más alta de la ciudad.

Isla Margarita, popular destino turístico

CURIOSIDADES

- El nombre de Venezuela ("pequeña Venecia") se debe al descubridor italiano Alonso de Ojeda, quien llamó así a una de las islas costeras *(coastal islands)* en 1499, debido a su aspecto veneciano.

- La isla Margarita es un lugar turístico muy popular. Cuando los españoles llegaron hace más de 500 años *(more than 500 years ago)*, los indígenas de la isla, los guaiqueríes, pensaron *(thought)* que eran dioses *(gods)* y les dieron *(gave)* regalos y una ceremonia de bienvenida. Gracias a esto, los guaiqueríes fueron los únicos indígenas del Caribe que tuvieron el estatus de "vasallos libres" *(free vassals)*.

- En la época moderna Venezuela se destaca *(stands out)* por sus concursos *(contests)* de belleza y por su producción internacional de telenovelas.

- En Venezuela hay tres sitios considerados Patrimonio de la Humanidad *(World Heritage)* por la UNESCO: Coro y su puerto, el Parque Nacional de Canaima, y la Ciudad Universitaria de Caracas.

- En Venezuela habita un roedor *(rodent)* llamado chigüire que llega a pesar hasta 60 kilos.

INFORMACIÓN GENERAL

Nombre oficial: Estados Unidos de América

Nacionalidad: estadounidense

Área: 9 826 675 km² (aproximadamente el área de China o 3,5 veces el área de Argentina)

Población: 321 368 900 (aproximadamente el 15% se consideran de origen hispano)

Capital: Washington, D.C. (f. 1791) (4 955 000 hab.)

Otras ciudades importantes: Nueva York, Los Ángeles, Chicago, Miami

Moneda: dólar (estadounidense)

Idiomas: inglés (oficial), español y más de otras 200 lenguas

DEMOGRAFÍA

Alfabetismo: 99%

Religiones: protestantes (51,3%), católicos (23,9%), mormones (1,7%), judíos (1,7%) y otros

HISPANOS CÉLEBRES DE ESTADOS UNIDOS

Christina Aguilera
cantante (1980–)

Julia Álvarez
escritora (1950–)

Marc Anthony
cantante (1969–)

César Chávez
activista (1927–1993)

Sandra Cisneros
escritora (1954–)

Junot Díaz
escritor (1968–)

Eva Longoria
actriz (1975–)

Soledad O'Brien
periodista, presentadora
(1966–)

Ellen Ochoa
astronauta (1958–)

Edward James Olmos
actor (1947–)

Sonia Sotomayor
Juez Asociada de la Corte Suprema
de Justicia de EE.UU. (1954–)

La Pequeña Habana en Miami, Florida

© Jeff Greenberg/The Image Works

Investiga en Internet

La geografía: regiones que pertenecieron a México, lugares con arquitectura de estilo español, Plaza Olvera, Calle 8, La Pequeña Habana

La historia: el Álamo, la Guerra Mexicoamericana, la Guerra Hispanoamericana, Antonio López de Santa Anna

Películas: *A Day without Mexicans, My Family, Stand and Deliver, Tortilla Soup*

Música: la salsa, tejano (Tex-Mex), el merengue, el hip hop en español, Jennifer López, Selena

Comidas y bebidas: los tacos, las enchiladas, los burritos, los plátanos fritos, los frijoles, el arroz con gandules

Fiestas: Día de la Batalla de Puebla (5 de mayo)

Un mural de Benito Juárez en Chicago, Illinois

El Álamo, donde Santa Anna derrotó *(defeated)* a los tejanos en una batalla de la Revolución de Texas.

CURIOSIDADES

- Los latinos son la minoría más grande de los Estados Unidos (más de 46 millones). Este grupo incluye personas que provienen de los veintiún países de habla hispana y a los hijos y nietos de estas que nacieron *(were born)* en los Estados Unidos. Muchos hablan español perfectamente y otros no lo hablan. El grupo más grande de hispanos es el de mexicanoamericanos, ya que territorios como Texas, Nuevo México, Utah, Nevada, California, Colorado y Oregón eran parte de México.

- Actualmente todas las culturas latinoamericanas están representadas en los Estados Unidos.

Acentuación

In Spanish, as in English, all words of two or more syllables have one syllable that is stressed more forcibly than the others. In Spanish, written accents are frequently used to show which syllable in a word is the stressed one.

Words without written accents

Words without written accents are pronounced according to the following rules:

A. Words that end in a vowel (**a, e, i, o, u**) or the consonants **n** or **s** are stressed on the next to last syllable.

tardes　　capi**ta**les　　**gran**de　　es**tu**dia　　**no**ches　　**co**men

B. Words that end in a consonant other than **n** or **s** are stressed on the last syllable.

bus**car**　　ac**triz**　　espa**ñol**　　liber**tad**　　ani**mal**　　come**dor**

Words with written accents

C. Words that do not follow the two preceding rules require a written accent to indicate where the stress is placed.

ca**fé**　　sim**pá**tico　　fran**cés**　　na**ción**　　José **Pé**rez

Words with a strong vowel (a, o, u) next to a weak vowel (e, i)

D. Diphthongs, the combination of a weak vowel (**i, u**) and a strong vowel (**e, o, a**), or two weak vowels, next to each other, form a single syllable. A written accent is required to separate diphthongs into two syllables. Note that the written accent is placed on the weak vowel.

s**ei**s	estu**dia**	inter**ior**	**ai**re	**au**to	c**iu**dad
re**ír**	**dí**a	**rí**o	ma**íz**	ba**úl**	veint**iún**

Monosyllable words

E. Words with only one syllable never have a written accent unless there is a need to differentiate it from another word spelled exactly the same. The following are some of the most common words in this category.

Unaccented	Accented	Unaccented	Accented
como *(like, as)*	cómo *(how)*	que *(that)*	qué *(what)*
de *(of)*	dé *(give)*	si *(if)*	sí *(yes)*
el *(the)*	él *(he)*	te *(you D.O., to you)*	té *(tea)*
mas *(but)*	más *(more)*	tu *(your)*	tú *(you informal)*
mi *(my)*	mí *(me)*		

F. Keep in mind that in Spanish, the written accents are an extremely important part of spelling since they not only change the pronunciation of a word, but may change its meaning and/or its tense.

publico *(I publish)*　　**público** *(public)*　　**publicó** *(he/she/you published)*

Los verbos regulares

Simple tenses

	Present Indicative	Imperfect	Preterite	Future	Conditional	Present Subjunctive	Past Subjunctive	Commands
hablar (to speak)	hablo	hablaba	hablé	hablaré	hablaría	hable	hablara	
	hablas	hablabas	hablaste	hablarás	hablarías	hables	hablaras	habla (no hables)
	habla	hablaba	habló	hablará	hablaría	hable	hablara	hable
	hablamos	hablábamos	hablamos	hablaremos	hablaríamos	hablemos	habláramos	hablemos
	habláis	hablabais	hablasteis	hablaréis	hablaríais	habléis	hablarais	hablad (no habléis)
	hablan	hablaban	hablaron	hablarán	hablarían	hablen	hablaran	hablen
aprender (to learn)	aprendo	aprendía	aprendí	aprenderé	aprendería	aprenda	aprendiera	
	aprendes	aprendías	aprendiste	aprenderás	aprenderías	aprendas	aprendieras	aprende (no aprendas)
	aprende	aprendía	aprendió	aprenderá	aprendería	aprenda	aprendiera	aprenda
	aprendemos	aprendíamos	aprendimos	aprenderemos	aprenderíamos	aprendamos	aprendiéramos	aprendamos
	aprendéis	aprendíais	aprendisteis	aprenderéis	aprenderíais	aprendáis	aprendierais	aprended (no aprendáis)
	aprenden	aprendían	aprendieron	aprenderán	aprenderían	aprendan	aprendieran	aprendan
vivir (to live)	vivo	vivía	viví	viviré	viviría	viva	viviera	
	vives	vivías	viviste	vivirás	vivirías	vivas	vivieras	vive (no vivas)
	vive	vivía	vivió	vivirá	viviría	viva	viviera	viva
	vivimos	vivíamos	vivimos	viviremos	viviríamos	vivamos	viviéramos	vivamos
	vivís	vivíais	vivisteis	viviréis	viviríais	viváis	vivierais	vivid (no viváis)
	viven	vivían	vivieron	vivirán	vivirían	vivan	vivieran	vivan

Compound tenses

Present progressive	estoy, estás, está, estamos, estáis, están	hablando, aprendiendo, viviendo
Present perfect indicative	he, has, ha, hemos, habéis, han	hablado, aprendido, vivido
Past perfect indicative	había, habías, había, habíamos, habíais, habían	hablado, aprendido, vivido

Los verbos con cambios en la raíz

Infinitive / Present Participle / Past Participle	Present Indicative	Imperfect	Preterite	Future	Conditional	Present Subjunctive	Past Subjunctive	Commands
pensar *to think* e → ie pensando pensado	pienso	pensaba	pensé	pensaré	pensaría	piense	pensara	
	piensas	pensabas	pensaste	pensarás	pensarías	pienses	pensaras	piensa (no pienses)
	piensa	pensaba	pensó	pensará	pensaría	piense	pensara	piense
	pensamos	pensábamos	pensamos	pensaremos	pensaríamos	pensemos	pensáramos	pensemos
	pensáis	pensabais	pensasteis	pensaréis	pensaríais	penséis	pensarais	pensad (no penséis)
	piensan	pensaban	pensaron	pensarán	pensarían	piensen	pensaran	piensen
acostarse *to go to bed* o → ue acostándose acostado	me acuesto	me acostaba	me acosté	me acostaré	me acostaría	me acueste	me acostara	
	te acuestas	te acostabas	te acostaste	te acostarás	te acostarías	te acuestes	te acostaras	acuéstate (no te acuestes)
	se acuesta	se acostaba	se acostó	se acostará	se acostaría	se acueste	se acostara	acuéstese
	nos acostamos	nos acostábamos	nos acostamos	nos acostaremos	nos acostaríamos	nos acostemos	nos acostáramos	acostémonos
	os acostáis	os acostabais	os acostasteis	os acostaréis	os acostaríais	os acostéis	os acostarais	acostaos (no os acostéis)
	se acuestan	se acostaban	se acostaron	se acostarán	se acostarían	se acuesten	se acostaran	acuéstense
sentir *to feel* e → ie, i sintiendo sentido	siento	sentía	sentí	sentiré	sentiría	sienta	sintiera	
	sientes	sentías	sentiste	sentirás	sentirías	sientas	sintieras	siente (no sientas)
	siente	sentía	sintió	sentirá	sentiría	sienta	sintiera	sienta
	sentimos	sentíamos	sentimos	sentiremos	sentiríamos	sintamos	sintiéramos	sintamos (no sintáis)
	sentís	sentíais	sentisteis	sentiréis	sentiríais	sintáis	sintierais	sentid
	sienten	sentían	sintieron	sentirán	sentirían	sientan	sintieran	sientan
pedir *to ask for* e → i, i pidiendo pedido	pido	pedía	pedí	pediré	pediría	pida	pidiera	
	pides	pedías	pediste	pedirás	pedirías	pidas	pidieras	pide (no pidas)
	pide	pedía	pidió	pedirá	pediría	pida	pidiera	pida
	pedimos	pedíamos	pedimos	pediremos	pediríamos	pidamos	pidiéramos	pidamos
	pedís	pedíais	pedisteis	pediréis	pediríais	pidáis	pidierais	pedid (no pidáis)
	piden	pedían	pidieron	pedirán	pedirían	pidan	pidieran	pidan
dormir *to sleep* o → ue, u durmiendo dormido	duermo	dormía	dormí	dormiré	dormiría	duerma	durmiera	
	duermes	dormías	dormiste	dormirás	dormirías	duermas	durmieras	duerme (no duermas)
	duerme	dormía	durmió	dormirá	dormiría	duerma	durmiera	duerma
	dormimos	dormíamos	dormimos	dormiremos	dormiríamos	durmamos	durmiéramos	durmamos
	dormís	dormíais	dormisteis	dormiréis	dormiríais	durmáis	durmierais	dormid (no durmáis)
	duermen	dormían	durmieron	dormirán	dormirían	duerman	durmieran	duerman

Los verbos con cambios de ortografía

Infinitive / Present Participle / Past Participle	Present Indicative	Imperfect	Preterite	Future	Conditional	Present Subjunctive	Past Subjunctive	Commands
comenzar (e → ie) *to begin* z → c before e comenzando comenzado	comienzo comienzas comienza comenzamos comenzáis comienzan	comenzaba comenzabas comenzaba comenzábamos comenzabais comenzaban	**comencé** comenzaste comenzó comenzamos comenzasteis comenzaron	comenzaré comenzarás comenzará comenzaremos comenzaréis comenzarán	comenzaría comenzarías comenzaría comenzaríamos comenzaríais comenzarían	**comience** **comiences** **comience** **comencemos** **comencéis** **comiencen**	comenzara comenzaras comenzara comenzáramos comenzarais comenzaran	comienza (**no comiences**) **comience** **comencemos** comenzad (**no comencéis**) **comiencen**
conocer *to know* c → zc before a, o conociendo conocido	**conozco** conoces conoce conocemos conocéis conocen	conocía conocías conocía conocíamos conocíais conocían	conocí conociste conoció conocimos conocisteis conocieron	conoceré conocerás conocerá conoceremos conoceréis conocerán	conocería conocerías conocería conoceríamos conoceríais conocerían	**conozca** **conozcas** **conozca** **conozcamos** **conozcáis** **conozcan**	conociera conocieras conociera conociéramos conocierais conocieran	conoce (**no conozcas**) **conozca** **conozcamos** conoced (**no conozcáis**) **conozcan**
pagar *to pay* g → gu before e pagando pagado	pago pagas paga pagamos pagáis pagan	pagaba pagabas pagaba pagábamos pagabais pagaban	**pagué** pagaste pagó pagamos pagasteis pagaron	pagaré pagarás pagará pagaremos pagaréis pagarán	pagaría pagarías pagaría pagaríamos pagaríais pagarían	**pague** **pagues** **pague** **paguemos** **paguéis** **paguen**	pagara pagaras pagara pagáramos pagarais pagaran	paga (**no pagues**) **pague** **paguemos** pagad (**no paguéis**) **paguen**
seguir (e → i, i) *to follow* gu → g before a, o siguiendo seguido	**sigo** sigues sigue seguimos seguís siguen	seguía seguías seguía seguíamos seguíais seguían	seguí seguiste siguió seguimos seguisteis siguieron	seguiré seguirás seguirá seguiremos seguiréis seguirán	seguiría seguirías seguiría seguiríamos seguiríais seguirían	siga sigas siga sigamos sigáis sigan	siguiera siguieras siguiera siguiéramos siguierais siguieran	sigue (**no sigas**) siga sigamos seguid (**no sigáis**) sigan
tocar *to play, to touch* c → qu before e tocando tocado	toco tocas toca tocamos tocáis tocan	tocaba tocabas tocaba tocábamos tocabais tocaban	**toqué** tocaste tocó tocamos tocasteis tocaron	tocaré tocarás tocará tocaremos tocaréis tocarán	tocaría tocarías tocaría tocaríamos tocaríais tocarían	**toque** **toques** **toque** **toquemos** **toquéis** **toquen**	tocara tocaras tocara tocáramos tocarais tocaran	toca (**no toques**) **toque** **toquemos** tocad (**no toquéis**) **toquen**

Los verbos irregulares

Infinitive Present Participle Past Participle	Present Indicative	Imperfect	Preterite	Future	Conditional	Present Subjunctive	Past Subjunctive	Commands
andar *to walk* andando andado	ando andas anda andamos andáis andan	andaba andabas andaba andábamos andabais andaban	**anduve** **anduviste** **anduvo** **anduvimos** **anduvisteis** **anduvieron**	andaré andarás andará andaremos andaréis andarán	andaría andarías andaría andaríamos andaríais andarían	ande andes ande andemos andéis anden	**anduviera** **anduvieras** **anduviera** **anduviéramos** **anduvierais** **anduvieran**	anda (no andes) ande andemos andad (no andéis) anden
*dar *to give* dando dado	**doy** das da damos dais dan	daba dabas daba dábamos dabais daban	**di** **diste** **dio** **dimos** **disteis** **dieron**	daré darás dará daremos daréis darán	daría darías daría daríamos daríais darían	**dé** des **dé** demos deis den	**diera** **dieras** **diera** **diéramos** **dierais** **dieran**	da (**no des**) **dé** demos dad (**no deis**) den
*decir *to say, tell* **diciendo** **dicho**	**digo** **dices** **dice** decimos decís **dicen**	decía decías decía decíamos decíais decían	**dije** **dijiste** **dijo** **dijimos** **dijisteis** **dijeron**	**diré** **dirás** **dirá** **diremos** **diréis** **dirán**	**diría** **dirías** **diría** **diríamos** **diríais** **dirían**	**diga** **digas** **diga** **digamos** **digáis** **digan**	**dijera** **dijeras** **dijera** **dijéramos** **dijerais** **dijeran**	di (**no digas**) diga digamos decid (**no digáis**) digan
*estar *to be* estando estado	**estoy** **estás** **está** estamos estáis **están**	estaba estabas estaba estábamos estabais estaban	**estuve** **estuviste** **estuvo** **estuvimos** **estuvisteis** **estuvieron**	estaré estarás estará estaremos estaréis estarán	estaría estarías estaría estaríamos estaríais estarían	**esté** **estés** **esté** **estemos** **estéis** **estén**	estuviera estuvieras estuviera estuviéramos estuvierais estuvieran	está (**no estés**) esté estemos estad (**no estéis**) estén
haber *to have* habiendo habido	**he** **has** **ha [hay]** **hemos** **habéis** han	había habías había habíamos habíais habían	**hube** **hubiste** **hubo** **hubimos** **hubisteis** **hubieron**	**habré** **habrás** **habrá** **habremos** **habréis** **habrán**	**habría** **habrías** **habría** **habríamos** **habríais** **habrían**	**haya** **hayas** **haya** **hayamos** **hayáis** **hayan**	hubiera hubieras hubiera hubiéramos hubierais hubieran	he (**no hayas**) haya hayamos habed (**no hayáis**) hayan
*hacer *to make, to do* haciendo **hecho**	**hago** haces hace hacemos hacéis hacen	hacía hacías hacía hacíamos hacíais hacían	**hice** **hiciste** **hizo** **hicimos** **hicisteis** **hicieron**	**haré** **harás** **hará** **haremos** **haréis** **harán**	**haría** **harías** **haría** **haríamos** **haríais** **harían**	**haga** **hagas** **haga** **hagamos** **hagáis** **hagan**	**hiciera** **hicieras** **hiciera** **hiciéramos** **hicierais** **hicieran**	haz (**no hagas**) haga hagamos haced (**no hagáis**) hagan

*Verbs with irregular yo forms in the present indicative

(continued)

Infinitive Present Participle Past Participle	Present Indicative	Imperfect	Preterite	Future	Conditional	Present Subjunctive	Past Subjunctive	Commands
ir	voy	iba	fui	iré	iría	vaya	fuera	
to go	vas	ibas	fuiste	irás	irías	vayas	fueras	ve (no vayas)
yendo	va	iba	fue	irá	iría	vaya	fuera	vaya
ido	vamos	íbamos	fuimos	iremos	iríamos	vayamos	fuéramos	vamos (no vayamos)
	vais	ibais	fuisteis	iréis	iríais	vayáis	fuerais	id (no vayáis)
	van	iban	fueron	irán	irían	vayan	fueran	vayan
*oír	oigo	oía	oí	oiré	oiría	oiga	oyera	
to hear	oyes	oías	oíste	oirás	oirías	oigas	oyeras	oye (no oigas)
oyendo	oye	oía	oyó	oirá	oiría	oiga	oyera	oiga
oído	oímos	oíamos	oímos	oiremos	oiríamos	oigamos	oyéramos	oigamos
	oís	oíais	oísteis	oiréis	oiríais	oigáis	oyerais	oíd (no oigáis)
	oyen	oían	oyeron	oirán	oirían	oigan	oyeran	oigan
poder	puedo	podía	pude	podré	podría	pueda	pudiera	
(o → ue)	puedes	podías	pudiste	podrás	podrías	puedas	pudieras	puede (no puedas)
can, to be able	puede	podía	pudo	podrá	podría	pueda	pudiera	pueda
pudiendo	podemos	podíamos	pudimos	podremos	podríamos	podamos	pudiéramos	podamos
podido	podéis	podíais	pudisteis	podréis	podríais	podáis	pudierais	poded (no podáis)
	pueden	podían	pudieron	podrán	podrían	puedan	pudieran	puedan
*poner	pongo	ponía	puse	pondré	pondría	ponga	pusiera	
to place, to put	pones	ponías	pusiste	pondrás	pondrías	pongas	pusieras	pon (no pongas)
poniendo	pone	ponía	puso	pondrá	pondría	ponga	pusiera	ponga
puesto	ponemos	poníamos	pusimos	pondremos	pondríamos	pongamos	pusiéramos	pongamos
	ponéis	poníais	pusisteis	pondréis	pondríais	pongáis	pusierais	poned (no pongáis)
	ponen	ponían	pusieron	pondrán	pondrían	pongan	pusieran	pongan
querer	quiero	quería	quise	querré	querría	quiera	quisiera	
(e → ie)	quieres	querías	quisiste	querrás	querrías	quieras	quisieras	quiere (no quieras)
to like	quiere	quería	quiso	querrá	querría	quiera	quisiera	quiera
queriendo	queremos	queríamos	quisimos	querremos	querríamos	queramos	quisiéramos	queramos
querido	queréis	queríais	quisisteis	querréis	querríais	queráis	quisierais	quered (no queráis)
	quieren	querían	quisieron	querrán	querrían	quieran	quisieran	quieran
*saber	sé	sabía	supe	sabré	sabría	sepa	supiera	
to know	sabes	sabías	supiste	sabrás	sabrías	sepas	supieras	sabe (no sepas)
sabiendo	sabe	sabía	supo	sabrá	sabría	sepa	supiera	sepa
sabido	sabemos	sabíamos	supimos	sabremos	sabríamos	sepamos	supiéramos	sepamos
	sabéis	sabíais	supisteis	sabréis	sabríais	sepáis	supierais	sabed (no sepáis)
	saben	sabían	supieron	sabrán	sabrían	sepan	supieran	sepan

*Verbs with irregular yo forms in the present indicative

(continued)

Infinitive Present Participle Past Participle	Present Indicative	Imperfect	Preterite	Future	Conditional	Present Subjunctive	Past Subjunctive	Commands
*salir *to go out* saliendo salido	salgo	salía	salí	saldré	saldría	salga	saliera	sal (no salgas)
	sales	salías	saliste	saldrás	saldrías	salgas	salieras	salga
	sale	salía	salió	saldrá	saldría	salga	saliera	salgamos
	salimos	salíamos	salimos	saldremos	saldríamos	salgamos	saliéramos	salid (no salgáis)
	salís	salíais	salisteis	saldréis	saldríais	salgáis	salierais	salgan
	salen	salían	salieron	saldrán	saldrían	salgan	salieran	
ser *to be* siendo sido	soy	era	fui	seré	sería	sea	fuera	sé (no seas)
	eres	eras	fuiste	serás	serías	seas	fueras	sea
	es	era	fue	será	sería	sea	fuera	seamos
	somos	éramos	fuimos	seremos	seríamos	seamos	fuéramos	sed (no seáis)
	sois	erais	fuisteis	seréis	seríais	seáis	fuerais	sean
	son	eran	fueron	serán	serían	sean	fueran	
*tener (e → ie) *to have* teniendo tenido	tengo	tenía	tuve	tendré	tendría	tenga	tuviera	ten (no tengas)
	tienes	tenías	tuviste	tendrás	tendrías	tengas	tuvieras	tenga
	tiene	tenía	tuvo	tendrá	tendría	tenga	tuviera	tengamos
	tenemos	teníamos	tuvimos	tendremos	tendríamos	tengamos	tuviéramos	tened (no tengáis)
	tenéis	teníais	tuvisteis	tendréis	tendríais	tengáis	tuvierais	tengan
	tienen	tenían	tuvieron	tendrán	tendrían	tengan	tuvieran	
*traer *to bring* trayendo traído	traigo	traía	traje	traeré	traería	traiga	trajera	trae (no traigas)
	traes	traías	trajiste	traerás	traerías	traigas	trajeras	traiga
	trae	traía	trajo	traerá	traería	traiga	trajera	traigamos
	traemos	traíamos	trajimos	traeremos	traeríamos	traigamos	trajéramos	traed (no traigáis)
	traéis	traíais	trajisteis	traeréis	traeríais	traigáis	trajerais	traigan
	traen	traían	trajeron	traerán	traerían	traigan	trajeran	
*venir (e → ie, i) *to come* viniendo venido	vengo	venía	vine	vendré	vendría	venga	viniera	ven (no vengas)
	vienes	venías	viniste	vendrás	vendrías	vengas	vinieras	venga
	viene	venía	vino	vendrá	vendría	venga	viniera	vengamos
	venimos	veníamos	vinimos	vendremos	vendríamos	vengamos	viniéramos	venid (no vengáis)
	venís	veníais	vinisteis	vendréis	vendríais	vengáis	vinierais	vengan
	vienen	venían	vinieron	vendrán	vendrían	vengan	vinieran	
ver *to see* viendo visto	veo	veía	vi	veré	vería	vea	viera	ve (no veas)
	ves	veías	viste	verás	verías	veas	vieras	vea
	ve	veía	vio	verá	vería	vea	viera	veamos
	vemos	veíamos	vimos	veremos	veríamos	veamos	viéramos	ved (no veáis)
	veis	veíais	visteis	veréis	veríais	veáis	vierais	vean
	ven	veían	vieron	verán	verían	vean	vieran	

*Verbs with irregular *yo* forms in the present indicative

Grammar references

1. Preterite verbs with spelling changes

A. **-Ir** verbs that have stem changes in the present tense also have stem changes in the preterite. The third person singular and plural (**él, ella, usted, ellos, ellas,** and **ustedes**) change **e → i** and **o → u**.

pedir	
pedí	pedimos
pediste	pedisteis
pidió	pidieron

dormir	
dormí	dormimos
dormiste	dormisteis
durmió	durmieron

Other common verbs with stem changes: conseguir, divertirse, mentir, morir, preferir, reír, repetir, seguir, servir, sonreír, sugerir, vestir(se)

B. Similar to the imperative and the subjunctive, verbs ending in **-car**, **-gar,** and **-zar** have spelling changes in the first person singular (**yo**) in the preterite. Notice that the spelling changes preserve the original sound of the infinitive for **-car** and **-gar** verbs.

-car	c → qué	tocar	yo **toqué**
-gar	g → gué	jugar	yo **jugué**
-zar	z → cé	empezar	yo **empecé**

C. An unaccented **i** always changes to **y** when it appears between two vowels; therefore, the third person singular and plural of **leer** and **oír** also have spelling changes. Notice the use of accent marks on all forms except the third person plural.

leer	
leí	leímos
leíste	leísteis
leyó	**leyeron**

oír	
oí	oímos
oíste	oísteis
oyó	**oyeron**

D. There are a number of verbs that are irregular in the preterite.

The verbs **ser** and **ir** are identical in this tense, and **dar** and **ver** are similar.

ser/ir	
fui	**fuimos**
fuiste	**fuisteis**
fue	**fueron**

dar	
di	**dimos**
diste	**disteis**
dio	**dieron**

ver	
vi	**vimos**
viste	**visteis**
vio	**vieron**

Other irregular verbs can be divided into three groups. Notice that they all take the same endings and that there are no accents on these verbs.

poner	
puse	pusimos
pusiste	pusisteis
puso	pusieron

hacer	
hice	hicimos
hiciste	hicisteis
hizo	hicieron

decir	
dije	dijimos
dijiste	dijisteis
dijo	dijeron

Other verbs like **poner** with **u** in the stem: **andar (anduv-)**, **estar (estuv-)**, **poder (pud-)**, **saber (sup-)**, **tener (tuv-)**

Other verbs like **hacer** with **i** in the stem: **querer (quis-)**, **venir (vin-)**

Other verbs like **decir** with **j** in the stem: **conducir (conduj-)**, **producir (produj-)**, **traducir (traduj-)**, **traer (traj-)**

E. The preterite of **hay** is **hubo** *(there was, there were)*. There is only one form in the preterite regardless of whether it is used with a plural or singular noun.

2. Past progressive tense

You have learned that the present progressive tense is formed with the present indicative of **estar** and a present participle. The past progressive tense is formed with the imperfect of **estar** and a present participle.

The past progressive tense is used to express or describe an action that was in progress at a particular moment in the past.

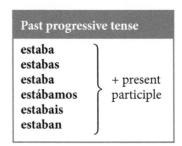

Past progressive tense	
estaba	
estabas	
estaba	+ present
estábamos	participle
estabais	
estaban	

Estábamos comiendo cuando llamaste.   *We were eating when you called.*
¿Quién **estaba hablando** por teléfono?   *Who was talking on the phone?*

Another past progressive tense can also be formed with the preterite of **estar** and the present participle. However, its use is of much lower frequency in Spanish.

3. Past participles

A. To form the regular past participles, you need to add **–ado** to the end of the stem of **–ar** verbs, and **–ido** to the stem of **–er** and **–ir** verbs. The past participles of verbs with changes in the stem in either the present tense or the preterite, do not have stem changes.

hablar	hablado
beber	bebido
vivir	vivido

B. The following verbs have accents in the past participles:

creer	**creído**
leer	**leído**
oír	**oído**
traer	**traído**

C. The following are the irregular past participles:

abrir	**abierto**	morir	**muerto**
decir	**dicho**	romper	**roto**
devolver	**devuelto**	poner	**puesto**
escribir	**escrito**	ver	**visto**
hacer	**hecho**	volver	**vuelto**

4. Present subjunctive of stem-changing verbs

A. Stem-changing -**ar** and -**er** verbs follow the same stem changes in the present subjunctive as in the present indicative. Note that the stems of the **nosotros** and **vosotros** forms do not change.

contar (ue)	
cuente	contemos
cuentes	contéis
cuente	cuenten

perder (ie)	
pierda	perdamos
pierdas	perdáis
pierda	pierdan

B. Stem-changing -**ir** verbs follow the same pattern in the present subjunctive, except for the **nosotros** and **vosotros** forms. These change **e → i** or **o → u**.

morir (ue)	
muera	muramos
mueras	muráis
muera	mueran

preferir (ie)	
prefiera	prefiramos
prefieras	prefiráis
prefiera	prefieran

pedir (i)	
pida	pidamos
pidas	pidáis
pida	pidan

5. Present subjunctive of verbs with spelling changes

As in the preterite, verbs that end in -**car**, -**gar**, and -**zar** undergo a spelling change in the present subjunctive in order to maintain the consonant sound of the infinitive.

A. -**car:**   **c** changes to **qu** in front of **e**

buscar: bus**que**, bus**ques**, bus**que**, bus**quemos**, bus**quéis**, bus**quen**

B. -**zar:**   **z** changes to **c** in front of **e**

almorzar: almuer**ce**, almuer**ces**, almuer**ce**, almor**cemos**, almor**céis**, almuer**cen**

C. -**gar:**   **g** changes to **gu** in front of **e**

jugar: jue**gue**, jue**gues**, jue**gue**, ju**guemos**, jue**guéis**, jue**guen**

D. -**ger:**   **g** changes to **j** in front of **a**

proteger: prote**ja**, prote**jas**, prote**ja**, prote**jamos**, prote**jáis**, prote**jan**

6. Irregular verbs in the present subjunctive

The following verbs are irregular in the present subjunctive:

dar	dé, des, dé, demos, deis, den
haber	haya, hayas, haya, hayamos, hayáis, hayan
ir	vaya, vayas, vaya, vayamos, vayáis, vayan
saber	sepa, sepas, sepa, sepamos, sepáis, sepan
ser	sea, seas, sea, seamos, seáis, sean

Grammar Guide

For more detailed explanations of these grammar points, consult the Index on pages I-1–I-4 to find the places where these concepts are presented.

ACTIVE VOICE (La voz activa) A sentence written in the active voice identifies a subject that performs the action of the verb.

Juan	cantó	la canción.
Juan	*sang*	*the song.*
subject	verb	direct object

In the sentence above Juan is the performer of the verb **cantar.**

(*See also* **Passive Voice.**)

ADJECTIVES (Los adjetivos) are words that modify or describe **nouns** or **pronouns** and agree in **number** and generally in **gender** with the nouns they modify.

> Las casas **azules** son **bonitas.**
> *The **blue** houses are **pretty.***

> Esas mujeres **mexicanas** son mis **nuevas** amigas.
> *Those **Mexican** women are my **new** friends.*

- **Demonstrative adjectives (Los adjetivos demostrativos)** point out persons, places, or things relative to the position of the speaker. They always agree in **number** and **gender** with the **noun** they modify. The forms are: **este, esta, estos, estas / ese, esa, esos, esas / aquel, aquella, aquellos, aquellas.** There are also neuter forms that refer to generic ideas or things, and hence have no gender: **esto, eso, aquello.**

> **Este** libro es fácil.   ***This** book is easy.*
> **Esos** libros son difíciles.   ***Those** books are hard.*
> **Aquellos** libros son pesados.   ***Those** books (**over there**) are boring.*
> **Eso** es importante.   ***That** is important.*

Demonstratives may also function as **pronouns,** replacing the **noun** but still agreeing with it in **number** and **gender:**

> Me gustan esas blusas verdes.   *I like those green blouses.*
> ¿Cuáles? **¿Estas?**   *Which ones, **these?***
> No. Me gustan **esas.**   *No. I like **those.***

- **Stressed possessive adjectives (Los adjetivos posesivos tónicos)** are used for emphasis and follow the noun that they modifiy. These adjectives may also function as pronouns and always agree in **number** and in **gender.** The forms are: **mío, tuyo, suyo, nuestro, vuestro, suyo.** Unless they are directly preceded by the verb **ser,** stressed possessives must be preceded by the **definite article.**

> Ese perro pequeño es **mío.**   *That little dog is **mine.***
> Dame el **tuyo; el nuestro** no funciona.   *Give me **yours; ours** doesn't work.*

- **Possessive adjectives (Los adjetivos posesivos)** demonstrate ownership and always precede the **noun** that they modify.

> La señora Elman es **mi** profesora.   *Mrs. Elman is **my** professor.*
> Debemos llevar **nuestros** libros a clase.   *We should take **our** books to class.*

ADVERBS (Los adverbios) are words that modify **verbs, adjectives,** or other adverbs and, unlike **adjectives,** do not have **gender** or **number.** Here are examples of different classes of adverbs:

> Practicamos **diariamente.**   *We practice **daily.** (adverb of frequency)*
> Ellos van a salir **pronto.**   *They will leave **soon.** (adverb of time)*
> Jennifer está **afuera.**   *Jennifer is **outside.** (adverb of place)*
> No quiero ir **tampoco.**   *I don't want to go **either.** (adverb of negation)*
> Paco habla **demasiado.**   *Paco talks **too much.** (adverb of quantity)*
> Esta clase es **extremadamente** difícil.   *This class is **extremely** difficult. (modifies adjective)*
> Ella habla **muy** poco.   *She speaks **very** little. (modifies adverb)*

AGREEMENT (La concordancia) refers to the correspondence between parts of speech in terms of **number, gender,** and **person.** Subjects agree with their verbs; articles and adjectives agree with the nouns they modify, etc.

Todas las lenguas son interesante**s.**	*All languages are interesting.* (number)
Ella es bonit**a.**	*She is pretty.* (gender)
Nosotros somos de España.	*We are from Spain.* (person)

ARTICLES (Los artículos) precede nouns and indicate whether they are definite or indefinite persons, places, or things.

- **Definite articles** (Los artículos definidos) refer to particular members of a group and are the equivalent of *the* in English. The definite articles are: **el, la, los, las.**

El hombre guapo es mi padre.	***The** handsome man is my father.*
Las chicas de esta clase son inteligentes.	***The** girls in this class are intelligent.*

- **Indefinite articles** (Los artículos indefinidos) refer to any unspecified member(s) of a group and are the equivalent of *a(n)* and *some.* The indefinite articles are: **un, una, unos, unas.**

Un hombre vino a nuestra casa anoche.	***A** man came to our house last night.*
Unas niñas jugaban en el parque.	***Some** girls were playing in the park.*

CLAUSES (Las cláusulas) are subject and verb combinations; for a sentence to be complete it must have at least one main clause.

- **Main clauses** (Independent clauses) (**Las cláusulas principales**) communicate a complete idea or thought.

Mi hermana va al hospital.	*My sister goes to the hospital.*

- **Subordinate clauses** (Dependent clauses) (**Las cláusulas subordinadas**) depend upon a main clause for their meaning to be complete.

main clause	subordinate clause
Mi hermana va al hospital	cuando está enferma.
My sister goes to the hospital	*when she is ill.*

In the sentence above, *when she is ill* is not a complete idea without the information supplied by the main clause.

COMMANDS (Los mandatos) (*See* **Imperatives.**)

COMPARISONS (Las comparaciones) are statements that describe one person, place, or thing relative to another in terms of quantity, quality, or manner.

- **Comparisons of equality** (Las formas comparativas de igualdad) demonstrate an equal share of a quantity or degree of a particular characteristic. These statements use a form of **tan** or **tanto(a)(s)** and **como.**

Ella tiene **tanto** dinero **como** Elena.	*She has **as much** money **as** Elena.*
Fernando trabaja **tanto como** Felipe.	*Fernando works **as much as** Felipe.*
Jim baila **tan** bien **como** Anne.	*Jim dances **as well as** Anne.*

- **Comparisons of inequality** (Las formas comparativas de desigualdad) indicate a difference in quantity, quality, or manner between the compared subjects. These statements use **más/menos... que** or comparative **adjectives** such as **mejor / peor, mayor / menor.**

México tiene **más** playas **que** España.	*Mexico has **more** beaches **than** Spain.*
Tú hablas español **mejor que** yo.	*You speak Spanish **better than** I.*

(*See also* **Superlative statements.**)

CONJUGATIONS (Las conjugaciones) are the forms of the verb as they agree with a particular subject or person.

Yo bailo los sábados.	***I dance** on Saturdays.* (1st-person singular)
Tú bailas los sábados.	***You dance** on Saturdays.* (2nd-person singular)
Ella baila los sábados.	***She dances** on Saturdays.* (3rd-person singular)
Nosotros bailamos los sábados.	***We dance** on Saturdays.* (1st-person plural)
Vosotros bailáis los sábados.	***You dance** on Saturdays.* (2nd-person plural)
Ellos bailan los sábados.	***They dance** on Saturdays.* (3rd-person plural)

CONJUNCTIONS (Las conjunciones) are linking words that join two independent clauses together.

> Fuimos al centro **y** mis amigos compraron muchas cosas.
> *We went downtown, **and** my friends bought a lot of things.*

> Yo quiero ir a la fiesta, **pero** tengo que estudiar.
> *I want to go to the party, **but** I have to study.*

CONTRACTIONS (Las contracciones) in Spanish are limited to preposition/article combinations, such as **de + el = del** and **a + el = al,** or preposition/pronoun combinations such as **con + mí = conmigo** and **con + ti = contigo.**

DIRECT OBJECTS (Los objetos directos) in sentences are the direct recipients of the action of the verb. Direct objects answer the questions *What?* or *Whom?*

> Ella hizo **la tarea.**   *She did her **homework.***
> Después llamó **a su amiga.**   *Afterwards called **her friend.***

(*See also* **Pronoun, Indirect Object, Personal *a*.**)

EXCLAMATORY WORDS (Las palabras exclamativas) communicate surprise or strong emotion. Like interrogative words, exclamatory words also carry accents.

> **¡Qué** sorpresa!   ***What** a surprise!*
> **¡Cuántas** personas hay en la fiesta!   *There are a lot of people at the party! (Literally: How many people there are at the party!)*

(*See also* **Interrogatives.**)

GERUNDS (El gerundio) in Spanish refer to the present participle. In English gerunds are verbals (based on a verb and expressing an action or a state of being) that function as nouns. In most instances where the gerund is used in English, the infinitive is used in Spanish.

> (El) **Ser** cortés no cuesta nada.   ***Being** polite is not hard.*
> Mi pasatiempo favorito es **viajar.**   *My favorite pasttime is **traveling.***
> Después de **desayunar** salió de la casa.   *After **eating** breakfast, he left the house.*

(*See also* **Present Participle.**)

IDIOMATIC EXPRESSIONS (Las frases idiomáticas) are phrases in Spanish that do not have a literal English equivalent.

> Cuesta un ojo de la cara.   *It costs a lot. (It costs an arm and a leg.)*

IMPERATIVES (Los imperativos) represent the mood used to express requests or commands. It is more direct than the **subjunctive** mood. Imperatives are commonly called commands and fall into two categories: affirmative and negative. Spanish speakers must also choose between using formal commands and informal commands based upon whether one is addressed as **usted** (formal) or **tú** (informal).

> **Habla** conmigo.   **Talk** to me. (informal, singular, affirmative)
> **No me hables.**   **Don't talk to me.** (informal, singular, negative)
> **Hable** con la policía.   **Talk** to the police. (formal, singular, affirmative)
> **No hable** con la policía.   **Don't talk** to the police. (formal, singular, negative)
> **Hablen** con la policía.   **Talk** to the police. (formal, plural, affirmative)
> **No hablen** con la policía   **Don't talk** to the police. (formal, plural, negative)
> **Hablad** con la policía.   **Talk** to the police. (informal [Spain], plural, affirmative)
> **No habléis** con la policía.   **Don't talk** to the police. (informal [Spain], plural, negative)

(*See also* **Mood.**)

IMPERFECT (El imperfecto) The imperfect tense is used to make statements about the past when the speaker wants to convey the idea of 1) habitual or repeated action, 2) two actions in progress simultaneously, or 3) an event that was in progress when another action interrupted. The imperfect tense is also used to emphasize the ongoing nature of the middle of the event, as opposed to its beginning or end. Age and clock time are always expressed using the imperfect.

> Cuando María **era** joven **cantaba** en el coro.
> *When María **was** young, she **used to sing** in the choir.*

Aquel día **llovía** mucho y el cielo **estaba** oscuro.
*That day **it was raining** a lot and the sky **was** dark.*

Juan **dormía** cuando sonó el teléfono.
*Juan **was sleeping** when the phone rang.*

(*See also* **Preterite.**)

IMPERSONAL EXPRESSIONS (Las expresiones impersonales) are statements that contain the impersonal subjects of *it* or *one*.

Es necesario estudiar.	*It is necessary to study.*
Se necesita estudiar.	*One needs to study.*

(*See also* **Passive Voice.**)

INDEFINITE WORDS (Las palabras indefinidas) are **articles, adjectives, nouns** or **pronouns** that refer to unspecified members of a group.

Un hombre vino.	*A man came.* (indefinite article)
Alguien vino.	*Someone came.* (indefinite noun)
Algunas personas vinieron.	*Some people came.* (indefinite adjective)
Algunos vinieron.	*Some came.* (indefinite pronoun)

(*See also* **Articles.**)

INDICATIVE (El indicativo) The indicative is a mood, rather than a tense. The indicative is used to express ideas that are considered factual or certain and, therefore, not subject to speculation, doubt, or negation.

Josefina **es** española.	*Josefina **is** Spanish.*
(present indicative)	
Ella **vivió** en Argentina.	*She lived in Argentina.*
(preterite indicative)	

(*See also* **Mood.**)

INDIRECT OBJECTS (Los objetos indirectos) are the indirect recipients of an action in a sentence and answer the questions *To whom?* or *For whom?* In Spanish it is common to include an indirect object **pronoun** along with the indirect object.

Yo **le** di el libro **a Sofía.**	*I gave the book **to Sofía.***
Sofía **les** guardó el libro **a sus padres.**	*Sofía kept the book **for her parents.***

(*See also* **Direct Objects** *and* **Pronouns.**)

INFINITIVES (Los infinitivos) are verb forms that are uninflected or **not conjugated** according to a specific **person**. In English, infinitives are preceded by *to: to talk, to eat, to live*. Infinitives in Spanish end in **-ar (hablar)**, **-er (comer)**, and **-ir (vivir)**.

INTERROGATIVES (Las formas interrogativas) are used to pose questions and carry accent marks to distinguish them from other uses. Basic interrogative words include: **quién(es), qué, cómo, cuánto(a)(s), cuándo, por qué, dónde, cuál(es).**

¿Qué quieres?	***What** do you want?*
¿Cuándo llegó ella?	***When** did she arrive?*
¿De dónde eres?	***Where** are you from?*

(*See also* **Exclamatory Words.**)

MOOD (El modo) is like the word *mode*, meaning *manner* or *way*. It indicates the way in which the speaker views an action, or his/her attitude toward the action. Besides the **imperative** mood, which is simply giving commands, there are two moods in Spanish: the **subjunctive** and the **indicative**. Basically, the subjunctive mood communicates an attitude of uncertainty toward the action, while the indicative indicates that the action is certain or factual. Within each of these moods there are many **tenses**. Hence you have the present indicative and the present subjunctive, the present perfect indicative and the present perfect subjunctive, etc.

- **Indicative mood** (El indicativo) is used to talk about actions that are regarded as certain or as facts: things that happen all the time, have happened, or will happen. It is used in contrast to situations where the speaker is voicing an opinion, doubts, or desires.

(Yo) **Quiero** ir a la fiesta.	*I **want** to go to the party.*
¿Quieres ir conmigo?	*Do you **want** to go with me?*

- **Subjunctive mood (El subjuntivo)** indicates a recommendation, a statement of uncertainty, or an expression of opinion, desire or emotion.

Recomiendo que tú **vayas** a la fiesta.	*I recommend that **you go** to the party.*
Dudo que **vayas** a la fiesta.	*I doubt that **you'll go** to the party.*
Me alegra que **vayas** a la fiesta.	*I am happy that **you'll go** to the party.*
Si **fueras** a la fiesta, te divertirías.	*If **you were to go** to the party, you would have a good time.*

- **Imperative mood (El imperativo)** is used to make a command or request.

¡**Ven** conmigo a la fiesta!	***Come** with me to the party!*

(*See also* **Mood, Indicative, Imperative,** *and* **Subjunctive.**)

NEGATION (La negación) takes place when a negative word, such as **no,** is placed before an affirmative sentence. In Spanish, double negatives are common.

Yolanda va a cantar esta noche.	*Yolanda will sing tonight.* (affirmative)
Yolanda **no** va a cantar esta noche.	*Yolanda will **not** sing tonight.* (negative)
Ramón quiere algo.	*Ramón wants something.* (affirmative)
Ramón **no** quiere **nada.**	*Ramón **doesn't** want **anything.*** (negative)

NOUNS (Los sustantivos) are persons, places, things, or ideas. Names of people, countries, and cities are proper nouns and are capitalized.

Alberto	*Albert* (person)
la amistad	*friendship* (idea, concept)
el pueblo	*town* (place)
el diccionario	*dictionary* (thing)

ORTHOGRAPHY (La ortografía) refers to the spelling of a word or anything related to spelling, such as accentuation.

PASSIVE VOICE (La voz pasiva), as compared to **active voice (la voz activa),** places emphasis on the action itself rather than the subject (the person or thing that is responsible for doing the action). The passive **se** is used when there is no apparent subject.

Luis vende los coches.	*Luis sells the cars.* (active voice)
Los coches **son vendidos por** Luis.	*The cars **are sold by** Luis.* (passive voice)
Se venden los coches.	*The cars **are sold.*** (passive voice)

(*See also* **Active Voice.**)

PAST PARTICIPLES (Los participios pasados) are verb forms used in compound tenses such as the **present perfect.** Regular past participles are formed by dropping the **-ar** or **-er/-ir** from the **infinitive** and adding **-ado** or **-ido.** Past participles are generally the equivalent of verb forms ending in *-ed* in English. They may also be used as **adjectives,** in which case they agree in **number** and **gender** with their nouns. Irregular past participles include: **escrito, roto, dicho, hecho, puesto, vuelto, muerto, cubierto.**

Marta ha **subido** la montaña.	*Marta has **climbed** the mountain.*
Los vasos están **rotos.**	*The glasses are **broken.***
La novela **publicada** en 1995 es su mejor novela.	*The novel **published** in 1995 is her best novel.*

PERFECT TENSES (Los tiempos perfectos) communicate the idea that an action has taken place before now or began in the past and continues into the present (present perfect) or before a particular moment in the past (past perfect). The perfect tenses are compound tenses consisting of the auxiliary verb **haber** plus the **past participle** of a second verb.

Yo ya **he comido.**	*I **have** already **eaten.*** (present perfect indicative)
Antes de la fiesta, yo ya **había comido.**	*Before the party **I had** already **eaten.*** (past perfect indicative)
Yo espero que **hayas comido.**	*I hope that **you have eaten.*** (present perfect subjunctive)
Yo esperaba que **hubieras comido.**	*I hoped that **you had eaten.*** (past perfect subjunctive)

PERSON (La persona) refers to changes in the subject pronouns that indicate if one is speaking (first person), if one is spoken to (second person), or if one is spoken about (third person).

Yo hablo.	*I speak.* (1st-person singular)
Tú hablas.	*You speak.* (2nd-person singular)
Ud./Él/Ella habla.	*You/He/She speak(s).* (3rd-person singular)
Nosotros(as) hablamos.	*We speak.* (1st-person plural)
Vosotros(as) habláis.	*You speak.* (2nd-person plural)
Uds./Ellos/Ellas hablan.	*They speak.* (3rd-person plural)

PERSONAL A (La *a* personal) The personal **a** refers to the placement of the preposition **a** before a person or a pet when it is the **direct object** of the sentence.

Voy a llamar **a** María.	*I'm going to call María.*
El veterinario curó **al** perro.	*The veterinarian treated the dog.*

PREPOSITIONS (Las preposiciones) are linking words indicating spatial or temporal relations between two words.

Ella nadaba **en** la piscina.	*She was swimming **in** the pool.*
Yo llamé **antes de** las nueve.	*I called **before** nine o'clock.*
El libro es **para** ti.	*The book is **for** you.*
Voy **a** la oficina.	*I'm going **to** the office.*
Jorge es **de** Paraguay.	*Jorge is **from** Paraguay.*

PRESENT PARTICIPLE (El participio del presente) is the Spanish equivalent of the *-ing* verb form in English. Regular participles are created by replacing the infinitive endings (**-ar, -er/-ir**) with **-ando** or **-iendo**. They are often used with the verb **estar** to form the present progressive tense. The present progressive tense places emphasis on the continuing or progressive nature of an action. In Spanish, the participle form is referred to as a gerund.

Miguel está **cantando** en la ducha.	*Miguel is **singing** in the shower.*
Los niños están **durmiendo** ahora.	*The children are **sleeping** now.*

(*See also* **Gerunds**)

PRETERITE (El pretérito) The preterite tense, as compared to the **imperfect tense,** is used to talk about past events with specific emphasis on the beginning or the end of the action, or emphasis on the completed nature of the action as a whole.

Anoche yo **empecé** a estudiar a las once y **terminé** a la una.
*Last night I **began** to study at eleven o'clock and **finished** at one o'clock.*

Esta mañana **me desperté** a las siete, **desayuné**, **me duché** y **llegué** a la escuela a las ocho.
*This morning **I woke up** at seven, **I ate breakfast, I showered**, and **I arrived** at school at eight.*

PRONOUNS (Los pronombres) are words that substitute for **nouns** in a sentence.

Yo quiero **este.**	*I want **this one.*** (demonstrative—points out a specific person, place, or thing)
¿Quién es tu amigo?	***Who** is your friend?* (interrogative—used to ask questions)
Yo voy a llamar**la.**	*I'm going to call **her.*** (direct object—replaces the direct object of the sentence)
Ella va a dar**le** el reloj.	*She is going to give **him** the watch.* (indirect object—replaces the indirect object of the sentence)
Juan **se** baña por la mañana.	*Juan bathes **himself** in the morning.* (reflexive—used with reflexive verbs to show that the agent of the action is also the recipient)
Es la mujer **que** conozco.	*She is the woman **that** I know.* (relative—used to introduce a clause that describes a noun)
Nosotros somos listos.	***We** are clever.* (subject—replaces the noun that performs the action or state of a verb)

SUBJECTS (Los sujetos) are the persons, places, or things which perform the action of a verb, or which are connected to a description by a verb. The **conjugated** verb always agrees with its subject.

Carlos siempre baila solo.	***Carlos** always dances alone.*
Colorado y **California** son mis estados preferidos.	***Colorado** and **California** are my favorite states.*
La cafetera hace el café.	*The **coffee maker** makes the coffee.*

(*See also* **Active Voice.**)

SUBJUNCTIVE (El subjuntivo) The subjunctive mood is used to express speculative, doubtful, or hypothetical situations. It also communicates a degree of subjectivity or influence of the main clause over the subordinate clause.

No creo que **tengas** razón.	*I don't think that **you're** right.*
Si yo **fuera** el jefe les pagaría más a mis empleados.	*If I **were** the boss, I would pay my employees more.*
Quiero que **estudies** más.	*I want **you to study** more.*

(*See also* **Mood, Indicative.**)

SUPERLATIVE STATEMENTS (Las frases superlativas) are formed by adjectives or adverbs to make comparisons among three or more members of a group. To form superlatives, add a definite article **(el, la, los, las)** before the comparative form.

Juan es **el más alto** de los tres.	*Juan is **the tallest** of the three.*
Este coche es **el más rápido** de todos.	*This car is **the fastest** of them all.*
En mi opinión, ella es **la mejor** cantante.	*In my opinion, she is **the best** singer.*

(*See also* **Comparisons.**)

TENSES (Los tiempos) refer to the manner in which time is expressed through the verb of a sentence.

Yo estudio.	*I study.* (present tense)
Yo estoy estudiando.	*I am studying.* (present progressive)
Yo he estudiado.	*I have studied.* (present perfect)
Yo había estudiado.	*I had studied.* (past perfect)
Yo estudié.	*I studied.* (preterite tense)
Yo estudiaba.	*I was studying.* (imperfect tense)
Yo estudiaré.	*I will study.* (future tense)

VERBS (Los verbos) are the words in a sentence that communicate an action or state of being.

Helen **es** mi amiga y ella **lee** muchas novelas.	*Helen **is** my friend and she **reads** a lot of novels.*

- **Auxiliary verbs (Los verbos auxiliares)** or helping verbs **haber, ser,** and **estar** are used to form the passive voice, compound tenses, and verbal periphrases.

Estamos estudiando mucho para el examen mañana.	***We are** studying a lot for the exam tomorrow.* (*verbal periphrases*)
Helen **ha** trabajado mucho en este proyecto.	*Helen **has** worked a lot on this project.* (*compound tense*)
La ropa **fue** hecha en Guatemala.	*The clothing **was** made in Guatemala.* (*passive voice*)

- **Reflexive verbs (Los verbos reflexivos)** use reflexive **pronouns** to indicate that the person initiating the action is also the recipient of the action.

Yo **me afeito** por la mañana.	*I shave (myself) in the morning.*

- **Stem-changing verbs (Los verbos con cambios de raíz)** undergo a change in the main part of the verb when conjugated. To find the stem, drop the -**ar**, -**er**, or -**ir** from the **infinitive: dorm-, empez-, ped-.** There are three types of stem-changing verbs in the present indicative: **o** to **ue, e** to **ie** and **e** to **i.**

dormir: Yo d**ue**rmo en un hotel.	*I sleep in an hotel.* (**o** to **ue**)
empezar: Ella siempre emp**ie**za a trabajar temprano.	*She always starts working early.* (**e** to **ie**)
pedir: ¿Por qué no p**i**des ayuda?	*Why don't you ask for help?* (**e** to **i**)

Functional Glossary

Asking questions
Question words

¿Adónde? To where?
¿Cómo? How?
¿Cuál(es)? Which? What?
¿Cuándo? When?
¿Cuánto/¿Cuánta? How much?
¿Cuántos/¿Cuántas? How many?
¿Dónde? Where?
¿Por qué? Why?
¿Qué? What?
¿Quién(es)? Who? Whom?

Requesting information

¿Cómo es su (tu) profesor(a) favorito(a)? What's your favorite professor like?
¿Cómo se (te) llama(s)? What's your name?
¿Cómo se llama? What's his/her name?
¿Cuál es su (tu) número de teléfono? What's your telephone number?
¿De dónde es (eres)? Where are you from?
¿Dónde hay...? Where is/are there . . .?
¿Qué estudia(s)? What are you studying?

Asking for descriptions

¿Cómo es...? What is . . . like?
¿Cómo son...? What are . . . like?

Asking for clarification

¿Cómo? What?
Dígame (Dime) una cosa. Tell me something.
Más despacio. More slowly.
No comprendo./No entiendo. I don't understand.
¿Perdón? Pardon me?
¿Cómo? Otra vez, por favor. What? One more time, please.
Repita (Repite), por favor. Please repeat.
¿Qué significa...? What does . . . mean?

Asking about and expressing likes and dislikes

¿Te (le) gusta(n)? Do you like it (them)?
No me gusta(n). I don't like it (them).
Sí, me gusta(n). Yes, I like it (them).

Asking for confirmation

... ¿de acuerdo? . . . agreed? (*Used when some type of action is proposed.*)
... ¿no? . . . isn't that so? (*Not used with negative sentences.*)

... ¿no es así? . . . isn't that right?
... ¿vale? . . . OK?
... ¿verdad? ¿cierto? . . . right?
... ¿está bien? . . . OK?

Complaining

Es demasiado caro/cara (costoso/costosa). It's too expensive.
No es justo. It isn't fair.
No puedo esperar más. I can't wait anymore.
No puedo más. I can't take this anymore.

Expressing belief

Es cierto/verdad. That's right./That's true.
Estoy seguro/segura. I'm sure.
Lo creo. I believe it.
No cabe duda de que... There can be no doubt that . . .
No lo dudo. I don't doubt it.
Tiene(s) razón. You're right.

Expressing disbelief

Hay dudas. There are doubts.
Es poco probable. It's doubtful/unlikely.
Lo dudo. I doubt it.
No lo creo. I don't believe it.
Estás equivocado(a). You're wrong.
Tengo mis dudas. I have my doubts.

Expressing frequency of actions and length of activities

¿Con qué frecuencia...? How often . . .?
de vez en cuando from time to time
durante la semana during the week
frecuentemente frequently
los fines de semana on the weekends
nunca never
por la mañana/por la tarde/por la noche in the morning/afternoon/evening
siempre always
todas las tardes/todas las noches every afternoon/evening
todos los días every day
Hace un año/dos meses/tres semanas que... for a year/two months/three weeks

Listening for instructions in the classroom

Abran los libros en la página... Open your books to page . . .
Cierren los libros. Close your books.

Complete (Completa) (Completen) la oración. Complete the sentence.
Conteste (Contesta) (Contesten) en español. Answer in Spanish.
Escriban en la pizarra. Write on the board.
Formen grupos de... estudiantes. Form groups of . . . students.
Practiquen en parejas. Practice in pairs.
¿Hay preguntas? Are there any questions?
Lea (Lee) en voz alta. Read aloud.
Por ejemplo... For example . . .
Preparen... para mañana. Prepare . . . for tomorrow.
Repita (Repite), (Repitan) por favor. Please repeat.
Saquen el libro (el cuaderno, una hoja de papel). Take out the book (the notebook, a piece of paper).

Greeting and conversing
Greetings

Bien, gracias. Fine, thanks.
Buenas noches. Good evening.
Buenas tardes. Good afternoon.
Buenos días. Good morning.
¿Cómo está(s)? How are you?
¿Cómo le (te) va? How is it going?
Hola. Hi.
Mal. Bad./Badly.
Más o menos. So so.
Nada. Nothing.
No muy bien. Not too well.
¿Qué hay de nuevo? What's new?
¿Qué tal? How are things?
Regular. Okay.
¿Y usted (tú)? And you?

Introducing people

¿Cómo se (te) llama(s)? What is your name?
¿Cómo se llama(n) él/ella/usted(es)/ellos/ellas? What is (are) his/her, your, their name(s)?
¿Cuál es su (tu) nombre? What is your name?
El gusto es mío. The pleasure is mine.
Encantado(a). Delighted.
Igualmente. Likewise.
Me llamo... My name is . . .
Mi nombre es... My name is . . .
Mucho gusto. Pleased to meet you.
Quiero presentarle(te) a... I want to introduce you to . . .
Se llama(n)... His/Her/Their name(s) is/are . . .

Entering into a conversation

Escuche (Escucha). Listen.
(No) Creo que... I (don't) believe that . . .
(No) Estoy de acuerdo porque... I (don't) agree because . . .
Pues, lo que quiero decir es que... Well, what I want to say is . . .
Quiero decir algo sobre... I want to say something about . . .

Saying goodbye

Adiós. Goodbye.
Chao. Goodbye.
Hasta la vista. Until we meet again.
Hasta luego. See you later.
Hasta mañana. Until tomorrow.
Hasta pronto. See you soon.

Chatting

(Bastante) bien. (Pretty) well, fine.
¿Cómo está la familia? How's the family?
¿Cómo le (te) va? How's it going?
¿Cómo van las clases? How are classes going?
Fenomenal. Phenomenal.
Horrible. Horrible.
Mal. Bad(ly).
No hay nada de nuevo. There's nothing new.
¿Qué hay de nuevo? What's new?
¿Qué tal? How's it going?

Reacting to comments

¡A mí me lo dice(s)! You're telling me!
¡Caray! Oh! Oh no!
¿De veras?/¿De verdad? Really? Is that so?
¡Dios mío! Oh, my goodness!
¿En serio? Seriously? Are you serious?
¡Estupendo! Stupendous!
¡Fabuloso! Fabulous!
¡No me diga(s)! You don't say!
¡Qué barbaridad! How unusual! Wow! That's terrible!
¡Qué bien! That's great!
¡Qué desastre! That's a disaster!
¡Qué dijo (dijiste)? What did you say?
¡Qué gente más loca! What crazy people!
¿Qué hizo (hiciste)? What did you do?
¡Qué horrible! That's horrible!
¡Qué increíble! That's amazing!
¡Qué lástima! That's a pity! That's too bad!
¡Qué mal! That's really bad!
¡Qué maravilla! That's marvelous!
¡Qué pena! That's a pain! That's too bad!
¡Ya lo creo! I (can) believe it!

Extending a conversation using fillers and hesitations

A ver... Let's see . . .
Buena pregunta... That's a good question . . .
Bueno... Well . . .
Es que... It's that . . .
Pues... no sé. Well . . . I don't know.
Sí, pero... Yes, but . . .
No creo. I don't think so.

Expressing worry

¡Ay, Dios mío! Good grief!
¡Es una pesadilla! It's a nightmare!
¡Eso debe ser horrible! That must be horrible!
¡Pobre! Poor thing!
¡Qué espanto! What a scare!
¡Qué horror! How horrible!
¡Qué lástima! What a pity!
¡Qué mala suerte/pata! What bad luck!
¡Qué terrible! How terrible!
¡Qué triste! How sad!
¡Qué pena! What a shame!

Expressing agreement

Así es. That's so.
Cierto./Claro (que sí)./Seguro. Certainly. Sure(ly).
Cómo no./Por supuesto. Of course.
Correcto. That's right.
Es cierto/verdad. It's true.
Eso es. That's it.
(Estoy) de acuerdo. I agree.
Exacto. Exactly.
Muy bien. Very good. Fine.
Perfecto. Perfect.
Probablemente. Probably.

Expressing disagreement

Al contrario. On the contrary.
En absoluto. Absolutely not. No way.
Es poco probable. It's doubtful/ not likely.
Incorrecto. Incorrect.
No es así. That's not so.
No es cierto. It's not so.
No es verdad. It's not true.
No es eso. That's not it.
No está bien. It's not good/not right.
No estoy de acuerdo. I don't agree.
Todo lo contrario. Just the opposite./ Quite the contrary.

Expressing sympathy

Es una pena. It's a pity.
Lo siento mucho. I'm very sorry.
Mis condolencias. My condolences.
¡Qué lástima! What a pity!

Expressing obligation

Necesitar + *infinitive* To need to . . .
(No) es necesario + *infinitive* It's (not) necessary to . . .
(No) hay que + *infinitive* One must(n't) . . ., One does(n't) have to . . .
(Se) debe + *infinitive* (One) should (ought to) . . .
Tener que + *infinitive* To have to . . .

In the hospital
Communicating instructions

Lavar la herida. Wash the wound.
Llamar al médico. Call the doctor.
Pedir información. Ask for information.
Poner hielo. Put on ice.
Poner una curita/una venda. Put on a Band-Aid®/a bandage.
Quedarse en la cama. Stay in bed.
Sacar la lengua. Stick out your tongue.
Tomar la medicina/las pastillas después de cada comida (dos veces al día/antes de acostarse). Take the medicine/the pills after each meal (two times a day/ before going to bed).

Describing symptoms

Me duele la cabeza/la espalda, etc. I have a headache/backache, etc.
Me tiemblan las manos. My hands are shaking.
Necesito pastillas (contra fiebre, mareos, etc.). I need pills (for fever, dizziness, etc.).
Necesito una receta (unas aspirinas, un antibiótico, unas gotas, un jarabe). I need a prescription (aspirin, antibiotics, drops, cough syrup).

Invitations
Extending invitations

¿Le (Te) gustaría ir a... conmigo? Would you like to go to . . . with me?
¿Me quiere(s) acompañar a...? Do you want to accompany me to . . .?
¿Quiere(s) ir a...? Do you want to go to . . .?
Si tiene(s) tiempo, podemos ir a... If you have time, we could go to . . .

Accepting invitations

Sí, con mucho gusto. Yes, with pleasure.
Sí, me encantaría. Yes, I'd love to.
Sí, me gustaría mucho. Yes, I'd like to very much.

Declining invitations

Lo siento mucho, pero no puedo. I'm very sorry, but I can't.

Me gustaría, pero no puedo porque... I'd like to, but I can't because . . .

Making reservations and asking for information

¿Dónde hay...? Where is/are there . . .?
¿El precio incluye...? Does the price include . . .?
Quisiera reservar una habitación... I would like to reserve a room . . .

Opinons
Asking for opinions

¿Cuál prefiere(s)? Which (one) do you prefer?
¿Le (Te) gusta(n)...? Do you like . . .?
¿Le (Te) interesa(n)...? Are you interested in . . .?
¿Qué opina(s) de...? What's your opinion about . . .?
¿Qué piensa(s)? What do you think?
¿Qué le (te) parece(n)? How does/do . . . seem to you?

Giving opinions

Creo que... I believe that . . .
Es bueno. It's good.
Es conveniente. It's convenient.
Es importante. It's important.
Es imprescindible. It's indispensable.
Es mejor. It's better.
Es necesario./Es preciso. It's necessary.
Es preferible. It's preferable.
Me gusta(n)... I like . . .
Me interesa(n)... I am interested in . . .
Me parece(n)... It seems . . . to me. (They seem . . . to me.)
Opino que... It's my opinion that . . .
Pienso que... I think that . . .
Prefiero... I prefer . . .

Adding information

A propósito/De paso... By the way . . .
Además... In addition . . .
También... Also . . .

Making requests

¿Me da(s)...? Will you give me . . .?
¿Me hace(s) el favor de...? Will you do me the favor of . . .?
¿Me pasa(s)...? Will you pass me . . .?
¿Me puede(s) dar...? Can you give me . . .?
¿Me puede(s) traer...? Can you bring me . . .?
¿Quiere(s) darme...? Do you want to give me . . .?
Sí, cómo no. Yes, of course.

In a restaurant
Ordering a meal

¿Está incluida la propina? Is the tip included?
Me falta(n)... I need . . .
¿Me puede traer..., por favor? Can you please bring me . . .?
¿Puedo ver la carta/el menú? May I see the menu?
¿Qué recomienda usted? What do you recommend?
¿Qué tarjetas de crédito aceptan? What credit cards do you accept?
Quisiera hacer una reservación para... I would like to make a reservation for . . .
¿Se necesitan reservaciones? Are reservations needed?
¿Tiene usted una mesa para...? Do you have a table for . . .?
Tráigame la cuenta, por favor. Please bring me the check/bill.

Shopping
Asking how much something costs and bargaining

¿Cuánto cuesta...? How much is . . .?
El precio es... The price is . . .
Cuesta alrededor de... It costs around . . .
¿Cuánto cuesta(n)? How much does it (do they) cost?
De acuerdo. Agreed. All right.

Es demasiado. It's too much.
Es una ganga. It's a bargain.
No más. No more.
No pago más de... I won't pay more than . . .
solo only
última oferta final offer

Describing how clothing fits

Me queda(n) bien/mal. It fits (They fit) me well/badly.
Te queda(n) bien/mal. It fits (They fit) you well/badly.
Le queda(n) bien/mal. It fits (They fit) him/her/you well/badly.

Getting someone's attention

Con permiso. Excuse me.
Discúlpeme. Excuse me.
Oiga (Oye). Listen.
Perdón. Pardon.

Expressing satisfaction and dissatisfaction

El color es horrible. The color is horrible.
El modelo es aceptable. The style is acceptable.
Es muy barato(a). It's very cheap.
Es muy caro(a). It's very expensive.
Me gusta el modelo. I like the style.

Thanking

De nada./Por nada./No hay de qué. It's nothing. You're welcome.
¿De verdad le (te) gusta? Do you really like it?
Estoy muy agradecido(a). I'm very grateful.
Gracias. Thanks./Thank you.
Me alegro de que le (te) guste. I'm glad you like it.
Mil gracias. Thanks a lot.
Muchas gracias. Thank you very much.
Muy amable de su (tu) parte. You're very kind.

This vocabulary includes all the words and expressions listed as active vocabulary in **Exploremos.** The number following the definition refers to the chapter in which the word or phrase was first used actively. Chapter numbers with an asterisk indicate that the entries are from the **Vocabulario útil** in the Explorer and **Video-viaje** sections. Also, included are some of the high-frequency terms.

Nouns that end in **-o** are masculine and in **-a** are feminine unless otherwise indicated.

All words are alphabetized according to the 1994 changes made by the Real Academia: **ch** and **ll** are no longer considered separate letters of the alphabet.

A

a to, in, at **a fin de que** in order that, so that (5)
   a menos que unless (5)
abeja bee (2)*
abordar to board
abrazar to hug; to embrace (1)
abstracto(a) abstract
aburrir to bore; **aburrirse** to become bored (1)
acabar to finish
acera sidewalk
aconsejar to advise (2)
actitud *f.* attitude (3)*
actual current (5)
adelgazar to lose weight (3)
adjuntar to attach (5)
adopción *f.* adoption (1)
agradable pleasant
águila *f.* (*but* **el águila**) *eagle*
ajedrez *m.* chess
alegrar to make happy (3)
alegrarse to become happy (1)
algodón *m.* cotton
alguna vez ever (5)
alimento food (3)
almorzar to eat lunch
almuerzo lunch
alojamiento lodging
alojarse to lodge; to stay (in a hotel)
altruista selfless (4)
altura height (3)*
ambiente *m.* atmosphere (3)*
ambos(as) both (1)*
ambulancia ambulance
amistad *f.* friendship (1)
ancianos: asilo de ancianos retirement home (1)
andar *to walk*; **andar en** to ride
andén *m.* platform
anfibio amphibian
aniversario anniversary
antepasados ancestors (2)
antes (de) que before (5)

antigüedad *f.* age (of an object), antiquity (3)*
antiguo(a) old
añadir to add
apagar to turn off
apoyar to support (4)
apreciar to appreciate; to enjoy
apretado(a) tight
árbol *m.* tree
archivo file (5)
ardilla squirrel
arena sand
armonía harmony
arpa *m.* harp
arroz *m.* rice
arte abstracto abstract art
artesanías handicrafts (2)
arzobispo archbishop
asado barbecue (2)
asado(a) grilled
asar to grill (3)
ascensor *m.* elevator
asilo de ancianos retirement home (1)
asustar to scare (3); **asustarse** to become scared, frightened (1)
aterrizar to land
atravesar (ie) to cross
atropellar to run over
aumentar to increase (3)
autorretrato self-portrait
ave *f.* (*but* **el ave**) bird
azúcar *m.* sugar

B

bahía bay
bajar to go down; to take something down; **bajar de** to get out of (a vehicle) ; **bajar(archivos)** to download (files) (5);
ballena whale
banderines streamers
barato(a) cheap; inexpensive
barrer to sweep
basura trash, garbage, litter

bautizo baptism
bebida drink
besar to kiss
bilingüe bilingual
bisabuelo(a) great-grandparent (1)
bisnieto(a) great-grandchild (1)
bitácora (o **blog**) blog (5)
bocadillo snack
boda wedding
bolsa bag (3)
borrar to delete, to erase (5)
bosque *m.* forest; **bosque nublado** cloud forest
bote *m.* **de basura** trash can
botella bottle (3)
botones *m. f.* bellhop
brecha generacional generation gap (1)
brindar to toast
brindis *m.* toast
brócoli *m.* broccoli
búho owl
burlarse (de) to make fun of (1)

c

cactus *m.* cactus
caer(se) to fall; **caerse bien/mal** to like/dislike (a person)
café *m.* coffee
caja cash register
callejuela alley, narrow street
calorías calories (3)
cámara funeraria burial chamber (3)*
camarero(a) maid
camarón *m.* shrimp
cambiar to change (1)
cambio change (1); **cambio climático** climate change
camilla stretcher
caminata long walk, hike
carbohidratos carbohydrates (3)
cárcel *f.* jail (5)
Carnaval *m.* Carnival (a celebration similar to Mardi Gras) (2)
carne *f.* meat
caro(a) expensive
carretera highway
carrito toy car
cartas playing cards
casado(a) married (1)
casarse (con) to marry (1); to get married (to)
cascada cascade, small waterfall
caso: en caso de que in case (5)
catarata large waterfall
catsup *f.* ketchup

causa cause (5)
cavar to excavate (4)*
caza hunting
cazar to hunt down (1)*
cebolla onion
cebra zebra
celebración *f.* celebration (2)
celebrar to celebrate (2)
cena dinner
cenar to eat dinner
ceniza volcánica volcanic ash
centro de negocios business center
cerdo pork; pig
cereal *m.* cereal; **cereales** *pl.* grains (3)
cerebro brain
certeza: con certeza with certainty (2)*
chatear to chat online (5)
chico(a) small; boy / girl
chiste *m.* joke
chocar (con) to crash (into)
ciclista *m. f.* cyclist
cielo sky
cien one hundred
científico: conocimiento científico scientific knowledge (2)*
ciento uno *one hundred one*
cima summit (3)*
cita date, appointment (1)
claro(a) light; pale
clase *f.* **baja/media/alta** lower/middle/upper class (5); **clase turista** economy class
climático: cambio climático climate change
cobarde cowardly (4)
coche cama *m.* sleeping car
cocina cuisine (2)
cocodrilo crocodile
cóctel *m.* cocktail
colesterol cholesterol (3)
colgar (ue) to hang
colina hill
cometa kite
comida food, lunch; **comida chatarra** junk food (3)
complicado(a) complex
comportamiento behavior
comprometerse to make a commitment; to agree formally; to promise (5)
compromiso engagement, commitment (1)
computadora portátil laptop (5)
con tal (de) que as long as; in order that, so that (5); provided that
concebir to conceive

conductor(a) driver
conejo rabbit
conflicto conflict (5)
congelado(a) frozen (3)
conjunto group, set
conmemorar to commemorate (2)
conocimiento knowledge; **conocimiento científico**
    scientific knowledge (2)*
Conquista Conquest (4)
conseguir (i) to get; to obtain (5)
constar to be apparent (having witnessed something) (3)
consumir to consume (3)
contaminación *f.* contamination; pollution
contar (ue) to tell (a story); to count
contemporáneo(a) contemporary (5)
contraseña password (5)
convencional conventional (5)
convenio agreement (5)*
correo electrónico e-mail (5)
cortacésped *m.* lawnmower
cortar (el césped) to cut; to mow (the lawn)
costa coast
costumbre *f.* habit, tradition, custom (2)
crecer to grow up (1)
creencia belief (2)
crema cream
cría offspring
criar to raise; to bring up (1)
criminal *m. f.* criminal (4)
cruce *m.* crosswalk
cruzar to cross
cuadros: a cuadros plaid
cuando when (5)
cuanto: en cuanto as soon as (5)
cuatrocientos four hundred
cubista cubist
cuchara spoon
cuchillo knife
cuenta bill
cuento story
cuerda jumping rope; string
cumpleaños *m. sing.* birthday
cumplir… años to turn . . . years old
cuñado(a) brother/sister-in-law (1)

D

damas checkers
dañado(a) damaged; **estar dañado(a)** to be damaged
dañar to damage
dar to give; **dar la vuelta** to take a walk or a ride; **darse**
    cuenta (de) to realize (1)

datos data (1)*
débil weak (4)
declive: en declive in decline (1)*
decorar to decorate
dedicado(a) dedicated (4)
deforestación *f.* deforestation
dejar (una propina) to leave (a tip)
dejar to allow (2)
democracia democracy (4)
depredador *m.* predator (5)*
derecho legal right (4)
derechos humanos human rights
derrocar to overthrow (4)
derrota defeat (4)
desarrollar to develop; to evolve; to unfold (2)*
desarrollo development (4)
desayunar to eat breakfast
desayuno breakfast
descargar (archivos) to download (files) (5)
descifrar to decipher (2)*
descomponer to break down (a machine)
descremado(a) skimmed (3)
descubrimiento discovery (3)*
descuento discount
desear to desire (2)
desechos industriales industrial waste
desembocadura mouth (of a river)
desfile *m.* parade (2)
desierto desert
despedirse (i) to say good-bye (1)
despegar to take off
después (de) que after (5)
destruir to destroy
Día *m.* **de los Muertos** Day of the Dead (2)
dibujar to draw
dictadura dictatorship (4)
dieta diet (3)
dinero en efectivo cash
diseñar to design
disfraz *m.* costume (2)
disfrazarse to put on a costume; to disguise oneself (2)
disfrutar to enjoy (3)
disgustar to dislike; to upset (3)
dispersar to disperse
disponible available
distraerse to get distracted
divertirse (ie) to have fun (1)
divorciado(a) divorced (1)
divorciarse (de) to get divorced (from) (1)
divorcio divorce (1)
doblar to turn

doble double

dominó domino

donar to donate (5)

dormirse (ue) to fall asleep (1)

dos mil two thousand

doscientos two hundred

dudar to doubt (3)

dulce *m.* candy; sweet (3)

durar to last (4)

durazno peach

E

ecología ecology

egoísta selfish (4)

ejercer to exercise (a right, an influence); to practice (a profession) (5)

ejército army (4)

elecciones *f.* elections (4)

elefante *m.* elephant

elegir (i) to elect (4); to choose

eliminar to eliminate (3)

embotellado(a) bottled (3)

emocionante exciting

emocionar to thrill; to excite (3)

empeorar to get worse; to deteriorate (5)

empleo job, employment (5)

enamorarse (de) to fall in love (with) (1)

encantar to love (3); to really like; to enjoy immensely

enfermarse to get sick (1)

enfrentar to confront (2)*

engordar to gain weight (3)

enlatado(a) canned (3)

enojar to make angry (3); **enojarse** to become angry (1)

enriquecer to enrich (1)*

ensalada salad

enterarse to find out (5)

entremés *m.* appetizer

entrenar to train (3)*

envejecer to age; to get old (1)

equilibrio balance

erupciones volcánicas volcanic eruptions

escaleras stairs

escalones *m.* steps (3)*

escoba broom

escondidas hide and seek

esculpir to sculpt

escultura sculpture

esfuerzo effort

esmog *m.* smog

especies *f., pl.* species (2)*

esperar to hope; to wish (2); to wait

esquina corner

estabilidad *f.* stability (4)

estacionarse to park

estampado(a) patterned

estar to be; **estar dañado(a)** to be damaged; **estar herido(a)** to be injured

estatua statue

estorbar to obstruct; to disturb (2)*

estratégico(a) strategic (5)*

estrella star (1)*

ética ethics (4)

evitar to avoid (2)* (3)

excavación *f.* excavation site (3)*

exhibición *f.* exhibit

exhibir to exhibit

extraño(a) strange, odd

F

facturar equipaje to check luggage

faro lighthouse

fascinar to fascinate

felicitar to congratulate

feminismo feminism (5)

festejar to celebrate (2)

festejo party, celebration

fibra fiber (3)

fiesta holiday (2)

firmar to sign (5)

flan *m.* flan

flora y fauna wildlife

folclor *m.* folklore (2)

fortalecimiento strengthening (4)

fortificación *f.* fort

frasco jar (3)

freír (i) to fry (3)

fresa strawberry

fresco(a) fresh (3)

frito(a) fried

frustrar to frustrate (3); **frustrarse** to become frustrated (1)

fruta fruit

fuegos artificiales fireworks

fuerte strong (4)

fundado(a) founded (4)*

G

galería gallery

gallina hen

gallo rooster

gaucho cowboy from Argentina and Uruguay (2)

generación *f.* generation (1)

generacional: brecha generacional generation gap (1)

gente *f.* people (2)
gerente *m. f.* manager
globalización *f.* globalization (5)
globo balloon
gobierno government (4)
golpe *m.* **de estado** coup d'état (4)
gorila *m.* gorilla
grabado engraving; print
grabar to record; to burn (a DVD or CD) (5)
graduación *f.* graduation
gramo gram (3)
grande large
granja farm (5)*
grasa fat (3)
grupo de música music group, band
guardar to put away
guerra war (1)*; **Segunda Guerra Mundial**
   World War II (5)*

H

habitación *f.* room
hábito habit (2)
hacer clic (en) to click (on) (5)
hacer to do; to make; **hacer jardinería** to garden; **hacer**
   juego to match; **hacer la cama** to make the bed
hacerse to become (1)
hamburguesa hamburger
harina flour (3)
hasta que until (5)
hecho(a) a mano handmade
helado ice cream
hembra female (animal)
heredar to inherit (2)
herencia cultural cultural heritage (2)
herido: estar herido(a) to be injured
hermanastro(a) stepbrother/stepsister (1)
héroe *m.* hero (4)
heroico(a) heroic (4)
heroína heroine (4)
hijastro(a) stepson/stepdaughter (1)
historieta comic book
hornear to bake (3)
horno: al horno baked
horrible: es horrible it's horrible (2)
huelga (de hambre) (hunger) strike (5)
huérfano(a) orphan (1)
huésped *m. f.* guest
huevo egg
humano: ser *m.* **humano** human being (2)
humilde humble (4)
humor: sentido del humor sense of humor (5)*

I

idea: es buena/mala idea it's a good/bad idea (2)
identidad *f.* identity (2)
igualitario(a) egalitarian (5)
impedir to impede; to stop
imperio empire (1)*
importar to be important (3)
imposible: es imposible it's impossible (2)
impresionista impressionist
impuesto tax (5)*
increíble: es increíble it's incredible (2)
indomable untameable (1)*
industria (pesquera) (fishing) industry (5)*
injusticia injustice (4)
innovación *f.* innovation (5)
insistir (en) to insist (2)
interesar to interest
Internet *m.* **inalámbrico** wireless Internet
invernal wintry (2)*
invitación *f.* invitation
invitado(a) guest
involucrar(se) to engage; to involve (become involved);
   involucrarse (en) to get involved (in) (5)
ir de paseo to go for a walk
irse to go away; to leave (1)
isla island

J

jabón para platos *m.* dish soap
jaguar *m.* jaguar
jamón *m.* ham
jaula cage
jirafa giraffe
juego de mesa board game
jugar a los bolos to go bowling
jugo juice
juguete *m.* toy
junco reed
justicia justice (4)
justo(a) fair (4)
es justo it's fair (2)

K

kilo kilo (3)

L

lácteos dairy (3)
lagarto lizard
lana wool
lástima: es una lástima it's a shame (2)
lata can (3)

lavar platos to wash the dishes; **lavar ropa** to do laundry
lazos bonds (2)
leal loyal (4)
leche *f.* milk
lechuga lettuce
lector *m.* **electrónico** e-book reader (5)
legado legacy (2)
legumbres *m.* legumes (3)
lenguaje *m.* language (2)
león *m.* lion
ley *f.* law (4)
libertad *f.* **(de prensa)** freedom (of press) (5)
libra pound (3)
líder *m., f.* leader (4)
liderazgo leadership (4)
limitar to limit (3)
límite *m.* **de velocidad** *f.* speed limit
limonada lemonade
limpio(a) clean
lino linen
liso(a) solid (print)
litera bunk
litro liter (3)
liviano(a) light *(in weight)*
llama llama
llano plains
llave *f.* key
llevar to take along
llevarse (bien/mal/regular) to get along
    (well/poorly/okay) (1)
lobo wolf
lograr to achieve (4); to succeed
luchar to struggle; to work hard in order to
    achieve something (4)
lujo: de lujo luxurious
lunares: de lunares polka-dot
luz *f.* light

M

machismo chauvinism (5)
macho male
madera wood
madrastra stepmother (1)
magro(a) lean (3)
maíz *m.* corn
mamífero mammal
mandar to order (2)
manguera hose
manifestación *f.* demonstration (5)
mantel *m.* tablecloth
mantequilla butter

manzana apple
mar *m.* sea
marca: de marca name brand
marcha march (protest) (5)
marino(a) marine, seafaring
mariscos seafood (3)
máscara mask
mate a tea popular in Argentina and other South American
    countries (3)
matrimonio marriage; married couple (1)
mayonesa mayonnaise
mayor older (person)
mediano(a) medium
mejor: es mejor it's better (2)
mejorar to improve (5)
melón *m.* melon
menor younger
merienda light snack or meal (3)
mermelada jam
metálico(a) metallic
mezcla mixture
mezclilla denim
mientras que as long as (5)
migración *f.* migration (5); **ruta de migración** migration
    route (2)*
migratorio(a) migratory
mil one thousand
mirador *m.* scenic overlook
mitad *f.* half (2)*
moda: (estar) a la moda (to be) fashionable
modernidad *f.* modernity (5)
moderno(a) modern (1)
molestar to bother (3)
monarca *m. f.* monarch (1)*
mono monkey
montaña mountain
mostaza mustard
mostrar (ue) to show
motocicleta motorcycle
muchedumbre *f.* crowd (5)
mudarse to move (residences) (1)
multa fine, ticket
mundial: Segunda Guerra Mundial World War II (5)*
muñeca(o) doll
mural *m.* mural
musulmán Muslim (1)*

N

nacer to be born (1)
nacido(a) born
nacionalismo nationalism (2)

nacionalización *f.* nationalization (4)
naranja orange
naturaleza nature; **naturaleza muerta** still life
navegar el Internet to surf the web
necesario: es necesario it's necessary (2)
necesitar to need (2)
negar (ie) to deny (3)
niñera babysitter
Noche *f.* **de Brujas** Halloween (2)
nocturno(a) nocturnal
novecientos nine hundred
noviazgo courtship (1)
novio(a) boyfriend/girlfriend (1)
novios bride and groom
nube *f.* cloud
nuera daughter-in-law (1)
número size (shoe)
nunca never (5)

O

obelisco obelisk (stone pillar)
obra work (of art, literature, theater, etc.)
obscuro(a) dark
ochocientos eight hundred
odiar to hate (1)
oferta sale (event, reduction of prices)
ofrenda offering (altar) (2)
Ojalá (que) I hope that, Let's hope that (2)
ola wave
óleo oil painting
olvidar to forget
opinión *f.* **pública** public opinion (5)
orden *f.* order
ordenar to tidy up; to straighten up
orilla shore
ornitología ornithology, the study of birds (2)*
osito teddy bear
oso bear
oveja sheep

P

padrastro stepfather (1)
pagar y marcharse to check out
país *m.* country (4)
paisaje *m.* landscape, scenery
paleta pallet
palmera palm tree
pampa grasslands
pan *m.* bread
papa potato
papel *m.* role (1)

paquete *m.* packet, box (3)
para que in order that, so that (5)
parada stop
paramédico paramedic
PARE: pasarse una señal *f.* **de PARE** to run a STOP sign
parecer (bien/mal) to seem (good/bad) (3)
pareja couple, partner (1)
parquímetro parking meter
   parrilla grill
participación *f.* participation, involvement (5)
partido (político) (political) party (4)
pasar to pass; to happen; **pasar la aspiradora** to vacuum;
   pasar por seguridad to go through security;
   pasar tiempo to spend time; **pasarse un semáforo**
   en rojo to run a red light
pastel *m.* cake
pasto grass; pasture
patineta skateboard
pato duck
patrón *m.* pattern (5)*
patrulla police car
pavo turkey
peatón (la peatona) pedestrian
peatonal *f.* pedestrian walkway
pedir (i) to ask for, to request (2)
pelear to fight; to argue
peligro (de extinción) danger (of extinction)
península peninsula
pensar (ie) to think (3)
peor worse
pepinillo pickle
pepino cucumber
perder to miss (a flight, a train)
perdido(a) lost (3)*
peregrino pilgrim (religious) (4)*
perezoso sloth (5)*
permiso permission
permitir to permit, to allow (2)
pescado fish (food)
petición *f.* petition (5)
petróleo oil
pez *m.* (*pl.* **peces**) fish
picante spicy (3)
piel *f.* leather
pimienta pepper
pincel *m.* paintbrush
pingüino penguin
pintoresco(a) picturesque
pintura painting
piña pineapple
plancha iron

planchar to iron

plátano banana

plato plate; **plato hondo** bowl; **plato principal** main dish

poblado(a) populated

poderoso(a) powerful (1)* (4)

pollo chicken; chick

poner la mesa to set the table

ponerse + (feliz, triste, nervioso, furioso, etc.) to become (happy, sad, nervous, furious, etc.) (1)

ponerse a dieta to put oneself on a diet (3)

por ciento percent

porque because (5)

portarse (bien/mal) to behave (well/badly)

posadas nine-day celebration before Christmas

posar to pose

posible: es posible it's possible (2)

posiblemente possibly (3)

poste *m.* post

postre *m.* dessert

potente powerful (1)*

práctica practice (2)

preferir (ie) to prefer (2)

prenda garment

preocupar to worry (3)

preservar to preserve

prestar to lend

probable: es probable it's probable (2)

probador *m.* dressing room

probar (ue) to taste (3); to try; **probarse** to try on

progreso progress (5)

prohibir to prohibit; to forbid (2)

pronto: tan pronto (como) as soon as (5)

proteger to protect

proteínas proteins (3)

pueblo people, nation (4)

puede (ser) que it might be (3)

puente *m.* bridge

puesto que since, as (5)

puesto vendor stand or stall

punto de vista *m.* point of view (3)*

Q

¡qué! what!; **¡qué bien te queda esa falda!** that skirt really fits you well!; **¡qué caros!** how expensive!; **¡qué color tan bonito!** what a pretty color!; **¡qué lindos zapatos!** what pretty shoes!; **¡qué pantalones tan elegantes!** what elegant pants!

quedar to fit; to remain (behind); **quedarse** to stay (1)

quehacer *m.* chore

quejarse (de) to complain (about) (1)

querer (a) to love (a person) (1)

quesadilla quesadilla

queso cheese

quince fifteen; **quince años** girl's fifteenth birthday celebration; **quinceañera** girl celebrating her fifteenth birthday

quinientos five hundred

quizá(s) maybe (3)

R

rana frog (5)*

raro: es raro it's rare (2)

rascacielos *m., sing.* skyscraper

rastreador *m.* tracker (2)*

rayas: a rayas striped

rayos del sol sun's rays

rebajado: (estar) rebajado(a) (to be) on sale

rebanada slice

recepción *f.* reception (desk)

recepcionista *m. f.* receptionist

reciclaje *m.* recycling

recientemente recently (5)

recoger (la mesa) to pick up (to clear the table)

recomendable: es recomendable it's recommended (2)

recomendar (ie) to recommend (2)

reconciliarse (con) to make up (with) (1)

recordar (ue) to remember (2)

recorrido route

recuerdos memories

recurso resource; **recursos naturales** natural resources

redes *f.* **sociales** social networks (5)

reducir to reduce (3)

refresco soda

regalo gift

regar (ie) to water

registrarse to register

reírse (de) (i) to laugh (at) (1)

relaciones *f.* relationships (2)

relajarse to relax

repente: de repente suddenly

reptile *m.* reptile

respetar to respect (1) (2)

respirar to breathe

reto challenge (1)*

retrato portrait

reunirse to get together (1)

revisor(a) controller

rico(a) delicious (3)

ridículo: es ridículo it's ridiculous (2)

río river

rodeado(a) surrounded by

romper to break; to break up (1)

ruido noise (3)*

ruta de migración migration route (2)*

S

sabor flavor (3)

sacar la basura to take the trash out

sacudidor *m.* duster

sacudir to dust

sal *f.* salt

sala de conferencias conference center

salado(a) salty (3)

salir (a + *inf.***)** to go out (to do something); **salir con
(una persona)** to go out with (1)

salón *m.* hall

saltar to jump

saludable healthy (food, activity) (3)

saludar to greet

salvaje wild

salvar to save (5)*

sandía watermelon

sándwich *m.* sandwich

santo: el (día del) santo saint's day

santuario sanctuary (5)*

saqueador *m.* looter (4)*

sauna *m.* sauna

secar to dry

seda silk

sede *f.* seat or branch (of government), venue

seguir derecho to go straight

Segunda Guerra Mundial World War II (5)*

seiscientos six hundred

selva tropical forest, jungle

semáforo traffic light; **pasarse un semáforo en rojo** to
run a red light

sencillo(a) single; simple

sentarse (ue) to sit down (1)

sentir (ie) to be sorry, to regret (3)

sentirse (ie, i) (bien, mal, triste, feliz, etc.) to feel (good,
bad, sad, happy, etc.) (1)

señal *f.* sign; **pasarse una señal de PARE** to run a stop sign

separado(a) separated (1)

separarse (de) to separate (from) (1)

sequía drought

ser (cierto/obvio) to be (certain/obvious) (3)

ser *m.* **humano** human being (2)

serenata serenade

sereno(a) serene (3)*

serpiente *f.* snake

servicio a la habitación room service; **servicio de
emergencias** emergency service

servilleta napkin

setecientos seven hundred

siempre y cuando as long as, provided that (5)

siglo century (4)*

símbolo symbol

sin que without (5)

sitio site (4)*

sobrevivir to survive (1)*

sodio sodium (3)

soltero(a) single (1)

sopa soup

sorprendentemente surprisingly

sorprender to surprise (3) **sorprenderse** to be surprised (1)

sostenido(a) sustained (2)*

subir to go up; to take something up; **subir a** to get into (a
vehicle); **subir (archivos)** to upload (files) (5)

subsistir to survive (5)*

sucio(a) dirty

suegro(a) father-in-law/mother-in-law (1)

sugerir (ie) to suggest (2)

superar to exceed; to go beyond

suponer to suppose (3)

surrealista surrealist

sustentable sustainable

T

tabla de planchar ironing board

tal vez maybe (3)

talla size (clothing)

tan pronto (como) as soon as (5)

taquilla ticket window

tarjeta de crédito credit card

taza cup

tazón *m.* serving bowl

tejer to knit

tela fabric

teléfono celular cell phone

temer to fear (3)

tenedor *m.* fork

terminar to finish

terrestre terrestrial, of the land

terrible: es terrible it's terrible (2)

tesoro treasure (2)*

testigo *m. f.* witness

tiburón *m.* shark

tierra alta highland

Tierra Earth

tigre *m.* tiger

tinta ink

tocar (el piano / la guitarra) to play (the piano / the guitar)

todavía still (5); **todavía no** not yet (5)

tomate *m.* tomato

toro bull
tortuga turtle
totopo tortilla chip
tradicional traditional (1)
traidor(a) traitor (4)
transmisión por demanda streaming (5)
transporte *m.* transportation
trapeador *m.* mop
trapear to mop
trapo cloth, rag
trepar (un árbol) to climb (a tree)
trescientos three hundred
triple triple
tropezar (ie) to trip
tumba tomb
turista *m. f.* tourist

U

un millón one million
unido(a) tight, close (family) (1)
urgente: es urgente it's urgent (2)
utilizar to utilize; to use
uva grape

V

vaca cow
vagón *m.* car
valiente brave (4)
valle *m.* valley
valor *m.* value (2); bravery (4)
valorar to value (5)
vanguardista revolutionary; avant-garde
vaquero cowboy (2)

vaso glass
vaz: tal vez maybe (3)
vegetariano(a) vegetarian (3)
vejez *f.* old age (1)
vela candle (2)
venado deer
vencer to defeat (4)
vendedor(a) ambulante street vendor (3)
venta sale (transaction)
vez: alguna vez ever (5)
vida life (4)*
videojuego video game
villano(a) villain (4)
violento(a) violent (4)
vista: punto de vista *m.* point of view (3)*
vitamina vitamin (3)
viudo(a) widower/widow (1)
volar (ue) to fly
volcán *m.* volcano
volverse (ue) to become (1)
votar to vote (4)

W

wifi *m.* wireless Internet

Y

ya already (5); **ya que** since, as (5)
yerno son-in-law (1)
yogur *m.* yogurt

Z

zanahoria carrot
zorro fox

English-Spanish Vocabulary

A

achieve, to lograr (4)
adoption adopción *f.* (1)
advise, to aconsejar (2)
after después (de) que (5)
age (of an object) antigüedad *f.* (3)*;
age, to envejecer (1)
agree formally, to comprometerse (5)
agreement convenio (5)*
allow, to dejar, permitir (2)
along (well/poorly/okay), to get llevarse (bien/mal/regular) (1)
already ya (5)
ancestors antepasados (2)
angry, to become enojarse (1); **to make angry** enojar (3)
apparent, to be (having witnessed something) constar (3)
appointment cita (1)
army ejército (4)
as puesto que, ya que (5); **as long as** mientras que, siempre y cuando, con tal (de) que (5); **as soon as** en cuanto, tan pronto (como) (5)
ask for, to pedir (i) (2)
asleep, to fall dormirse (ue) (1)
atmosphere ambiente *m.* (3)*
attach, to adjuntar (5)
attitude actitud *f.* (3)*
avoid, to evitar (2)* (3)

B

bag bolsa (3)
bake, to hornear (3)
barbecue asado (2)
be (certain/obvious), to ser (cierto/obvio) (3)
sorry, to be sentir (ie) (3)
because porque (5)
become, to hacerse, volverse (1); **become (happy, sad, nervous, furious, etc.), to** ponerse + (feliz, triste, nervioso, furioso, etc.) (1)
bee abeja (2)*
before antes (de) que (5)
belief creencia (2)
better: it's better es mejor (2)
blog blog *m.,* bitácora (5)
bonds lazos (2)
bored, to become aburrirse (1)
born, to be nacer (1)
both ambos(as) (1)*
bother, to molestar (3)

bottle botella (3)
bottled embotellado(a) (3)
box paquete *m.* (3)
boyfriend/girlfriend novio(a) (1)
brave valiente (4)
bravery valor *m.* (4)
break up, to romper (1)
bring up, to criar (1)
brother/sister-in-law cuñado(a) (1)
burial chamber cámara funeraria (3)*
burn (a DVD or CD), to grabar (5)

C

calories calorías (3)
can lata (3)
candle vela (2)
canned enlatado(a) (3)
carbohydrates carbohidratos (3)
Carnival (a celebration similar to Mardi Gras) Carnaval *m.* (2)
case: in case en caso de que (5)
cause causa (5)
celebrate, to celebrar, festejar (2)
celebration celebración *f.* (2)
century siglo (4)*
certainty: with certainty con certeza (2)*
challenge reto (1)*
change cambio (1)
change, to cambiar (1)
chat online, to chatear (5)
chauvinism machismo (5)
cholesterol colesterol (3)
click (on), to hacer clic (en) (5)
commemorate, to conmemorar (2)
commitment compromiso (1)
complain (about), to quejarse (de) (1)
conflict conflicto (5)
confront, to enfrentar (2)*
Conquest Conquista (4)
consume, to consumir (3)
contemporary contemporáneo(a) (5)
conventional convencional (5)
costume disfraz *m.* (2)
country país *m.* (4)
coup d'état golpe *m.* de estado (4)
couple pareja (1)
courtship noviazgo (1)
cowardly cobarde (4)

cowboy vaquero (2); **cowboy from Argentina and Uruguay** gaucho (2)
criminal criminal *m. f.* (4)
crowd muchedumbre *f.* (5)
cuisine cocina (2)
cultural heritage herencia cultural (2)
current actual (5)
custom costumbre *f.* (2)

D

dairy lácteos (3)
danger peligro (2)*
data datos (1)*
date cita (1)
daughter-in-law nuera (1)
Day of the Dead Día *m.* de los Muertos (2)
decipher, to descifrar (2)*
decline: in decline en declive (1)*
dedicated dedicado(a) (4)
defeat derrota (4)
defeat, to vencer (4)
delete, to borrar (5)
delicious rico(a) (3)
democracy democracia (4)
demonstration manifestación *f.* (5)
deny, to negar (ie) (3)
desire, to desear (2)
deteriorate, to empeorar (5)
develop, to desarrollar (2)*
development desarrollo (4)
dictatorship dictadura (4)
diet dieta (3)
discovery descubrimiento (3)*
disguise oneself, to disfrazarse (2)
dislike, to disgustar (3)
disturb, to estorbar (2)*
divorce divorcio (1)
divorced divorciado(a) (1)
divorced (from), to get divorciarse (de) (1)
donate, to donar (5)
doubt, to dudar (3)
download (files), to bajar, descargar (archivos) (5)

E

e-book reader lector *m.* electrónico (5)
e-mail correo electrónico (5)
egalitarian igualitario(a) (5)
elect, to elegir (i) (4)
elections elecciones *f.* (4)
eliminate, to eliminar (3)
embrace, to abrazar (1)

empire imperio (1)*
employment empleo (5)
engagement compromiso (1)
enjoy, to disfrutar (3)
enrich, to enriquecer (1)*
erase, to borrar (5)
ethics ética (4)
ever alguna vez (5)
evolve, to desarrollar (2)*
excavate, to cavar (4)*
excavation site excavación *f.* (3)*
excite, to emocionar (3)
exercise (a right, an influence), to ejercer (5)

F

fair justo(a) (4); **it's fair** es justo (2)
farm granja (5)*
fat grasa (3)
father-in-law/mother-in-law suegro(a) (1)
fear, to temer (3)
feel (good, bad, sad, happy, etc.), to sentirse (ie, i) (bien, mal, triste, feliz, etc.) (1)
feminism feminismo (5)
fiber fibra (3)
file archivo (5)
find out, to enterarse (5)
flavor sabor (3)
flour harina (3)
folklore folclor *m.* (2)
food alimento (3); **junk food** comida chatarra (3)
forbid, to prohibir (2)
founded fundado(a) (4)*
freedom (of press) libertad *f.* (de prensa) (5)
fresh fresco(a) (3)
friendship amistad *f.* (1)
frog rana (5)*
frozen congelado(a) (3)
frustrate, to frustrar (3)
frustrated, to become frustrarse (1)
fry, to freír (i) (3)
fun of, to make burlarse (de) (1)
fun, to have divertirse (ie) (1)

G

gain weight, to engordar (3)
generation generación *f.* (1); **generation gap** brecha generacional (1)
get old, to envejecer (1)
get worse, to empeorar (5)
get, to conseguir (i) (5)
globalization globalización *f.* (5)

go away, to irse (1)
go out with, to salir con (una persona) (1)
government gobierno (4)
grains cereales (3)
gram gramo (3)
great-grandchild bisnieto(a) (1)
great-grandparent bisabuelo(a) (1)
grill, to asar (3)
grow up, to crecer (1)

H

habit costumbre *f.*; hábito (2)
half mitad *f.* (2)*
Halloween Noche *f.* de Brujas (2)
handicrafts artesanías (2)
happy, to become alegrarse (1)
happy, to make alegrar (3)
hate, to odiar (1)
healthy (food, activity) saludable (3)
height altura (3)*
heritage: cultural heritage herencia cultural (2)
hero héroe *m.* (4)
heroic heroico(a) (4)
heroine heroína (4)
holiday fiesta (2)
hope, to esperar (2)
horrible: it's horrible es horrible (2)
hug, to abrazar (1)
human being ser *m.* humano (2)
humble humilde (4)
hunger strike huelga de hambre (5)
hunt down, to cazar (1)*

I

I hope that, Let's hope that Ojalá (que) (2)
idea: it's a good/bad idea es buena/mala idea (2)
identity identidad *f.* (2)
important, to be importar (3)
impossible: it's impossible es imposible (2)
improve, to mejorar (5)
in order that con tal (de) que, a fin de que, para que (5)
increase, to aumentar (3)
incredible: it's incredible es increíble (2)
industry (fishing) industria (pesquera) (5)*
inherit, to heredar (2)
injustice injusticia (4)
innovation innovación *f.* (5)
insist, to insistir (en) (2)
involved (in), to get involucrarse (en) (5)
involvement participación *f.* (5)

J

jail cárcel *f.* (5)
jar frasco (3)
job empleo (5)
junk food comida chatarra (3)
justice justicia (4)

K

kilo kilo (3)

L

language lenguaje *m.* (2); lengua
laptop computadora portátil (5)
last, to durar (4)
laugh (at), to reírse (de) (i) (1)
law ley *f.* (4)
leader líder *m. f.* (4)
leadership liderazgo (4)
lean magro(a) (3)
leave, to irse (1)
legacy legado (2)
legal right derecho (4)
legumes legumbres *m.* (3)
life vida (4)*
light snack or meal merienda (3)
limit, to limitar (3)
liter litro (3)
looter saqueador *m.* (4)*
lose weight, to adelgazar (3)
lost perdido(a) (3)*
love (with), to fall in enamorarse (de) (1)
love, to encantar (3)
(a person) querer (a) (1)
lower class clase baja (5)
loyal leal (4)

M

make a commitment, to comprometerse (5)
make up (with), to reconciliarse (con) (1)
march (protest) marcha (5)
marriage; married couple matrimonio (1)
married casado(a) (1)
marry, to casarse (con) (1)
maybe quizá(s), tal vez (3)
middle class clase media (5)
might: it might be puede (ser) que (3)
migration migración *f.* (5); **migration route** ruta de migración (2)*
modern moderno(a) (1)
modernity modernidad *f.* (5)
monarch monarca *m. f.* (1)*

move (residences), to mudarse (1)
Muslim musulmán (1)*

N

nation pueblo (4)
nationalism nacionalismo (2)
nationalization nacionalización *f.* (4)
necessary: it's necessary es necesario (2)
need, to necesitar (2)
never nunca (5)
noise ruido (3)*

O

obstruct, to estorbar (2)*
obtain, to conseguir (i, i) (5)
offering (altar) ofrenda (2)
old age vejez *f.* (1)
order, to mandar (2)
ornithology, (the study of birds) ornitología (2)*
orphan huérfano(a) (1)
overthrow, to derrocar (4)

P

packet paquete *m.* (3)
parade desfile *m.* (2)
participation participación *f.* (5)
partner pareja (1)
password contraseña (5)
pattern patrón *m.* (5)*
people gente *f.* (2); pueblo (4)
permit, to permitir (2)
petition petición *f.* (5)
pilgrim (religious) peregrino (4)*
point of view punto de vista *m.* (3)*
political party partido (político) (4)
possible: it's possible es posible (2)
possibly posiblemente (3)
pound libra (3)
powerful poderoso(a) (1)* (4)
practice práctica (2)
practice (a profession), to ejercer (5)
predator depredador *m.* (5)*
prefer, to preferir (ie) (2)
probable: it's probable es probable (2)
progress progreso (5)
prohibit, to prohibir (2)
promise, to comprometerse (5)
proteins proteínas (3)
provided that siempre y cuando (5), con tal de que, puesto que
public opinion opinión *f.* pública (5)

put on a costume, to disfrazarse (2)
put oneself on a diet, to ponerse a dieta (3)

R

raise, to criar (1)
rare: it's rare es raro (2)
realize, to darse cuenta (de) (1)
recently recientemente (5)
recommend, to recomendar (ie) (2)
recommended: it's recommended es recomendable (2)
record, to grabar (5)
reduce, to reducir (3)
regret, to sentir (ie) (3)
relationships relaciones *f.* (2)
remember, to recordar (ue) (2)
request, to pedir (i) (2)
respect, to respetar (1) (2)
retirement home asilo de ancianos (1)
ridiculous: it's ridiculous es ridículo (2)
role papel *m.* (1)

S

salty salado(a) (3)
sanctuary santuario (5)*
save, to salvar (5)*
say good-bye, to despedirse (i) (1)
scare, to asustar (3)
scared, to get asustarse (1)
scientific knowledge conocimiento científico (2)*
seafood mariscos (3)
seem (good/bad), to parecer (bien/mal) (3)
selfish egoísta (4)
selfless altruista (4)
sense of humor sentido del humor (5)*
separate (from), to separarse (de) (1)
separated separado(a) (1)
serene sereno(a) (3)*
shame: it's a shame es una lástima (2)
sick, to get enfermarse (1)
sign, to firmar (5)
since puesto que, ya que (5)
single soltero(a) (1)
sit down, to sentarse (ie) (1)
site sitio (4)*
skimmed descremado(a) (3)
sloth perezoso (5)*
so that con tal (de) que, a fin de que, para que (5)
social networks redes *f.* sociales (5)
sodium sodio (3)
son-in-law yerno (1)
species especies *f. pl.* (2)*

spicy picante (3)
stability estabilidad *f.* (4)
star estrella (1)*
stay, to quedarse (1)
stepbrother/stepsister hermanastro(a) (1)
stepfather padrastro (1)
stepmother madrastra (1)
steps escalones *m.* (3)*
stepson/stepdaughter hijastro(a) (1)
still todavía (5)
strategic estratégico (5)*
streaming transmisión por demanda (5)
street vendor vendedor(a) ambulante (3)
strengthening fortalecimiento (4)
strong fuerte (4)
struggle, to luchar (4)
suggest, to sugerir (ie) (2)
summit cima (3)*
support, to apoyar (4)
suppose, to suponer (3)
surprise, to sorprender (3) **to be surprised** sorprenderse (1)
survive, to sobrevivir, subsistir (1)*
sustained sostenido(a) (2)*
sweet dulce (3)

T

taste, to probar (ue) (3)
tax impuesto (5)*
tea popular in Argentina and other South American countries mate (3)
terrible: it's terrible es terrible (2)
think, to pensar (ie) (3)
thrill, to emocionar (3)
tight, close (family) unido(a) (1)
together, to get reunirse (1)
tracker rastreador *m.* (2)*
tradition costumbre *f.* (2)
traditional tradicional (1)

train, to entrenar (3)*
traitorous traidor(a) (4)
treasure tesoro (2)*

U

unfold, to desarrollar (2)*
unless a menos que (5)
untameable indomable (1)*
until hasta que (5)
upload (files), to subir (archivos) (5)
upper class clase alta (5)
upset, to disgustar (3)
urgent: it's urgent es urgente (2)

V

value valor *m.* (2)
value, to valorar (5)
vegetarian vegetariano(a) (3)
vendor: street vendor vendedor(a) ambulante (3)
villain villano(a) (4)
violent violento(a) (4)
vitamin vitamina (3)
vote, to votar (4)

W

war guerra (1)*
weak débil (4)
when cuando (5)
widower/widow viudo(a) (1)
wintry invernal (2)*
wish, to esperar (2)
without sin que (5)
work hard in order to achieve something, to luchar (4)
World War II Segunda Guerra Mundial (5)*
worry, to preocupar (3)

Y

yet: not yet todavía no (5)

Index